U0503870

教育部人文社科青年项目资助

四川大学一流学科建设专项经费资助
优秀青年学术著作丛书

明清时期嘉绒藏族土司关系研究

Studies on the Relationship of Rgyalrong Tibetan Chieftains during the Ming and Qing Dynasties

邹立波 著

中国社会科学出版社

图书在版编目（CIP）数据

明清时期嘉绒藏族土司关系研究／邹立波著 . —北京：中国社会科学出版社，2017.3

ISBN 978 - 7 - 5161 - 9594 - 9

Ⅰ . ①明… Ⅱ . ①邹… Ⅲ . ①藏族—土司制度—研究—中国—明清时代 Ⅳ . ①K281.4

中国版本图书馆 CIP 数据核字（2016）第 325555 号

出 版 人	赵剑英
责任编辑	王 称
责任校对	姜英鎏
责任印制	王 超

出 版	中国社会科学出版社
社 址	北京鼓楼西大街甲 158 号
邮 编	100720
网 址	http://www.csspw.cn
发 行 部	010 - 84083685
门 市 部	010 - 84029450
经 销	新华书店及其他书店

印 刷	北京明恒达印务有限公司
装 订	廊坊市广阳区广增装订厂
版 次	2017 年 3 月第 1 版
印 次	2017 年 3 月第 1 次印刷

开 本	880×1230 1/32
印 张	11.875
字 数	229 千字
定 价	98.00 元

目　录

目
录

目
录

第一章 绪论

第一节 研究旨趣：边疆研究范式下的西南土司

自 20 世纪 90 年代以来，流行长达半个世纪的"汉族中心"史观已在西方学术界难以立足。美国"新清史"思潮兴起后，对"汉族中心"史观给予了彻底的反思和批判，将清朝的主体认知点从"汉化"转移到满洲本身，并竭力强调清王朝构建多元统治秩序中的边疆因素，突出内陆亚洲边疆对清王朝"帝国"建构的重要性。讨论主体的转变，得到美国学界研究中国西南边疆学者的普遍赞同和回应。他们也越来越不满于从单一的"大一统"格局创制来考察中国西南边疆历史，过分简化西南边疆自身政治基础和社会复杂性的传统研究范式，试图摆脱"汉族中心"史观的束缚，沿着"地方性策略"的逻辑，从边疆视角理解中国历史。土司制度是明清时期中国西南边疆最为重要的政治体制之一。西方学者对土司问题的研究既着眼于"中华帝国"制度建设与西南边疆社会文化变迁之间关系的探讨，也强调边疆政治力量的能动性和边疆社会构建过程的复杂性。[1]

西方学术界的边疆研究范式，为我们重新审视明清时期西南边疆的土司研究开辟出新的学术视野。实际上，近年来，历经百余年发展历程的中国土司研究在国内学术界受到了特别的关注和重视，呈现出日趋繁荣的研究态势。在检讨和反思以往土司研究的学术演变脉络基础上，国内一些学者也越来越意识到土司研究仅仅局限于探讨土司制度和治边政策层面，存在自上而下的王朝治边史观的学术缺陷，而需尝试将土司研究置于更具广度和深度的研究框架内。就目前国内学界的研究范式而言，土司研究的新趋势可大致分为两种：一是系统地从学理层面思考和梳理土司研究的趋势，将土司研究提升到专门学的高度，力图在传统的土司实证研究基础上，扩展和拓深土司研究的内容和关注点。从单纯研究政治制度文化，延伸到土司的政治物态文化、政治行为文化和政治心态文化；从只研究中原王朝与土司之间的互动关系，拓展到研究土司与土司之间及土司与地方村社之间的关系上。借助多学科视角和多种文献资料，既保持宏观的研究视角，也逐步关注土司地方

---

[1] 彭文斌：《近年来西方对中国边疆与西南土司的研究》，《青海民族研究》2014年第2期；邹立波、李沛容：《西南边疆在明清史研究中的地位——美国现代学术视野中的中国西南边疆史研究》，《思想战线》2013年第6期。

社会的微观层面。[1] 二是将区域社会史研究的视野从东南沿海移向西南边疆，以独特的历史人类学研究方法，阐释传统中国社会整合的宏大问题，即边疆地方如何整合进传统中国大一统的结构中，并在地方认同与国家认同之间实现高度的交织渗透。以区域为中心对问题的理解，促使部分学者认识到，过去对土司的研究，过于强调国家的主体作用，而忽视了地方历史传统的内在动力，倡议回到地方的层面，去理解中央王朝、土司势力与地方族群三者的互动关系。[2] 总体来说，前一种研究趋势是对传统土司实证研究的深化，研究视角具有逐渐向下而具体化的倾向，但着眼点仍在土司问题本身，与之相关的研究皆是围绕土司研究展开的。而后者的研究意图侧重于揭示更为宏观的学术议题，土司研究只是其探讨此宏观主体的组成部分。但是两者的研究范式存异而求同，在日益重视边疆区域视野上，与西方学术界存有相似之处。

然而，西方学术界在急于从多维度突破"汉"与"非汉"二元研究框架束缚之时，过分强调和夸大边疆的声音。

---

[1] 成臻铭：《清代土司研究——一种政治文化的历史人类学观察》，中国社会科学出版社 2008 年版。成臻铭：《论土司与土司学——兼及土司文化及其研究价值》，《青海民族研究》2010 年第 1 期；李世愉：《关于构建"土司学"的几个问题》，《云南师范大学学报》2011 年第 2 期。

[2] 温春来：《从"异域"到"旧疆"：宋至清贵州西北部地区的制度、开发与认同》，生活·读书·新知三联书店 2008 年版；陈贤波：《土司政治与族群历史：明代以后贵州都柳江上游地区研究》，生活·读书·新知三联书店 2011 年版。

003

为实现"去汉化"的目的，而对边疆同晚期"中华帝国"的对抗性冲突多有关注，甚至低估了明清时期边疆"非汉族群"对"中华帝国"施政策略的潜在影响力，及两者之间长期的依存互动关系。实际上，两者张弛有度的关系和"非汉族群"对"帝国"各种资源的反利用，能够从边疆地区土司的深入研究中获得意想不到的收获。[1] 所以，西方学界的边疆研究范式同国内传统土司实证研究及区域社会史视角进行结合，取长补短，将对我们重新理解和修正晚期"中华帝国"历史及其与边疆的关系有所帮助。

基于此，本书的研究旨趣在于借鉴边疆研究的范式，改变以往单纯从中央王朝视角自上而下地看待中央与边疆地方关系的传统方法，关注边疆地方视角的重要性和特殊性，强调土司研究应重视边疆土司自身的主观归属意识及其历史变迁，以及对"中华帝国"与边疆关系的潜在影响。

从概念层面看，土司研究与土司制度研究原本就是两种不同的范畴所指。前者涵盖后者，内容更为庞杂和丰富。土司制度是元明清时期在边疆设置的一种特殊的地方性政治制度，对其进行研究，自然不能忽视中央王朝的视角，特别是对典章制度的了解和研究，应是土司制度研究的基础。但是就土司研究而言，在注重王朝制度和中央话语的同时，不应忽略边疆土司自身的内在能动机制。中央王朝与边疆土司之间是一种双向互动的关系。边疆土司对现实

---

[1] 邹立波、李沛容：《西南边疆在明清史研究中的地位——美国现代学术视野中的中国西南边疆史研究》，《思想战线》2013年第6期。

的政治秩序及其同中央王朝的关系，持有自身的一套思考逻辑。透过对这种逻辑的历史实证研究，可以探究和了解到边疆土司是如何在主观上认同和接纳被整合入传统的中国大一统结构中的。而且，作为边疆政治力量，土司与中央王朝又是一种在政治上相互博弈的关系。在处理具体的边疆事务时，中央王朝有时也是相当被动的，有意或无意地被包括土司在内的各种边疆政治势力所左右和利用。所以，如同学者姚大力所言，以往"中国自己的边疆史地学，多侧重于讨论历朝中央政府的治边策略与治边实践，而对边陲社会的回应还缺乏足够的注意"[1]。本书的研究可以说是对此种缺失的尝试性弥补，也是对西方学界"边疆中心观"的反思和回应。

在传统的中国社会中，边疆地区有别于其他内地区域，往往具有一套异质的社会文化体系和"非汉族群"的主观归属意识。对边疆研究的重视，既可反观传统中国社会高度整合和多民族统一国家构建的复杂进程，亦可兼顾边疆在同中央王朝互动过程中影响政治文化发展的主体性地位。所以，有学者将边疆研究看作是可资期待的必需的研究领域，声称"意识到边疆的存在和清晰区分边疆的需要，是历史学家研究工作的必要前提之一"[2]。本书研究的嘉绒，

第一章 绪论

---

[1] 姚大力：《西方中国研究的"边疆范式"：一篇书目式述评》，《文汇报》2007年5月7日。

[2] Nicola Di Cosmo and Don J.Wyatt (eds.), *Political Frontiers, Ethnic Boundaries and Human Geographies in Chinese History*, London and New York: Taylor & Francis Group, 2003, pp.3-4.

在文化系属上被归入藏文化圈内，而又介于汉藏两大文明体之间。在西北甘青地区向西南云贵高原延伸的半月形土司带中，分布于青藏高原东缘、与藏文化联系密切的各土司同西南云贵高原的土司又有着明显的区域性差异。因而区域性视角俨然是推动中国土司研究深入的有利工具。这些土司区域共同构成了晚期"中华帝国"内部特殊的政治与文化边疆。嘉绒因其在藏文化圈及在清代边疆史上的特殊地位而更具有独特的研究价值。本书具体的研究旨趣可分为以下四点：

一是通过系统的梳理与研究，较为全面地展现嘉绒藏族土司之间各种错综复杂的关系。本书将紧紧围绕土司关系这一主题，从几个主要层面，深入剖析嘉绒藏族各土司在外部与内部的各种历史因素共同作用下的相互关系。二是通过考察明清时期中央王朝的治边方略，特别是土司制度对嘉绒藏族土司关系的影响，及各土司如何借助土司制度调整相互间的关系，反思土司制度、中央王朝与土司之间的关系、土司对王朝治边方略的反应和态度等问题。三是以嘉绒藏族地方性知识中的历史意识与叙事认知为蓝本，借助大量的藏文史料，并与汉文文献展现的史实相联系，突破传统研究中的王朝治边史观，立足于地方视野，更为全面地、多元地阐述嘉绒藏族的历史与文化。四是将嘉绒置于同内地与其他藏区的互动关系场域中，考察汉文明与藏文明核心圈对嘉绒的持续性影响，及其如何体现在嘉绒藏族土司关系的变迁中。

总之，以实证研究为基础，改变以往偏重嘉绒藏族土司与中央王朝的关系、土司制度层面的研究取向，及从王朝治边史观看待嘉绒藏族历史的传统做法，立足于嘉绒藏族地方视野，以祖源、宗教信仰、政治关系、中央王朝与土司的互动关系等为主要研究内容，并结合个案研究，突出与阐释明清时期嘉绒藏族各土司之间的相互关系。

第二节　嘉绒与嘉绒十八土司

本书所讨论的嘉绒是藏族的一个独特支系，主要分布在现今川西高原大渡河上游及岷江上游流域的西部，北界安多，西南邻近康区，东与川西平原毗邻。该区域位于青藏高原东南缘，属横断山脉北段，北部靠近甘青高原，为地势平缓的高原牧区，向南逐渐进入高山峡谷区域，峰峦叠嶂，沟壑林立，地表崎岖破碎。地势险峻高寒，平均海拔在3000米以上，落差较大。一日之间寒暖顿殊，咫尺之地阴晴各异。地类荒僻，山多田少。至清代，当地番民唯可种植青稞、荞麦等作物，以为生计，故物产稀少，人多贫窘。自汉代至民国时期，当地人多有于严冬时节邀结相携前往成都、重庆等地佣工谋生者，俗称“下坝”。

目前学界常常将嘉绒(རྒྱལ་རོང)作为族群自称的汉文记音，过去又写作“嘉戎”、“甲垄”等。有关嘉绒的含义众说纷纭，各执一词，近年来越来越多的学者接受藏族学者格勒

提出的嘉绒由来与墨尔多神山关系密切的观点。[1] 但在藏文文献中，"嘉绒"主要作为地域概念出现，是嘉莫绒（རྒྱལ་མོ་རོང་）或嘉莫擦瓦绒（རྒྱལ་མོ་ཚ་བ་རོང་）的简写，有时也会被写作东方嘉莫嘉绒钦（ཤར་ཕྱོགས་རྒྱལ་མོ་རྒྱལ་རོང་ཆེན）。[2] 较早出现"嘉绒"称谓的藏文史籍是 12 世纪成书的《第吴教法史》和《娘氏教法源流》。两书均将嘉绒与 8 世纪"预试七人"之一的毗若杂那（བེ་རོ་ཙ་ན）联系起来，称其在吐蕃赤松德赞时代被流放到嘉莫绒，后在当地弘传佛法。[3] 但是早期藏文文献对嘉绒的记载相当简略，只是提到地名，而且常与位于现今西藏林芝察隅的南方擦瓦绒（ཚ་ཚ་བ་རོང་）混淆起来。故而，对嘉绒地域概念的考察，须结合汉藏文献的相关记载。

随着西南边疆地区开发程度的加深，明代中原人士对嘉绒区域地理知识的认知得到极大的拓展与扩充，而远胜于前代。明人对嘉绒的认知大致以毗邻内地的沿边土司为单位，在地名的音译方面没有统一的规范标准，往往音同字异，不易辨识。不过，此类文献隐含着不少嘉绒的地理

[1] 格勒：《藏族早期历史与文化》，商务印书馆 2006 年版，第 309 页；彭陟焱：《乾隆朝大小金川之役研究》，民族出版社 2010 年版，第 3—8 页。赞拉·阿旺措成是最早明确提出此种观点的学者。参见阿旺《略谈嘉戎语》，载《阿坝藏族自治州文史资料选辑》，政协四川省阿坝藏族自治州委员会文史资料委员会编印 1985 年版，第 2 辑。

[2] 扎敦·格桑丹贝坚赞：《夏尔杂·扎西坚赞传》，中国藏学出版社 1990 年版，第 21 页。

[3] 第吴贤者：《第吴教法史》，西藏藏文古籍出版社 1987 年版，第 303 页；娘·尼玛韦色：《娘氏宗教源流》，西藏藏文古籍出版社 1988 年版，第 298 页。

信息。其中,《明实录》对"伽木隆"的相关记载显得尤为重要:洪熙元年(1425)三月,"四川伽木隆之地妙智通悟国师朵儿只监藏并达思蛮长官司,各遣人贡马"[1]。从洪熙元年到正统十年(1445)的20年间,《明实录》共载"伽木隆"或"加木隆"12次,主要是"伽木隆"地方番僧向明朝朝贡的史实。"伽木隆"与藏文文献中的"嘉莫绒"同为地域名称,读音极为相近,两者是否存有关联?总观《明实录》的相关记载,其中三处颇引人注目:

正统九年(1444)正月丁巳,"命刺麻班丹伦竹为灌顶国师,赐诰命。从四川加木隆宣慰司奏请也"。

同年八月辛亥,"命加木隆宣慰使司番僧耶捨朵儿只巴藏卜为净修崇善国师,赐之诰敕"。

同年十月壬子,"命刺麻耶捨朵儿只巴藏卜为净修崇善国师,给银印、诰命,并赐衣帽。先是,加木隆宣慰使克罗俄监粲言:'哲兀窝寺在加木隆西北境外,富庶甲于诸簇,前此未通朝贡。有耶捨朵儿只巴藏卜者为众所服,今愿以土地、人民内属,乞与一名分委任之,必能效力。'且遣人导之入朝,故有是命"[2]。

洪武初年,明朝在川西藏区三十六番诸部落中设置

第一章 绪论

[1] 《明仁宗实录》卷8下,洪熙元年三月,台北"中研院"历史语言研究所1962年校印本,第262页。

[2] 《明英宗实录》卷112、120、122,正统九年正月、正统九年八月、正统九年十月,台北"中研院"历史语言研究所1962年校印本,第2248、2421、2445—2446页。

都指挥使二、宣慰司三、招讨司六、万户府四、千户所十七。宣慰司是明代西南边疆地区武职土司中职衔较高者。川西藏区宣慰司三，指朵甘、董卜韩胡、长河西鱼通宁远，并无伽木隆宣慰司。[1] 前引正统九年十月壬子条为我们提供了一条重要线索。在提及伽木隆宣慰使时，此条史料亦载该宣慰使名为克罗俄监粲（དགོ་ལྷགས་རྒྱལ་མཚན）。此名与当时董卜韩胡宣慰使名称相同。克罗俄监粲是董卜韩胡首任宣慰使喃葛（ནམ་མཁའ）次子，正统三年（1438）正式受封为董卜韩胡宣慰使司都指挥同知，景泰六年（1455）病故。克罗俄监粲时代恰值董卜韩胡向外扩张之时，势力渗透至岷江上游地区。在正统至成化年间（1436—1487年），董卜韩胡一直被明朝视为蜀地边患，其影响延续至明代中期。

其次，正统三年（1438），明朝册封董卜韩胡喇嘛班丹也失（དཔལ་ལྡན་ཡེ་ཤེས）为"妙智通悟国师"，此封号也与伽木隆国师称号相同。"喇嘛班丹也失"是董卜韩胡首任宣慰使喃葛长子。宣德五年（1430），应喃葛的请求，明朝以班丹也失为"剌麻"，领僧众。从明代对藏区番僧级别、封号的管理程度来看，在同一时期内，重复使用同一封号册封不同地区的番僧，是不大可能的。

---

[1] 朵甘宣慰司的辖区在邓柯一带，即元代的朵甘思路；长河西鱼通宁远宣慰司辖区东至泸定，西至雅砻江；董卜韩胡宣慰司辖地在今四川雅安市宝兴县。参见陈庆英《明代的甘青川藏族地区》，载《贤者新宴》，河北教育出版社 2000 年版，第 2 辑。

再者，前引《明实录》正统九年八月辛亥条载，受封为"净修崇善国师"的伽木隆宣慰使司番僧名为"耶捨朵儿只巴藏卜"（ཡེ་ཤེས་རྡོ་རྗེ་དཔལ་བཟང་པོ）。而同年八月甲寅条载："董卜韩胡宣慰使司剌麻头目也失朵儿只叽藏卜等俱来朝，贡马。"[1] 此处喇嘛头目"也失朵儿只叽藏卜"应与"耶捨朵儿只巴藏卜"为同一人。

由此看来，伽木隆宣慰使司与董卜韩胡宣慰使司应指同一宣慰使司。伽木隆地方政教权力一度为董卜韩胡掌控。明代的董卜韩胡以北是宣德十年（1435）设置的别思寨长官司（今小金县结斯乡）、永乐初年受封的金川演化禅师（今金川县）、永乐五年（1407）设立的杂谷安抚司（今理县）和达思蛮长官司（今理县以西）。由此向东董卜韩胡辖地延伸至今杂谷脑河流域，与杂谷安抚司交界于今理县附近，东则与雅州芦山接壤，南界灵关（今宝兴县灵关镇一带）。[2]《明实录》正德八年（1513）三月乙未条载："四川杂谷安抚司番僧都纲锁郎藏卜等、旧招抚克州等寨寨首宋思结等、抚回上草坡寺十三寨寨首郎锁巴等、新招抚大八稜碉、锁么等五十五寺寨寨首贾

[1] 《明英宗实录》卷 120，正统九年八月，台北"中研院"历史语言研究所 1962 年校印本，第 2422 页。

[2] 邹立波：《略论明代董卜韩胡、杂谷二土司之争》，《阿坝师范高等专科学校学报》2006 年第 4 期。

僧结等……各贡氆氇、珊瑚等物……"[1]"锁么"（ཙོ་མང་）即清代梭磨（今马尔康县境内）之异写。所以，伽木隆地望不应在董卜韩胡之北、东、南方向，而在其西界，距内地相对较远，这可以解释为何四川伽木隆"前此未通朝贡"。前引正统九年十月壬子条载"哲兀窝寺在伽木隆西北境外"，进一步为判定伽木隆的具体方位提供了重要的参照。哲兀窝寺应为绰斯甲（ཚོ་ཁྱུ་བ་，今阿坝州金川观音桥一带）之音译，[2]则伽木隆地方在今金川观音桥之南。而董卜韩胡以西的鱼通地方（今甘孜州康定鱼通、金汤），在明代尚属长河西鱼通宁远宣慰司辖地，伽木隆地方在鱼通之北。故明代哲兀窝寺之南、鱼通之北的伽木隆地方，应在今丹巴墨尔多神山所在的附近地区。

墨尔多神山（དམུ་རྡོ་）是雍仲苯教在藏区的十三大神山之一，也是雍仲苯教的根本道场。尽管早期藏文文献未载明嘉绒的地理方位，毗卢遮那在嘉绒传法的记载却对后世围绕墨尔多神山展开的宗教活动影响甚大，进而影响到嘉绒的区域概念。因毗卢遮那是大圆满要门的主要传授者，[3]在宁玛派的教法传承体系中占有举足轻重的

---

[1] 《明武宗实录》卷98，正德八年三月，台北"中研院"历史语言研究所1962年校印本，第2057页。

[2] Goger Greatrex, "Tribute Missions from the Sichuan Borderlands to the Imperial Court (1400-1665)", *Acta Orientalia*, Vol. 58,1997.

[3] 土观·洛桑却吉尼玛：《土观宗派源流》，刘立千译注，民族出版社2000年版，第37页。

地位。将教法传承同毗卢遮那所传佛法直接联系起来，对宁玛派而言显得十分重要。18 世纪初，宁玛派伏藏师桑吉林巴（སངས་རྒྱས་གླིང་པ）及其弟子苯教大师昆珠扎巴（ཀུན་གྲོལ་གྲགས་པ）在墨尔多神山的朝圣活动，很大程度上源于毗卢遮那及其苯教上师郑巴南卡（དྲན་པ་ནམ་མཁའ）在墨尔多神山修行的传说。在革什咱、促浸（རྒྱལ 大金川）等嘉绒土司协助下，他们通过沿圣迹转山、确定圣迹、确立年度庆祝日期和撰写圣山指南（དཀར་ཆག）等一系列活动来完成开启圣地之门（གནས་སྒོ་འབྱེད་པ）的复杂仪式，[1] 从而强化了墨尔多神山伏藏圣地（གཏེར་གནས）的宗教地位。其中，沿圣迹转山同嘉绒民间的山神信仰和转山朝圣糅合起来。通过宗教信仰的整合作用，转山逐步标识出以墨尔多神山为中心的嘉绒地域范围。近年来，不少学者借助实地的田野考察已经注意到，作为藏区社会最为重要的民间信仰之一，山神信仰具有显著的区域性特点，是区域性社会整合的重要纽带。[2] 转山朝圣是山神信仰的主要表现形式。转山的

---

[1]　Karmay S.G., "The Cult of Mount Murdo in Gyalrong", *Kailash Journal*, Vol.18 , no.1–2, 1996. 有关墨尔多神山最有名的伏藏文献当属《墨尔多神山志》（四川民族出版社 1992 年版）。苯教学者丹马丁认为，该书的作者就是桑吉林巴。参见 Dan Martin, *Tibetan Histories: A Bibliography of Tibetan-Language Historical Works*, Lodon : Serindia Publications, 1997, p.118。

[2]　索端智：《藏族信仰崇拜中的山神体系及其地域社会象征》，《思想战线》2006 年第 2 期；李锦：《山神信仰：社会结合的地域性纽带——以四川省宝兴县硗碛藏族乡为例》，《民族研究》2012 年第 2 期。

路线大致划定出区域性社会的信仰圈和地域范围。墨尔多神山的转山路线可分为内转（ནང་བསྐོར）、中转（བར་བསྐོར）和外转（ཕྱི་སྐོར）。内转仅限于墨尔多神庙（དཀར་རྫོང་ཁང，位于小金僧格宗）附近地区；中转主要围绕着墨尔多神山主峰，途径促浸和赞拉（བཙན་ལྷ，小金）；外转围绕墨尔多神山转圈，囊括了现今嘉绒的大部分地区。不同范围的转山是嘉绒藏族地域空间认同差异的反映。[1] 也就是说，区域性的山神崇拜可作为藏族民间界定区域空间的重要依据。墨尔多神山在嘉绒本土地理视野中被定位为嘉绒的中心所在和区域空间认同的坐标。这在藏文文献记载中也得到体现。15 世纪萨迦派大师绒敦·释迦坚参（རོང་སྟོན་ཤཱཀྱ་རྒྱལ་མཚན，1367—1449 年）亲炙弟子阿阇黎喜饶坚赞（བོན་གྱི་སློབ་དཔོན་ཤེས་རབ་རྒྱལ་མཚན）的传记称："出生之地东方嘉摩绒（ཤར་རྒྱལ་མོ་རོང），为神妖（ཀླུ་གཉན）寓居的墨尔多神山附近（ཉེ་འགྲམས）。"[2] 一份晚近发现的伏藏文献旁注中更是明确将嘉绒得名归因于墨尔多神山："取名嘉尔

---

[1]　不同区域的嘉绒藏族的具体转山路线有所不同，所以覆盖的地域范围各有区别。1989 年的一位被调查者所说的外转路线包括鲁密章谷（རོང་མི་བྲག་འགོ，原为明正土司所辖，后划归丹巴县）、促浸、马尔康、刷经寺（ཤར་སྒང）、理县（བཟང་ལ་རྫོང）、青城山（ཀུན་ཏུ་བཟང་པོ）、芦山、雅安（ཀ་ཡུལ）、康定。参见 Epstein L. and W.P. Peng, "Ganja and Murdo: The Social Construction of Space at Two Tibetan Pilgrimage Sites in Eastern Tibet", *Tibet Journal*, Vol.19, no.2, 1994。刘亚玲：《朝圣与转山——丹巴藏族转山考察》，《中南民族大学学报》2009 年第 2 期。

[2]　毛尔盖·桑木旦：《毛尔盖·桑木旦全集》，四川民族出版社 2009 年版，第 6 册，第 214 页；毛尔盖·桑木旦：《藏族史齐乐明镜》，载杨岭多吉《四川藏学研究》，第 3 辑，四川民族出版社 1995 年版，第 386 页。

摩绒的原由是那里有天母成就的嘉尔摩神山，即巍峨高耸的
墨尔朵圣山，附近的许多人有巡礼此神山的传统，其外层巡
礼道绕金川（ཆུ་ཆེན་）、巴底、巴旺、绒米章谷（རོང་མི་རྒྱལ་མཁར་）、卓
囊（གྲོ་ནང་）、僧格宗（སེང་གེ་རྫོང་）、小金、马尔康（འབར་ཁམས་）、
绰斯甲、党坝等地而行，这样就巡礼了嘉尔摩墨尔朵、雍仲
朋孜（གཡུང་དྲུང་སྤུང་རྩེ）等六十二峰圣山。"[1] 这些记载均同明
代"伽木隆"地方的称谓和地理位置吻合。因而，"伽木隆"
为"嘉摩绒"的同音异写，应是明人通过来自嘉绒的朝贡使
团获取的嘉绒本土地理信息。

　　从内转，到中转，再到外转，随着转圈路线的变化，
嘉绒藏族区域空间认同的范围呈现出不断扩大的趋势。若
结合 15—16 世纪明代"伽木隆"的地理方位来看，嘉绒地
域范围可能也经历过逐步扩大的历史过程。明代"伽木隆"
（嘉莫绒）的地域范围并不包括现今的整个嘉绒藏区。金
川演化禅师、别思寨、达思蛮、杂谷、"锁么"、"哲兀窝寺"
诸地方在《明实录》中均分别列出，甚至与伽木隆并列记载，
说明"伽木隆"当时涵盖的地域范围是有限的。到 15—16
世纪，随着董卜韩胡影响力的增强与控制区域的不断拓展，
"伽木隆"地方很可能与"董卜韩胡"地方成为通用的地
名称谓。成书于 16 世纪的丙种本《西番馆译语》记录了明
代四川天全六番招讨司辖区的藏语方言。其"地名门"列
有"董卜韩胡地方"，汉文注音作"节木隆巴萨义"。日本

第
一
章

绪
论

────────────

　　[1] 黄河河阳伏藏《墨尔朵供赞》长条书手抄本，转引自赞拉·阿旺措
成《略论嘉绒藏族的姓氏和语言》，载《赞拉·阿旺措成论文集》，民族出版
社 2004 年版，第 128 页。

学者西田龙雄推测此注音对应的藏文可能是 "ༀ ༀ ༀ ༀ ༀ"。[1]
"萨义"（ༀ）意为"方域、处所"，应无疑义。"节木隆巴"
更可能对应的是ༀ ༀ ༀ ༀ，与《明实录》中的"伽木隆"同
音异写。这同《明实录》有时将董卜韩胡宣慰使司称为"伽
木隆宣慰使司"的记载相符合。

　　至清代中前期，随着藏区与内地政治文化交往的日
趋密切，从土司视角认知嘉绒区域地理的中原舆地知识为
十八、十九世纪的藏文文献所吸纳。基于政治与文化层面
的考虑，清朝皇室形成迎请与资助藏传佛教高僧在北京从
事佛事活动的定制，尤其是安多格鲁派喇嘛长时间驻锡京
城。驻京喇嘛不可避免地接触到体裁有别的史地著述，由
此激发出藏族地理论著创作、书写的独特体例。其中，四
世敏珠尔诺门汗（ༀ ༀ ༀ ༀ ༀ ༀ ༀ ༀ ༀ ༀ，1789—1838 年）
于 1820 年撰写的《世界广论》（ༀ ༀ ༀ ༀ ༀ）最具典型性。
按照传统的宗教地理书写模式，该书较为全面地叙述了藏
区各地寺院、圣地、神山等的分布状况。依据自然地理特征，
《世界广论》将嘉绒视作多康的四大绒之一，[2] 提到存有毗

　　[1]　与明代乙种本《华夷译语》（《龙威秘书》版本）不同，丙种本《西
番馆译语》仅列出汉文词汇、与藏语对应的汉文注音，未列出藏文"无头字"
草书。参见西田龙雄《关于十六世纪西康省藏语天全方言——汉藏语单词集
即所谓丙种本〈西番馆译语〉研究》，《京都大学文学部研究纪要》卷 7，京
都大学文学部出版，1963 年。

　　[2]　四大绒即察瓦绒（ༀ ༀ ༀ）、萨阿绒（ༀ ༀ ༀ）、雅绒（ༀ ༀ）和嘉莫
绒（ༀ ༀ ༀ）。"绒"（ༀ），意为"峡谷"，是藏族对嘉绒自然地理特征的
直观认知。早在 14 世纪成书的《莲花遗教》中已将嘉绒藏区称作"嘉莫擦瓦
山谷密林之地"。参见卡卓益西措吉《莲花遗教》，四川民族出版社 1987 年
版，第 446 页。

卢遮那遗迹的殊胜圣地——墨尔多神山，并描述其地域范围：

> 在彼地（噶达，今甘孜州道孚——引者注）以东是嘉莫绒（ རྒྱལ་མོ་རོང ），其地之内可分为甲拉（ སྦྱོག་ལ ）、瓦寺（ ཝ་སྲི ）、绰斯甲（ ཆོས་རྒྱལ ）、梭磨（ སོ་མང ）、松岗（ ཟུང་འགག ）、卓克基（ ཙྩོག་ཚེ ）、党坝（ དཔལ ）、鄂克什（ ཨོག་ཤེ ）、多里（ མདོ་ལི ）、巴底（ སྦྲ ）、巴旺（ བ་བཾ ）、革什咱（ དགའ་ཤི་ཚ ）、天全（ ཏུ་ཏུ? ）、冷边（ ལེན་ཙ? ）、促浸（ རབ་བརྟེན ）、赞拉（ བཙན་ལ ）、杂谷（ རྒྱལ་ཁ ）、穆坪（ མ་པིན? ）等十八王国（ རྒྱལ་ཁག་བཅོ་བརྒྱད ）。现今则不足十三个。[1]

　　来自青海广惠寺的五世敏珠尔诺门汗长期在北京供职，很可能参与过嘉庆《大清一统志》资料搜集工作，接触到不少清代舆图与地志。[2] 在五世敏珠尔诺门汗看来，嘉绒是一个整体的地理区域，位于卫藏东北方，属下部多康（ མདོ་ཁམས་སྨད ）。嘉绒区域又可划分作"十八王国"，即嘉绒十八土司（ རྒྱལ་རོང་རྒྱལ་ཁག་བཅོ་བརྒྱད ）。更为详尽的描述性名称是嘉绒十八大平坝（ རྒྱལ་རོང་ཀོང་ཆེན་བཅོ་བརྒྱད ）或嘉绒十八大峡谷（ རྒྱལ་རོང་རོང་ཆེན་བཅོ་བརྒྱད ），恰同苯教"十八"符号对应。"十八土司"

---

[1]　赞普·丹增赤列：《世界广论》，西藏藏文古籍出版社 2011 年版，第 200 页。多里（ མདོ་ལི ）是瓦寺的另一称谓。

[2]　房建昌：《藏文〈世界广论〉对于中国地理学史的贡献》，《中国历史地理论丛》1995 年第 4 期。

之说固然与苯教 "十八"的数字符号及其相关的象征意义有关，[1] 以"十八土司"界定嘉绒空间范围的做法，却深受清代治边政策和政治形势的影响。《世界广论》所列十八土司皆受明清两代朝廷册封，各有等级职衔，存在的时间也有先后之别。以四土为例，乾隆初年，四土为杂谷所据，梭磨、松岗、卓克基、党坝鼎足而立的局面尚未形成。卓克基、党坝只是杂谷辖下的土舍，与同为土舍的见那达及大金川流域的必色满地位等同。[2] 但是卓克基、党坝因随征金川有功，分别在乾隆十三年（1748）、十四年（1749）受封长官司之职，归入十八土司之列。见那达、必色满分别为卓克基、金川所并，亦未受清朝册封,故从未列入十八土司中。约定俗成的"十八土司"的说法，最晚应出现在乾隆平定两金川之役前后。早在乾隆三十七年（1772）六月，温福曾奏称，小金川喇嘛索诺木鄂杂尔供："老喇嘛被小金川拘在美诺，不能受十八土司供养，情

---

[1] 嘉绒十八土司具体指哪十八土司，向来存有争议。参见曾现江《数字崇拜与文化象征：对"嘉绒十八土司"历史文化内涵的探讨》，《西藏研究》2011 年第 3 期。

[2] （清）陈克绳：乾隆《保县志》卷 8《边防志》，载张羽新《中国西藏及甘青川滇藏区方志汇编》，第 39 册，学苑出版社 2003 年版，第 377—378 页。在藏文文献中，如同嘉绒十八土司，一些未受中央王朝封授职衔的地方首领也被称作"杰布"（རྒྱལ་པོ་）。1731 年，当桑吉林巴转山到墨尔多神山以北时，受到革诺仲杰布（གེ་ནར་ཆོང་རྒྱལ་པོ་）的欢迎。此地在赞曲（འཚམ）的北岸，地处促浸与赞拉之间。其地位应等同于汉文史料中的必色满土舍。参见《桑吉林巴传》（སངས་རྒྱས་གླིང་པའི་རྣམ་ཐར་），*Swayambhunath, Kathmandu,* Nepal: Tritan Norbutse Bon Education Centre, 1990, Vol. iv, p.80。

愿投诚。"[1] 之后此说渐为汉藏文献普遍接纳，[2] 成为现今确定嘉绒历史地理范围的主要依据。

但是因独特的人文特征，嘉绒区域地理在藏族的地理认知视野中要复杂得多。18—19世纪，藏文著作在传统的宗教史框架内，融入区域史，与藏区宗教区域地理结合起来，尤以安多藏文典籍最具代表性。清代的安多藏文著述一般将嘉绒分为两大板块：察柯（ཚོ）与嘉莫绒。成书于1748年的《如意宝树史》在描述多康（མདོ་ཁམས，安多与康合称）区域地理时称："位于南部的上康区东西大雪山间有昌都……嘉莫绒、加那达萨（རྒྱ་ནག་དགའ་སེ）等地……多、康交界处有察科、果洛（མགོ་ལོག）、阿坝（རྔ་བ）、若尔盖（མཛོད་དགེ）、博索作（བོད་པ་བཟང་ཚོ）等地。"[3] 1801年的《土观宗派源流》也称："至今嘉绒及察柯一带尚有不少的苯教寺宇。"[4] 1865年成书的《安多政教史》对嘉绒藏区的记载最为翔实。这部原名《多

第一章 绪论

---

[1] 《呈为委派千总曹福公领解来投诚之小金川喇嘛索诺木鄂杂尔赴热河行在候讯右咨行在军机处》，乾隆三十七年六月初七日，台北故宫博物院藏《军机处档折件》，资料号：017995。

[2] 有关"十八土司"的藏汉文献记载，参见松巴·益西班觉《青海历史（二）》，谢健、谢伟译，《青海民族学院学报》1984年第1期；李心衡《金川琐记》，中华书局1985年版；吴德煦《同治章谷屯志略》，台北成文出版社2007年版。

[3] 松巴堪布·益西班觉：《如意宝树史》，蒲文成、才让译，甘肃民族出版社1994年版，第516页。

[4] 土观·罗桑却吉尼玛：《土观宗派源流》，刘立千译，民族出版社2000年版，第199页；图官·罗桑却吉尼玛：《宗教源流史》，甘肃民族出版社1984年版，第389页。

麦教法史》（ མདོ་སྨད་ཆོས་འབྱུང）的区域宗教史著作，不同于传统的教法史，主要以安多地区水系流域的走向为主线，依次叙述沿途各地寺院、圣地和政教传承史事。该书描述嘉绒之时，尽管载有"大金川（རྒྱལ་མོ）流域嘉摩戎地区的十八家土司"[1]的说法，却也将其分为察曲河（ཚ་ཆུ，今阿坝梭磨河）流域和大金川流域两大区域。察曲河流域即察柯，主要指嘉绒藏区北部四土地区。"大金川流域嘉摩戎地区"则包括现今嘉绒藏区中南部。

就地理位置而言，察柯与大金川流域最大的不同是北邻安多，地域范围被界定在热曲水（ར་ཆུ）与阿曲水（ང་ཆུ）合流处以南地区。现属安多的阿曲水下游完巴曼（ཡུལ་པ་མན）地方也属于察柯。由于地跨安多与康区之间，嘉绒的地理归属在藏文文献中显得含糊不定，或被归入康区，[2]或被认为属于多思麻（多麦，即安多），[3]或被笼统地归为多康地区，这与嘉绒内部察柯和大金川流域的区域性差异有关。

---

[1] 智巴丹·贡却乎丹巴绕吉：《安多政教史》，吴均等译，甘肃人民出版社 1989 年版，第 728 页。

[2] "阿坝和察科的诸水与大水（རྒྱལ）汇合流向嘉摩戎，此处虽有属于格鲁派的雍仲拉登寺（གཡུང་དྲུང་ར་འདིང）等一些寺院，但大都位于康区矣"。参见智巴丹·贡却乎丹巴绕吉《安多政教史》，吴均等译，甘肃人民出版社 1989 年版，第 33 页。

[3] 19 世纪末成书的《嘉言宝库》指出嘉绒属于多思麻（多麦，即安多）。参见 [法] 卡尔梅《〈苯教史〉选译（一）》，王尧、陈观胜译，载《国外藏学研究译文集》，第 1 辑，西藏人民出版社 1985 年版，第 276 页。

明清时期藏汉文献的相关记载表明，从地理层面来看，嘉绒的内涵及其演变要远比目前所知的复杂。嘉绒是一个动态的历史概念，其空间范围并不是固定的，15世纪以降经历了不断扩大的演变过程。以墨尔多神山为中心的不同范围的区域认同，隐含着藏区佛苯与民间信仰的结合对嘉绒空间范围形成的深刻影响。所以早期嘉绒地域内涵透露出宗教信仰在整合藏区地理空间方面具有不容忽视的作用。从这一角度看，界定嘉绒地域概念的关键因素在于其文化意义。到清代中前期，随着清朝与藏区政治文化交流日趋紧密，政治因素在嘉绒地域概念中逐步变得重要起来。通过土司制度潜移默化的长期影响与两次金川之役等重大事件的急剧推动，从"土司政治"层面构建起来的嘉绒地域概念，渗入藏族知识精英有关"嘉绒十八土司"的地理认知图景中，并逐渐内化为嘉绒的地方性知识。在现今嘉绒地区流行的各类民间颂词（ དཔངས་གྀད་གཅོམ ）中常会见到嘉绒十八土司的说法，如在金川搜集的一首《漫谈宝鬘》（ འབེལ་གཏམ་རིན་ཆེན་ཕྲེང་བ ）中提到，往昔，该地被称作嘉绒十八大雪钦（ གཏ་ཆེན་བཅོ་བརྒྱད ）或十八大峡谷（ ལུང་ཆེན་བཅོ་བརྒྱད ），后设杰波（ རྒྱལ་པོ ），即嘉绒十八土司。[1] 但是若依语言学范畴来看，明正、冷边、沈边、鱼通、革什咱、巴旺等皆操康方言、尔龚语等不同语言，不能谓之曰嘉绒。[2]

---

[1] 阿旺措成编著：《嘉绒民间颂词集》，民族出版社2009年版，第14页。

[2] 马长寿：《嘉戎民族社会史》，载周伟洲《马长寿民族学论集》，人民出版社2003年版，第125—126页。

因而以十八土司界定嘉绒地域范围的说法，应主要是一个政治地理概念。本书意图糅合文化与政治两个层面的嘉绒内涵，将研究对象置于历史发展的动态演变脉络中加以考察。但是要深入理解和认识文化意义、政治意义上的嘉绒地域概念，就需对嘉绒十八土司之间在长期互动中构筑的关系网络作一全面的考察。

第三节　以往研究回溯与资料运用

现代嘉绒研究的发轫是随着 20 世纪三四十年代西方学界对嘉绒语研究的广泛关注，以及国内西南边疆边政学研究的蓬勃发展而出现的。积数十年之功，现今国内外学界有关嘉绒研究的成果宏富，涵盖面极广。尤其是近 30 年来，因藏学研究不断深入和拓展，作为重要组成部分的嘉绒研究也取得了一系列丰硕成果。不少著述与嘉绒藏族土司有关，内容包括明清时期中央政权治理嘉绒藏区的政策、金川之役、清代嘉绒藏区土屯制度等重要议题。[1] 但是目前学界专门以嘉绒藏族土司关系为

---

[1]　有关国内外嘉绒研究现状参见曾现江《嘉绒研究综述》，《西藏研究》2004 年第 2 期；徐法言《乾隆朝金川战役研究评述》，《清史研究》2011 年第 4 期；邹立波《国外嘉绒研究的回顾与反思》，《思想战线》2014 年第 4 期；叶小琴《近六十年来嘉绒十八土司研究综述》，《西藏民族学院学报》2012 年第 4 期。

研究对象的成果并不多，且嘉绒藏族土司关系研究长期为学界所忽视。

较早关注嘉绒藏族土司关系的学者首推马长寿先生。其在 20 世纪 40 年代撰写的《嘉戎民族社会史》一文是现代嘉绒研究的奠基之作，也是最早对嘉绒藏族土司关系作深入研究的论著。该文以嘉绒藏区民间广为流传的"大鹏鸟卵生"传说为切入点，结合土司谱系资料和汉文文献，初步归纳出各土司世系的渊源关系，并且探讨各土司间的宗族关系、婚姻关系。其观点至今仍对该领域的研究具有重要参考价值。之后，专门以嘉绒藏族土司关系为研究主题的著作屈指可数，且侧重阐释某一方面，缺乏较为深入、全面的研究。直接相关的研究成果可分为两方面。

一类是嘉绒藏族土司祖源关系研究。毛尔盖·桑木旦（ དགེ་དགེ་བསམ་གཏན་ ）《藏族史·齐乐明境》以藏族传统著史手法，主要依据藏文典籍叙述嘉绒藏族土司的源流关系及其历史演变。曾穷石《"大鹏鸟卵生"神话：嘉绒藏族的历史记忆》对此神话的梳理与解读颇为翔实，指出"大鹏鸟卵生"神话是嘉绒藏族的根基性情感记忆，是嘉绒藏族族群认同的基础。台湾学者王明珂《瓦寺土司的祖源——一个对历史、神话及乡野传说的边缘研究》对瓦寺土司三种祖源文本进行历史人类学视角的解析，将之归类为"历史"、"神话"与"乡野传说"，认为"神话"文本强调了嘉绒土司间的对等关系。邹立波《历史记载与祖源记忆——对瓦寺土司两种祖源历史文本的解读》则属于个案研究，对明代中叶以来文献记载中出现的瓦寺土司两种祖源历史文本内容和演变原因做了探讨，涉及瓦寺土司与董卜韩胡的关系问题。

另一类是嘉绒藏族土司政治关系研究。现执教于瑞典隆德大学的 Roger Greatrex（王罗杰）在《第一次金川之役简述》[A Brief Introduction to the First Jinchuan War (1747—1749)] 一文中，论述了嘉绒地方习惯性的冲突如何因资源的争夺而逐渐蔓延开来，最终导致清朝介入，以武力终结永久性冲突；曾穷石《清代嘉绒地区土司的婚姻初探》一文从嘉绒土司的政治联姻入手，对嘉绒土司的婚姻与土司之间社会关系网络的关系作初步探讨；邹立波《略论明代董卜韩胡、杂谷二土司之争与硗碛藏族文化中的羌文化因素》则对明代初期董卜韩胡与杂谷二土司之争的过程及原因等进行了较为详尽的论述。除此之外，庄吉发《清高宗十全武功》、彭陟炎《乾隆朝大小金川之役研究》、桑木旦·噶尔梅《晨光之宴——18世纪嘉绒辛绕生平木刻本及苯教大藏经》、李涛《试析大小金川之役及其对嘉绒地区的影响》及《试论清代乾隆年间的杂谷事件》、白湾·华尔登《嘉绒藏族历史明境》、徐铭《苯教与大小金川战争》等均或多或少地有所涉及，对理解和认识此问题无疑有较大帮助。

从整体来看，学界对嘉绒藏族土司的研究，大多置于土司与明清时期中央王朝的政治关系层面上，特别是集中在对金川之役等重大历史事件的探讨上，倾向于以王朝治边史观审视两者关系。这也是学界研究土司政治的普遍做法。受边疆研究范式的影响，少数学者转变传统视角，着眼于土司的地方性知识，开始关注嘉绒藏族土司关系的研究。但成果相当有限，而且显得较为零散，不够深入，个案研究与宏观阐释也缺乏较好的互补。概言之，无论在藏学研究领域，还是在西南边疆史层面，对包括嘉绒藏族在内的整个西南民族的土司关系研究，仍属于相对薄弱的环节。

当前嘉绒研究在时段和地域上不均衡的现象，及研究视角的局限，在很大程度上应归因于嘉绒研究资料的相对匮乏。亲历嘉绒地方考察长达半年多的马长寿先生曾言，"吾人寻绎嘉戎史之困难，与藏史同，而尤过之。西藏有佛教史，少政治史，无社会史。嘉戎则并佛教史亦无之"[1]。马先生虽有言过其实之处，却也道出了试图从本土视角考察嘉绒历史的瓶颈所在。宗教是10世纪以降后弘期各类藏文文献的普遍主题。藏文文献对某一区域记载内容的详略程度，既与该区域的宗教格局有关，又受制于教派间的门户之别。嘉绒地处藏区边缘，远离卫藏，长期以苯教信仰为主。但苯教文献中有关嘉绒的记载最早也只能追溯到14世纪。[2]在佛苯之争的背景下，藏传佛教文献对嘉绒的记载大多语

---

[1] 马长寿：《嘉戎民族社会史》，载周伟洲《马长寿民族学论集》，人民出版社2003年版，第131页。

[2] Karmay S.G., *Feast of the Morning Light:The Eighteenth Century Wood-engravings of Shenrab's Life-stories and the Bon Canon from Gyalrong*, Osaka: National Museum of Ethnology, 2005, p.2.

焉不详。到 15 世纪来自嘉绒地方的苯教大师年麦·协绕坚赞（ མཉམ་མེད་ཤེས་རབ་རྒྱལ་མཚན，1356—1415 年）在后藏建立曼日寺后，苯教从形式到内容逐步佛教化。至 18 世纪初，苯教进一步与佛教合流，在嘉绒藏区形成以昆珠扎巴为代表的新苯（ བོན་གསར ）传统。与此同时，自 15 世纪初传入后，格鲁派在嘉绒地方的宗教影响力逐渐增强，出现了一批来自嘉绒地方的在藏区颇具宗教威望的高僧。由此，有关嘉绒的藏文记载才逐渐增多。从 2010 年起，笔者即致力于对嘉绒相关藏文文献的搜集整理工作，经多次前往嘉绒地方实地考察和学界同仁的大力协助，并于 2013 年在哈佛大学访学期间利用图书馆及 TBRC（美国藏传佛教资源中心）网络资源，获得了不少弥足珍贵的藏文档案文献资料。根据文献类型的不同，主要的藏文资料可分为以下五大类 [1]：

一是传记（ རྣམ་ཐར ）类，主要指曾在嘉绒地方从事宗教活动或籍贯为嘉绒的藏传佛教或苯教高僧传记。其中较为重要的是苯教大师昆珠扎巴的传记（ རིག་འཛིན་ཀུན་གྲོལ་གྲགས་པའི་རྣམ་ཐར ）。作者南喀耶协（ ནམ་མཁའ་ཡེ་ཤེས ），具体著述年代不详，原藏于琼部（ ཁྱུང་པོ ）地方（今西藏昌都丁青一带）的孜珠（ རི་རྩེ་དྲུག ）寺，先是制为缩微胶卷，后刊印于尼泊尔加德满都。该传记分为外传（ ཕྱིའི་རྣམ་ཐར ）、内传（ ནང་གི་རྣམ་ཐར ）和秘传（ གསང་བའི་རྣམ་ཐར ）三部分。第二部分

---

[1]　分类标准，主要依据 TBRC 文献资源类型所示，参见 http://www.tbrc.org/#!genres。

记载了 1737 年 4 月以前昆珠扎巴的生平事迹，包括在嘉绒
地方的宗教活动，对于认识第一次金川之役前后嘉绒宗教
面貌颇具史料价值。[1]《桑吉林巴传》、《章嘉若必多吉
传》、《贡唐·丹贝准美传》、第二世嘉木样及年麦·
协绕坚赞、察柯·阿旺扎巴、司徒·班钦却吉迥乃、夏
扎·扎西坚赞、绒敦·释迦坚参等的传记均对嘉绒地方
的宗教、历史有所涉及。

　　二是历史（ པོ་རྒྱུས ）类，又可分为：教法史（ ཆོས་འབྱུང ），
如《安多政教史》、《觉囊派教法史》、《西藏本教源流》
等。世系史（ གདུང་རབས ），主要是《琼部王续白琉璃镜》
（ ཁྱུང་པོའི་རྒྱལ་རྒྱུད་ཤེལ་དཀར་མེ་ལོང་ཞེས་བྱ་བའི་དབུས་ཕྱོགས་བ་ཞུགས ），该文本据说
是藏于绰钦（ ཇོ་ཆེན，即绰斯甲）王室的古籍之一，原分内、
外、秘三部分。现存文本为曾毁于火的外本残卷，由金川
昌都寺李西活佛辛甲旦真（ ལི་ཕྱུ་སྤྲུལ་སྐུ་གཤེན་རྒྱལ་བསྟན་འཛིན ）于北京
刊印，是研究嘉绒土司祖源的重要文献资料。[2] 另有《绰
斯甲土司世系》（ ཇོ་སྐྱབས་རྒྱལ་པོའི་གདུང་རབས་བ་ཞུགས་སོ ），现存详略两
份手抄本。

　　三是圣迹志（ གནས་ཡིག ）类，包括《墨尔多神山志》等。
　　四是寓言神话（ སྒྲུང ）故事类，主要是民间颂词

---

　　[1]　Karmay S.G., "The Cult of Mount Murdo in Gyalrong", *Kailash Journal*,Vol.18, no. 1–2, 1996.Namkha Yeshe, Rig"dzin Kun grol grags pa"i rnam thar, *Swayambhunath, Kathmandu*, Nepal: Tritan Norbutse Bon Education Centre,1990.

　　[2]　辛甲旦真编印：《琼部王续白琉璃之镜》，出版时间不详，第 92 页。

（དམངས་ཁྲོད་གཏམ）。已整理或出版的嘉绒颂词，是由嘉绒藏族学者赞拉·阿旺措成等从20世纪80年代起开始搜集的，内容涉及卓克基、梭磨、小金、脚木足等地的历史神话、宗教节日、民俗礼仪等，具有极高的史学、语言学和民俗学价值。2005—2006年，荷兰语言学家王爱慧（Marielle Prins）协助阿旺措成等整理了上百篇已搜集的以藏文书写的古嘉绒颂词文本和手稿，并上传至纽约拉孜图书馆（Latse Library）的网站上，供学者下载使用。[1] 国内则出版了由阿旺措成整理的部分颂词藏文文本集《嘉绒民间颂词集》。

五是参考文献（དཔྱད་ཡིག）类，主要是指碑文（རྡོ་རིང），其中大金川雍仲拉顶寺碑铭最为重要。《嘉绒藏族研究资料汇编》（རྒྱལ་རོང་ཞིབ་འཇུག་དཔྱད་ཡིག་ཕྱོགས་བསྒྲིགས）从各种藏文典籍中摘录大量与嘉绒相关的藏文记载，是本书写作过程中最为重要的藏文史料来源之一。

藏文档案类资料主要来源于台北故宫博物院、四川阿坝州档案馆所藏藏文档案。后者所藏部分档案已整理为《阿坝藏族羌族自治州档案馆藏藏文档案选编》一书，收录清末民初藏文档案近400份，内容以卓克基、沃日土司及松潘县藏文档案为主。部分未收藏于档案馆的文令、奏折、告书等重要藏文文献，则属于嘉绒地方民间私人或寺院所藏。

---

[1] 邹立波：《国外嘉绒研究的回顾与反思》，《思想战线》2014年第4期。

藏文文献确如马长寿先生所言，重宗教而轻史实与社会描述，故虽能极好地展现出嘉绒地方本土的认知视野，但文献记载所含的历史信息极受限制，相关史料十分零散。国内外学界经常引证的相关文献，往往是章嘉·若必多吉传记、《安多政教史》等的少量记载。自昆珠扎巴传记问世后，此种局面略有改观，却依然无法根本改变研究资料严重缺失的现状。而且，诚如法国藏学家石泰安所说，藏文文献还普遍存在乱无条理、真假难辨的混乱状态。[1] 对此，唯有更多地转求汉文文献，采取藏文与汉文相结合的研究路径。

相比而言，明清时期有关嘉绒的汉文文献资料要丰富得多。自汉晋以来，中原史家特别注重史地结合的史实记述，对周边"四夷"的地理文化面貌给予极大关注，明代的地理、方志类著作的纂修蔚然成风，边地知识日臻丰富。通过制度化的朝贡、茶马贸易等渠道，明朝与嘉绒各方政教势力交往频繁，无形中推动了内地与藏区之间文化信息的广泛交流。基于治边的考虑，明代中央治边机构、地方衙署均十分重视各类边地信息的获取和搜集。[2] 到清代，由于青藏高原东缘是内地与卫藏之间交流往来的重要通道，清朝颇为重视对边缘藏区各政教势力的调控，对嘉绒的控制力度也不断加强。特别是两次金川之役期间，为战

[1] ［法］石泰安：《川甘青藏走廊古部落》，耿昇译，王尧校，四川民族出版社 1992 年版，第 2 页。

[2] 赵云田：《中国治边机构史》，中国藏学出版社 2002 年版，第 222 页。

事需要，乾隆帝不断督促官员多番勘察、核实嘉绒的地理文化面貌，直接加深和扩充了清人对嘉绒的认知程度。明清时期相关的记载是前代所无法比拟的，尤以实录、奏折、诏令、方略、笔记、方志为主，如《明实录》、《清实录》、《平定两金川方略》、《蜀徼纪闻》、乾隆《保县志》、《平定金川方略》、《金川案》及第一历史档案馆、台北故宫博物院所藏档案等。特别是《金川档》、《清宫珍藏海兰察满汉文奏折汇编》等已整理出版档案中辑录的各类"番供"文本。在缺乏藏文文献支撑的条件下，这些文本对于还原和重现两次金川之役前后嘉绒土司之间的政治关系具有不容忽视的弥补作用。可以说，因藏文文献记载的种种不足，当涉及中央王朝与嘉绒土司关系时，应主要借助汉文文献资料，而辅以有限的藏文文献。但是汉文文献的记载存在集中于乾隆金川之役等重要时段的问题，且这些记载时常出现含混模糊、前后抵牾，缺少记载的连续性和整体性的问题。更为重要的是，汉文文献的撰写者是深受传统夷夏观影响的中原史家，在记述原则和行文风格上均有所偏好和侧重，而且"相当一部分是从过去的著述辑录而成，缺乏对于文献的分析，也没有能够注意时间轴上的发展与变化"[1]，难免有曲笔隐晦、歪曲不实之处。在迫不得已的情况下

---

[1] 王建民：《中国人类学西南田野工作与著述的早期实践》，《西南民族大学学报》2007 年第 12 期。

使用此类文献，无形中为期望深入认知和研究嘉绒本土视野中的历史带来重重遮蔽和困难，有必要参酌、比勘各类汉藏文献，加以甄别、考证。

第一章　绪论

第二章　嘉绒藏族土司的祖源关系

　　过去学界对嘉绒藏族土司祖源的认知，一般是从当地广泛流传的"琼鸟卵生"神话传说开始。神话传说是一种特殊的口述历史文本。尽管口述文本无法同文献文本那样具有较强的传承稳定性，却依然有着相对稳定的内在叙述模式和核心结构。因而口述文本既包含着某些远古的真实历史信息，又可应当下的社会情境而发生变异。现今为学人熟知的"琼鸟卵生"的神话传说大多是从民国时期及 20 世纪 50 年代初社会历史调查中实地访谈所得。内容情节相对简单，却足以引起历史学、人类学者的浓厚兴趣和高度关注，由此引申出的某些观点和认识，亦极具启发性和参考价值。[1]但是依据仅有的神话传说口述文本，已难期在此问题上有

---

[1]　相关论著参见曾穷石《"大鹏鸟卵生"神话：嘉绒藏族的历史记忆》，《学术探索》2004 年第 1 期；王明珂《瓦寺土司的祖源——一个对历史、神话与乡野传说的边缘研究》，《历史人类学学刊》2004 年第 2 卷第 1 期；石硕《青藏高原碉楼的起源与苯教文化》，《民族研究》2012 年第 5 期。

所突破。不过令人欣慰的是，新近面世的一批嘉绒藏文文献恰可同这些口述文本相印证，揭示出更为丰富的情节内容和历史信息。以"琼鸟卵生"神话传说为代表的祖源记忆实则同古代青藏高原的人群流动与宗教信仰传播密切关联。嘉绒藏族土司巧妙地将这些重要历史和宗教事件"神圣化"为祖源记忆，既作为维系相互关系的重要纽带，又界定嘉绒与藏文明核心圈的内在关联，阐释了嘉绒藏族土司祖源的多源性和复杂性。

第一节 "琼鸟卵生"神话传说：
嘉绒藏族土司的同源记忆

现存已知的嘉绒藏族"琼鸟卵生"神话传说均与土司有关，是土司追溯其来源的独特祖源记忆。举凡涉及嘉绒藏族土司源起的话题，皆由此而起。其缘由诚如最早注意到此类神话传说的马长寿先生所言，"嘉戎之古代历史既属渺茫，则吾人欲其古代史之重造，不可不注意各地之传说、图画、谱牒，有以补救之"[1]。"琼鸟卵生"神话传说有别于史乘信本所载，以口述传说、图画谱牒的形式代代传承。情节多掺杂离奇怪异的内容，本土性和民间性色彩相当浓厚，应更为切近土司对当下情境或远古记忆的心理状态。在现有的五例"琼鸟卵生"神话传说中，绰斯甲土司的说法最为详尽：

---

[1] 马长寿：《嘉戎民族社会史》，载周伟洲《马长寿民族学论集》，人民出版社2003年版，第134页。

远古之世，天下有人民而无土司。天上降一虹，落于奥尔卯隆仁（or mo run ʒən）地方。虹内出一星，直射于儇戎（ʒən næɛ）。其地有一仙女名喀木茹芈（k'am ʒu me），感星光而孕。后生三卵，飞至琼部（tɕɑn Po）山上，各生一子。一卵之子，腹上有文曰"k'ras tɕiam"。此子年长，东行，依腹文觅地，遂至绰斯甲为王。人民奉之如神明，莫敢越违。传三四世，独立自尊。绰斯甲王者三卵中花卵所出之子也。其余二卵：一白一黄，各出一子，留琼部为上下土司。绰斯甲王出三子：长曰绰斯甲（k'ras tɕiam），为绰斯甲之土司；次曰旺甲（wuan tɕiam），为沃日之土司；三曰蔼许甲（ʒgə ɛy tɕiam），为革什咱之土司。[1]

据马长寿称，此传说绘于绰斯甲土司公廨内一幅传自清代的油漆彩色壁画上，上书远古以来历辈祖先及其事迹，以藏文解说。[2]公廨是土司处理政务的权力场所。各土司间接洽往来，或土司会晤喇嘛、辖下头人及属民各色人等，

---

[1]　马长寿：《嘉戎民族社会史》，载周伟洲《马长寿民族学论集》，人民出版社 2003 年版，第 135 页。

[2]　据称，现位于金川县集沐乡周山村的绰斯甲土司官寨经堂内，彩绘佛经故事和绰斯甲土司来源传说，或是马长寿当年所见的油漆彩色壁画。参见阿坝藏族羌族自治州文物管理所《阿坝文物览胜》，四川民族出版社 2002 年版，第 26—27 页。1987 年，阿坝州文物普查组在绰斯甲苯教大寺昌都寺经殿内所见大幅壁画，据说亦与马长寿见到的壁画相同。参见晏春元《本波教起源地象雄为嘉绒藏区（下）》，《西藏研究》1989 年第 4 期。

大多在此处举行。书绘此传说于该处，公示众人，传诸后世，足证绰斯甲土司对此神话传说的重视和认可程度。壁画所绘上自远古始祖起源，下系历代土司行事，迄于近世，俨然一部土司的家世谱系，亦可见绰斯甲土司阶层深知追忆土司世系传承的重要性。就情节内容而言，"天降卵生"与"分派支系"是其两大核心情节。若言"天降卵生"意在强调绰斯甲土司权力的神圣性，那么"分派支系"则在于突出绰斯甲与沃日、革什咱两土司间的同源共祖关系。

类似的情节也出现在瓦寺土司阶层的祖源表述中。20世纪40年代，马长寿也造访了瓦寺土司的官廨。一位土司的弟弟龙书喇嘛讲述了一则与绰斯甲相仿的神话传说文本：

> 天上普贤菩萨（Sən la wa gar）化身为大鹏金翅鸟日"琼"降于乌斯藏之琼部，首生二角，额上发光，额光与日光相映，人莫敢近之。追琼鸟飞去，人至山上，见有遗卵三支：一白、一黄、一黑。僧巫取置庙内，诵经供养。三卵产生三子，育于山上。三子长大，黄卵之子至丹东、巴底为土司；黑卵之子至绰斯甲为土司；白卵之子至涂禹山为瓦寺土司。[1]

与绰斯甲文本大同小异，"天鹏卵生"与"分派支系"依然是瓦寺文本的核心情节。只是"琼鸟"取代

[1] 马长寿：《嘉戎民族社会史》，载周伟洲《马长寿民族学论集》，人民出版社2003年版，第137页。

仙女喀木茹芈的角色。分派出的丹东、巴底、绰斯甲和瓦寺皆出于琼鸟所诞三卵。叙事目的之一在于强调嘉绒土司之间对等的兄弟关系及土司家族的神圣性。[1]由后文的藏文史料来看，绰斯甲文本显然是变异的版本。土司之间虽被归于兄弟关系，绰斯甲的地位却有意被抬升，而不是完全被置于对等的地位。

其余三则神话传说相对简单。据马长寿载，巴底土司王寿昌述其祖先降自琼鸟之说：

> 荒古之世，有巨鸟，曰"琼"者降生于琼部。琼部之得名由于此，译言则"琼鸟之族"也。生五卵：一红、一绿、一白、一黑、一花。花卵出一人，熊首人身，衍生子孙，迁于泰宁（nar tar），旋又移迁巴底。后生兄弟二人，分辖巴底、巴旺二司。[2]

丹东革什咱土司邓坤山谈道：

> 丹东远祖乃由三十九族之琼部迁来。琼部昔为琼鸟所止之地也。由始祖迁至今已有三十五代。初迁之时有兄弟四人：一至绰斯甲，一至杂谷，一至汶川，一至丹东。[3]

---

[1] 王明珂：《瓦寺土司的祖源——一个对历史、神话与乡野传说的边缘研究》，《历史人类学学刊》2004 年第 2 卷第 1 期。

[2] 马长寿：《嘉戎民族社会史》，载周伟洲《马长寿民族学论集》，人民出版社 2003 年版，第 140 页。

[3] 同上。

最后一则神话传说文本据说得自金川县河东乡云游高僧阿莫都·卡阶所存清代流传下来的藏文史籍，内称：

> 很早以前，天下只有人民而无土司，这时上天菩萨为了给人民有所领头，而降两虹，一虹降于今金川县咯尔地方，一虹降于今小金地方（美诺沟）。虹内各出一卵，卵出一子，一在大金川（促浸），一在小金川（赞拉）。大金者名"然旦"，意为坚强勇敢。在小金者名"赞拉"，意为凶神。[1]

土司祖源"琼鸟卵生"的神话传说还同样流传在其他土司中，"他如梭磨、卓克基、松岗、党坝、沃日、穆坪诸土司均有此说"[2]。此类传说或述于土司之口，或由来自土司阶层的

　　[1]　雀丹：《嘉绒藏族史志》，民族出版社 1995 年版，第 115—116 页；宋友成：《嘉绒藏族历史及族源》，载薛良忠、雀丹《嘉绒藏族史料集》，成都地图出版社 1991 年版。

　　[2]　马长寿：《嘉戎民族社会史》，载周伟洲《马长寿民族学论集》，人民出版社 2003 年版，第 141 页。马先生所言已得到现今相关藏文文献和口述资料的证实。在学者赞拉·阿旺措成等搜集的嘉绒民间颂词中，不少口传或文字文本涉及土司祖源问题。其中，《赞拉圣王史》（བཙན་ལྷ་བདག་ཆེན་རྒྱལ་པོའི་ལོ་རྒྱུས）、《察柯王世系》（ཚོ་ཁོ་རྒྱལ་པོའི་ལོ་རབས）、《丹巴善藏王系》（དམ་བྱ་ལེགས་གཉེར་གྱི་རྒྱལ་པོའི་རྒྱུད）、《促浸燃旦史之威光珍宝璎珞》（རྒྱ་ཆེན་རབ་བདན་གྱི་ལོ་རྒྱུས་རིན་ཆེན་གཟི་དོ་ཤལ）、《梭磨王史》等均描述有"琼鸟卵生"的神话传说。参见阿旺措成编著《嘉绒民间颂词集》，民族出版社 2009 年版；Awang and M.Prins(eds.),Collcetion Awang, 2006, www.gyalrong.latse.org。穆坪传说称，土司一族直接由琼部迁来，后分出瓦寺、促浸、赞拉土司。参见陈庆英主编《中国藏族部落》，青海省社会科学院藏学所编印 1991 年版，第 449 页。

知识精英——喇嘛表述，而载录于藏文典籍中。此祖源记忆为掌控嘉绒地方文化与知识体系的上层精英阶层持有，因而应是嘉绒本土有关土司渊源的主流历史叙述，且为多数土司秉持和传述。"琼鸟卵生"与"分派支系"的两大核心情节，固定地出现在各土司的神话传说文本中。这说明各土司持有的祖源记忆文本虽略有差异，却潜存模式化的文本叙事结构。此一文本内化为土司的祖源认知情结，流露出近似的情感动机和心态，即嘉绒藏族土司之间同源共祖的认同意识。

这种同源共祖的认同情结同文本中屡次出现的一项重要符号——"琼"（ཁྱུང）紧密联系。琼，俗称大鹏鸟[1]神话传说文本大多指称，土司同源之卵由琼鸟诞下。在嘉绒地方，琼鸟的装饰图案普遍出现在各类民居住宅的门楣等处，土司官寨尤为突出。对此，马长寿曾描述说：

图 2-1 绰斯甲土司衙署正门

---

[1] 有的学者认为，将"琼"对译为"大鹏鸟"是明显的错误。两者是两个完全不同文化传统中的两个完全不同的文化现象，虽存相似之处，差异之处也很多，所以应直译为"琼"，则表达更为准确。参见才让太《再探古老的象雄文明》，《中国藏学》2005 年第 1 期。

凡嘉戎土司之门额俱雕有大鹏式之琼鸟。形状：鸟首、人身、兽爪，额有二角，鸟啄，背张二翼，矗立欲飞。此鸟本为西藏佛教徒所崇拜，指为神鸟，常于神坛供养之。然奉供最虔者则为嘉戎。吾常于涂禹山土署见一木雕琼鸟高三尺余，在一屋中供养，视同祖宗。梭磨、松岗、党坝、绰斯甲等官廨亦有之。其他土署，多所焚毁，旧制不可复观。想原时皆有供设也。[1]

既然土司将琼鸟"视同祖宗"，加以供设，并非一

---

[1] 马长寿：《嘉戎民族社会史》，载周伟洲《马长寿民族学论集》，人民出版社 2003 年版，第 141 页。据邓廷良先生在 20 世纪 80 年代的调查称，穆坪土司喇嘛寺庙门上原有木雕大鹏（琼鸟），壁画上也有大鹏，"今壁画已不存，房楣上木雕长角的鸟首人身琼鸟残像犹存"。另，明正末代土司嘉拉·降泽回忆道，"家庙金刚寺内，原有家谱和土司每日的起居注。寺内还供有一个像鸵鸟蛋一般大的'大鹏鸟蛋'，内装粮食，用金封口。另一大鹏鸟爪，长二尺，一支趾，其中可装酒三斤。原来父亲衙门里，也供有一支六寸长的大鹏鸟爪"。参见邓廷良《明正土司考察记》，载李绍明、童恩正《雅砻江上游考察报告》，中国西南民族研究学会、甘孜藏族自治州人民政府编印 1985 年版，第 35、45 页。又称，卓克基官寨壁画上当时也可见琼鸟图形，惜已残缺。瓦寺官寨大门上有木雕大琼，一爪抓蛇，下有三枚卵。参见邓廷良《嘉戎族源初探》，《西南民族学院学报》1986 年第 1 期。民国时期考古学家卫聚贤也谈到，瓦寺"涂禹山寨门楼上有木刻的大像，为鸟嘴人身，而足为鸟爪，两手持大蛇一条，两爪各抓蛋一枚。相传此鸟共生三蛋，一蛋为瓦寺土司之祖，一蛋为初斯甲（系靖化县管，一大土司），一蛋为单东土司（在川西北距汶川甚远），故三土司为兄弟三人，各据一方的"。参见卫聚贤《石纽探访记》，《说文月刊》1932 年第 3 卷第 9 期。可见，供奉琼鸟的习惯，遍及整个嘉绒地方。

第二章　嘉绒藏族土司的祖源关系

般的装饰之物可以比拟，又普遍出现在诸土司官廨或家庙重地的显眼位置（如图 2-1 所示 [1]），其象征意义自然非比寻常。"琼鸟"形象甚至同祖源文本一同被描绘在土司颁布的重要文令中。一份 1723 年（藏历水兔年，雍正元年）巴底土司颁发的纸制封赏文令分为两部分，中有隔饰。上半部方框内以藏文简叙巴底土司源起，以雕版印制，下半部为文令具体内容。文令上方左右绘日月，中央显著位置处绘制琼鸟，两旁为摩羯鱼，四周另绘龙、狮、虎等图案。土司简史宣称始祖阿聂耶门杰布（ཨ་ཉེས་ཡེ་སྨོན་རྒྱལ་པོ）源于卵生，其子更嘎罗布 [རྒྱལ་པོ་གུན་དགའ་ནོར་བུ，又名贡察杰布（དགོངས་ཚ་རྒྱལ་པོ）] 前赴教化之地东方嘉莫绒（ཤར་རྩ་བ་རྒྱལ་མོ་རོང），传出王统。[2] 因系雕版印制，文令饰纹与土司源起文本应共同构成此类重要文令的固定格式，文令内容则手写于下半部，加盖土司大小方印。

嘉绒藏族各土司将琼鸟实物与"琼鸟卵生"神话传说以各种形式宣示于外，足以揭示出在土司祖源记忆中，"琼"被视作祖源符号。[3] 而且，各土司祖源记

---

[1] 1941 年芮逸夫拍摄，参见 http://history.news.163.com/08/0522/09/4CHN3L1600011247.html。

[2] 该文令题为《巴底贡察杰布关于给瓦布·显扎杰划分房屋及土地的文令》，原由甘孜州丹巴巴底雍仲达吉岭寺仁青收藏。内容由红音、南卡次诚译，赞拉·阿旺措成、新巴·达娃扎西审校。文令收录于《嘉绒藏族土司藏文档案选译》中。该书即将出版。在此感谢红音博士提供该资料，并允准笔者使用。

[3] 石硕：《"邛笼"解读》，《民族研究》2010 年第 6 期。

忆的核心情节具有惊人的一致性。相互关系最为重要的联结点正是"琼鸟"。在整个藏东地区，各土司的祖源记忆并不一致。有的追溯到光音天（འོད་གསལ་ལྷ），如德格土司；有的将传奇般的先祖与某座神山联系起来。[1]不少土司的祖源文本描述也从卵生说开始。青海玉树囊谦（ནང་ཆེན）土司王统记称源于珠（འབྲུ）氏族，且引《朗氏一帙》（རླངས་ཕོད་ཁྲ 即《郎氏家族史》）记载："五大元素之精华中，有一枚大卵。卵液之外生成天界白岩，内中蛋清旋转为白螺海，从中间蛋液中产生出六道有情众生"，后衍生出噶（སྒ）、珠（འབྲུ）、董（ལྡོང）、扎（འ）、巴（དབྲ）、达（ཟླ）六氏族。此说亦见于昌都拉托（ལྷ་ཐོག）土司王统记中。[2]祖源卵生说在藏东各地流传颇为广泛，但是多数传说情节中并无"琼鸟"。因而，嘉绒藏族土司将卵生与"琼鸟"相关联，并突显"琼鸟"的地位，视为同祖符号，显得相当独特和瞩目，具有鲜明的地域性特色。而且，透过情节高度一致的"琼鸟卵生"记忆展演，嘉绒藏族土司在祖源问题上实现融通整合，形成密切的对等关系。若要深入考察此意识产生的历史基础和渊源关系，首先需考察"琼鸟"蕴含的历史信息。

　　[1] [法]石泰安：《川甘青藏走廊古部落》，耿昇译，王尧校，四川民族出版社1992年版，第4—5页。

　　[2] གཅེན་ཕིན་ཡལ་ནང་ཆེན་རྒྱལ་རབས（《囊谦王统记》），1965，抄本，pp.20-21. འབྲུག་མེད་ནས་རྒྱལ་སུ་ལྷོག་རྒྱལ་རབས（《拉托王统记》），*Tibetan Craft Community*，1971，pp.42-43.

第二节　象雄琼氏部落东迁

琼，藏文又作"ဒ္ဂ်ㄷ"或"ནམ་མཁའ་ལྡིང་"（མཁའ་ལྡིང），汉译为"妙翅鸟"、"金翅鸟"，梵文作 Garuda（"揭路荼"、"迦楼罗"）。琼鸟形象作展翅大鸟、口中衔蛇状，被认为是源于印度文化中的神鸟 Garuda。更为重要的是，琼还被认为同古代象雄文化密切相关。如苯教学者才让太所言，藏文中的"ㄅ్ㄷ"等同于象雄文中的"雄"（ㄅ్ㄥㄱ或ㄅ్ㄷ）。"雄"是ㄅ్ㄥㄷ（雄侠）的缩写，是在古代象雄文化中出现频率极高的一种神鸟。"这个神鸟就是雄侠部落的图腾和象征，象雄部落认为他们就是这个神鸟的后裔"，"象雄文中的'象雄'就是藏文中的'穹隆'，都是'穹（神鸟）之山沟'之义"。[1]值得注意的是，上引绰斯甲神话传说文本中提到了"奥尔卵隆仁"，声称天降一虹于此，仙女感虹光而生三卵于琼部，后三卵生子再东迁于绰斯甲。此地即苯教文献普遍记载的"沃摩隆仁"（འོལ་མོ་ལུང་རིང），其地望一般被学界界定在象雄地域。[2]由此，

---

[1] 才让太：《再探古老的象雄文明》，《中国藏学》2005 年第 1 期。南喀诺布也称，象雄文中的"ㄅ్ㄷ"与藏文古字"ㄅ్ㄷ"是同一含义。"ㄅ్ㄷ"是藏文中的一个古老字词。佛教传入藏区后，显密经典文本一般改写为"ནམ་མཁའ་ལྡིང"或"མཁའ་ལྡིང"。参见南喀诺布《古代象雄与吐蕃史》，中国藏学出版社1996 年版，第 37—38 页。

[2] 才让太：《古老象雄文明》，《西藏研究》1985 年第 2 期。

嘉绒土司祖源可追溯至象雄地方。那么，"琼"是嘉绒藏族土司祖源符号，在古代象雄文化中具有独特地位，而"琼鸟卵生"神话传说将嘉绒藏族土司祖源地与象雄联系起来，两者之间是否暗存关联呢？

图2-2　丹巴邛山民居门楣上的琼鸟

一份名为《琼部王续白琉璃镜》的藏文文献，为我们揭示更为详尽、具体的嘉绒藏族土司源起提供了弥足珍贵的历史信息。[1]该文本内容分为五个部分，即外器世间形成、情器世间众生产生、中期劫数划分、南瞻部洲形成和护持教法王辛的繁衍等。其中，护持教法王辛繁衍具体描述了琼氏的发展及其支系逐步东迁至嘉绒地方的过程：

人寿百岁之时，为教化象雄、吐蕃众生，弘扬苯教，穆氏扎（ དམུ་རིགས་དང ）以神通化现为琼，降临象雄甲日祖丹（ བྱ་རི་བཙུག་ལྡན ）山顶，化身为一孩童，即嘉琼（ རྒྱལ་ཁྱུང ），后

[1]　这份文献据说是绰钦（ ཁྲོ་ཆེན，即绰斯甲）王室所藏的四本重要古籍之一，原为藏文手抄本，由才旺坚参（ ཚེ་དབང་རྒྱལ་མཚན ）收藏，后由金川昌都寺活佛李西·新甲旦真（ ལི་གཤལ་རྒྱ་གཞིས་རྒྱལ་བསྟན་འཛིན ）校订后在北京铅印出版。

与一天女结合，诞下白、黄、黑、花四卵，分别诞生出琼噶托拉巴尔（ཁྱུང་ནོད་ཐོག་ལ་འབར）、拉琼坚巴（ལྷ་ཁྱུང་རྒྱན་པ）、穆琼坚巴（དམུ་ཁྱུང་རྒྱན་པ）和琼帕察莫（ཁྱུང་འཕགས་ཙ་མོ）四子。四子长大后，嘉琼令其分别前往各地行教化，繁衍出不同的琼氏支系。幼子琼帕察莫化身为琼，前往安多和康，落于琼部六峰（ཁྱུང་པོ་རི་དྲུག）之顶，与喜绕仲（ཤེས་རབ་སྒྲོན）结合，诞下白、黄、花、黑四卵。四卵生四子，繁衍出琼部白、黑、黄琼氏王统三支系。随即琼帕察莫经察瓦冈、绷波冈、阿达绒等地前往东方嘉莫绒之地，将众生引入苯门。此后琼帕察莫前往墨尔多（དམུ་རྡོ）山顶，留下子嗣拉赛雍仲（ལྷ་སྲས་གཡུང་དྲུང）于嘉莫绒。拉赛雍仲又与天女结合，先后生下乌莫尔根龙（དུ་འབྲོར་གུན་ སྒྲོང）、乌莫尔绰杂（དུ་འབྲོར་ཆོ་ཙ）、乌莫尔旺杂（དུ་འབྲོར་དབང་ཙ）和乌莫尔革什杂（དུ་འབྲོར་གེ་ཤེས་ཙ），即乌莫尔雍仲四子（དུ་འབྲོར་གཡུང་དྲུང་ཙ་བཞི）。接着拉赛雍仲令长大的四子分辖四大区域，"温和的长子根龙布杂（གུན་སྒྲོང་ཙ），统治多布赤钦（ཏོག་ཕུ་ཁྲི་ཆེན）一带，镇守与汉地的东部边界，平和地使用苯教，教化边民，护持正法。猛力具足的次子绰杂，统治上部韦日噶格乌（ཤེར་རི་གགི་ཀུ）以下至下部的西嘎多仁（གཞིས་དགག་རྡོ་རིང）以上地方，作教法主宰，弘扬教法，制服北方霍尔恶者。具权威之三子旺杂统治南方曲曼曲嘎（ཆུ་སྨད་ཆུ་དགག）以上至普益达觉昌郭（ཕུ་ཡི་མཛོད་རྒྱ་འབྱེད་གོ）以下地方，要供神施龙，行善积德，阻遮南方绛地的侵扰。事业皆成的幼子革什杂，统治昔尔吉库达嘎觉嘉（ཤེས་ཀྱི་ཁུ་ད་འགགས་མཛོ་རྒྱལ）以上和绕吉嘎达色雄（ར་ཇི་འགགས་ད་གསེར་གཞུང）以下至普益昔嘎达觉昌俄（ཕུ་ཡི་གཞི་འགགས་མཛད་རྒྱ་འཛིན་ངོ）之间的地方，要继承父辈留下的执政传统，对西方藏域施以软硬兼施之策，使王法普照诸地"。四子谨遵父命，此后"长子根龙布杂居于促浸绕丹（ཆུ་ཆེན་རབ་བརྟན），次子绰杂或绰窝斯甲（ཁྲོ་བོ་རྒྱལ་བ），降临绰地（ཁྲོ་ཁྲོང）为王，三子旺杂统辖绒莫曲麦（རོང་མོ་ཆུ་སྨད），幼子事业具成者或革什杂在革什（དགེ་ཤེས）地方，从事弘法利生事业"[1]。此四子衍生为后世的促浸（大金川）、绰斯甲、沃日和革什咱四土司。

可以看出，该文本情节内容的主干——"琼鸟卵生"和"分派支系"——同"琼鸟卵生"口述文本基本相同。只是文本架构由多个卵生神话叠加而成，内容加以扩充，历史脉络更为曲折、具体和丰富。"琼"也不再单纯是标识嘉绒土司祖源的象征符号，或是古象雄文化中的某种神鸟，而是演变为一支分布地域极广的重要氏族。文本情节不乏神异离奇之处，主线却相当突出。琼氏从青藏高原西部向东迁移、繁衍支系为线索。迁移的路线也较为清晰，始自象雄，以琼布六峰为中心的琼部是琼氏

---

[1] 《琼部王续白琉璃镜》（ཁྱུང་པོའི་རྒྱལ་རྒྱུད་གསལ་དཀར་མེ་ལོང་ཤེལ་གྱི་འཕྲུལ་གྱི་མེ་ལོང་ཞེས་བྱ་བའི་ཆོས་ལུགས་བཞུགས），李西·新甲旦真校订，北京铅印本，出版时间不详，第81—82页；《琼部王室世袭明鉴》（ཁྱུང་པོའི་རྒྱལ་རྒྱུད་བརྒྱུད་དཀར་མེ་ལོང），杨海青、赞拉·阿旺措成、阿根整理，《阿坝州文史》第26辑《金川史料专辑》（下），阿坝州政协文史和学习委员会编2011年版，第54—55、61—62页。后者据称是由辛嘉活佛多俄丹增（གཡེན་རྒྱལ་སྐུ་མདོ་སྒྲོལ་བསྟན་འཛིན，即活佛李西·新甲旦真）搜集到的藏文手抄本整理而成。两者应属同一文本，内容大致相同，但也有不少差异。如最后四子分辖四地的记载，在前一文本中缺载。或许是印刷舛误所致，两者的人名、地名也存在一些差异。据才让太先生称，他也找到此文本的不同抄本，内容与李西活佛文本基本相同。

东迁的中转站，进而将叙事的主题逐步引至嘉绒。文本明确提出嘉绒藏族土司祖源是从象雄向青藏高原东南缘迁徙的琼氏。

象雄琼氏部落的东迁及其后裔的繁衍，得到《白扎琼部世系水晶宝鬘》（དཀར་བཀྲ་ཁྱུང་པོའི་གདུང་རབས་ཆོན་ཚུལ་རྣམ་དག་ཤེལ་འཛིན）、《琼氏世系松石宝饰》（ཞེས་པ་ལ་ཡིག་གསལ་མགོ་མཚོ་འདི་ཁྱུང་གི་རྒྱལ་པོ་གཡུ་ཡི་རྒྱན་ད་ རྩལ་ནི）、《扎嘎琼部世系史春雷福音》（དབ་དཀར་ཁྱུང་པོའི་གདུང་རབས་ལོ་རྒྱུས་ འབྲུག་སྒྲ་རྒྱལ་བའི་ལུ་དབྱངས）等多部琼部地区有关琼氏世系藏文手抄本的佐证。特别是《琼氏世系松石宝饰》揭示出象雄琼氏部落东迁的重要时代背景。据载，普贤菩萨变幻为琼，诞下三卵，孵化出普贤的三个化身。象雄国王迎请心之化身的弥琼木波（མི་ཁྱུང་སྨུག་པོ），奉为上师。之后历代象雄国王皆尊奉琼氏上师。象雄被吐蕃吞并后，琼氏后裔琼部·达扎顿祖（ཁྱུང་པོ་སྟག་སྒྲ་དུན་ཙུག）继承王位，掌管象雄政教事务，后传三代至东迥仁莫（སྟང་ཁྱུ་རིང་མོ）。因象雄王室直系后裔起兵对抗琼氏，迫使琼氏部落不得不举族东迁。其中一支远赴东部藏区，后在丁青地方衍生出通常所称的白琼、黑琼和黄琼三支系。[1]西藏昌都丁青，古称琼部，又称琼部丁青。琼氏部落东迁后，繁衍支系众多，一般以白、黑、黄三支系区分。琼部是琼氏扎根衍生、分布相对集中的重要区域。这同嘉绒藏族土司"琼鸟卵生"口述文本中屡次提到的"琼

---

[1] 才让太：《再探古老的象雄文明》，《中国藏学》2005 年第 1 期；才让太、顿珠拉杰：《苯教史纲》，中国藏学出版社 2012 年版，第 180—182 页。

部”的说法吻合。象雄为吐蕃所并是在吐蕃松赞干布之世，即 7 世纪中叶。《敦煌本吐蕃历史文书》P. T. 1288《大事记年》载，"此后三年，墀松赞赞普之世，灭'李聂秀'，将一切象雄部落均收于治下，列为编氓"[1]。墀松赞赞普即松赞干布。若依此，此次琼氏部落东迁的时间或可定在 8 世纪。[2]

琼部地方的琼氏世系藏文手抄本记载颇具写实性。《琼部王续白琉璃镜》则以更为浓厚的神话书写方式，直接将象雄琼氏部落东迁的后裔"乌莫尔雍仲四子"同嘉绒藏族土司世系接续起来。到 18 世纪，这一祖源记忆正式被载入苯教的重要文献典籍中。由苯教大师昆珠扎巴主持编纂的《苯教丹珠尔》（བོན་གྱི་བསྟན་འགྱུར）谈到，塔达·琼帕察莫是琼部·达扎顿祖的后裔，"为长寿大持明者，曾作藏域诸王的应供喇嘛，此后骑蓝龙前往多麦嘉莫绒，娶拉姆当丹，生乌莫尔雍仲四子，发展苯政王政，在末劫之世弘传利众事业"[3]。1766 年，昆珠扎巴开始主持刊刻绰钦（即绰斯甲）木刻版苯教般若经。经书目录《十万般若颂目录之世间

_____

[1] 王尧、陈践译注：《敦煌本吐蕃历史文书》（增订本），民族出版社 1992 年版，第 145 页。

[2] 不过，有的学者已指出，象雄苯教及"琼鸟"和"卵生"等观念传入嘉绒地区的时间甚早，大抵可定在东汉时期（1—2 世纪）。参见石硕《青藏高原碉楼的起源与苯教文化》，《民族研究》2015 年第 5 期。

[3] 赞拉·阿旺、多尔吉、红音编著：《嘉绒藏族研究资料汇编》，中国藏学出版社 2003 年版，第 52—53 页。

明灯》（ ཤེས་བྱ་ཀུན་སྡོང་ཕག་བཀུ་བའི་དཀར་ཆག་ཐིད་པའི་སྒྲོན་མེ་ཞེས་བྱ་བ ） 第四
部分引《王系白晶鬘》（ རྒྱལ་རབས་ཤེས་དཀར་ཕྲེང་བ ）进一步详
载绰钦王统世系：塔达·琼帕察莫到达东方嘉绒地方
后，繁衍出乌莫尔雍仲四子。长子绰沃旺钦朱勒绰杂
（ སྡོ་བོ་དབང་ཆེན་སྒྲུལ་ལས་ཚོ་ཤ ）"前往墨尔多神山以北抑制霍尔。他
有三子，长子即绰钦王达拉斯甲（ སྡོ་ཆེན་རྒྱལ་པོ་སྒྲ་ལ་སྐྱབས ）"[1]。
《王系白晶鬘》极可能就是《琼部王续白琉璃镜》。因而，
琼氏"乌莫尔雍仲四子"衍生出嘉绒藏族四土司王统的
说法应在 18 世纪以前就已存在，并载录于土司王室所
藏的世系文本内，进而在土司资助刊刻的苯教文献中所
有突出和强调。

苯教文献大多沿用此情节，将之与藏东地区
琼氏世系的源起联系起来。《雍仲苯丹珠尔总集》
（ གཡུང་དྲུང་བོན་གྱི་བཀན་འགྱུར་ཆོགས་བསྒྲས ）首先略述象雄琼氏源
起 （"琼鸟卵生"） 及达扎顿祖执掌象雄王政之史事。
后琼氏东迁，分化为黑琼、白琼与花琼支系，"得长寿灌
顶之道的花琼氏塔达琼帕察莫（ ཁ་སྤྲག་ཏུང་འབམས་ཚོ ）任历
代象雄和吐蕃国师之后，骑龙飞往嘉绒，并娶拉姆当
丹 （ ལྷ་མོ་མདངས་ཐན ）为妻，生下乌莫尔雍仲四子等， 在
嘉绒、木雅、热贡、娘绒等多康地区繁衍琼氏族"[2]。
夏杂·扎西坚赞《嘉言宝库》、白崔（ དཔལ་ཚོ ）《苯教源流》

[1] 赞拉·阿旺、多尔吉、红音编著：《嘉绒藏族研究资料汇编》，
中国藏学出版社 2003 年版，第 21 页。

[2] 同上书，第 50—52 页。

等的记载大同小异。[1]

但是到民国时期，绰斯甲"琼鸟卵生"口述文本将分派支系中的促浸土司删去，由分派出四子，改为分派三子。这一做法显然有意为之。历经乾隆两次平定金川之役，曾经赫赫有名的促浸然旦王室覆亡，不复存在。而沃日、革什咱土司世系一直延续至20世纪50年代初。或许因此缘故，绰斯甲土司将促浸从祖源记忆中隐去，这也说明口述传承的神话传说文本为适应当下的历史环境易于发生相应的变异。

总之，联系嘉绒藏族流传的土司"琼鸟卵生"口述文本相合之处，我们可得出两点重要的认识：（1）琼不仅是嘉绒土司祖源的象征符号，也是起源于象雄地域的重要氏族部落名称。"琼鸟卵生"与"分派支系"暗含象雄琼氏部落向嘉绒地方的迁徙历史，隐秘地反映在嘉绒土司的祖源记忆中。（2）琼鸟卵生将嘉绒土司祖源地指向琼部，乃至象雄圣地沃摩隆仁，是有其历史依据的。嘉绒藏族土司同源共祖的历史记忆，至少可以追溯到8世纪以降象雄琼氏部落的东迁。

---

[1]　夏杂·扎西坚赞：《西藏本教源流》，民族出版社1985年版，第146—148页；白崔：《苯教源流》，西藏人民出版社1988年版，第286—287页。

第三节　色琼扎、"圣王"与"族姓"：
嘉绒藏族土司世系的多源性

　　既然"琼鸟卵生"神话传说是嘉绒藏族各土司普遍接纳的祖源记忆，我们是否可以说嘉绒藏族土司的世系皆来源于东迁的象雄琼氏部落呢？有关嘉绒藏族土司所属氏族（རུས），19世纪后期成书的《安多政教史》有如下一段记载：

> 　　据说所有嘉绒土司之骨系(རུས)，皆属扎氏(རྨ)。
> 擦科(ཚ)话称为阿西杂(ངའི)……有这样的传说："三
> 处隘口为扎氏所有，扎氏英勇莫当就由于此。"如所
> 说，则多康地区四大河谷之一嘉绒河谷的三峡谷之地
> 即扎氏的领地。[1]

　　如果嘉绒土司属于扎氏，那又如何解释同东迁自象雄的琼氏部落之间的关系？根据藏文史料记载，藏地最早的人群是由猕猴与罗刹女结合（或卵生）繁衍的原始"四氏族"或"六氏族"。《汉藏史集》载："人类分成四个部落，即塞(སེ)、穆(རྨུ)、东(སྟོང)、冬(ལྡོང)四个族姓。

---

　　[1]　智贡巴·贡却乎丹巴绕布杰：《安多政教史》，毛兰木嘉措校订，甘肃民族出版社1982年版，第771页；智贡巴·贡却乎丹巴绕吉：《安多政教史》，吴均、毛继祖、马世林译，甘肃民族出版社1989年版，第724页。据汉文译文有所改动。

吐蕃之人，大多数都由这四大族姓分化而来。宣康巴等人说，吐蕃最初的姓氏为查、祝、冬三姓，加上噶成为四姓，再加上两个弟弟韦和达，成为吐蕃的六个族姓。"[1]具体的原始六氏族所指，各藏文典籍所记略有差别，最常见的主要是色（ཟེ）、穆（དམུ）、董（ལྡོང）、东（སྟོང）四大显贵氏族。四大或六大原始氏族在古代藏地繁衍分化，派生出众多支系，构成一个庞大的氏族支系网络体系。许多不同氏族支系因族裔衍生、联姻等原因，往往相互之间交错存在或紧密联系。色氏便繁衍出色、琼（ཁྱུང）、扎，合称为"色琼扎"。据说色氏与扎氏原为同一氏族。[2]

扎氏，藏文作ཟ，有时也写作ཟ或ཟང。在苯教传统中，扎氏是古象雄一个古老而神圣的氏族，且早于琼氏产生。据《白扎琼部世系水晶宝鬘》载，琼鸟卵生的琼氏先祖琼郭托拉巴尔（ཁྱུང་དཀར་ཐོག་ལ་འབར）被象雄国王迎请为上师，曾受封于扎氏（ཟ）领地琼隆银城（ཁྱུང་ལུང་དངུལ་མཁར），故被称作琼扎嘎尔（ཁྱུང་ཟ་དཀར）。[3]因而琼氏与扎氏关系至为密切，是嘉绒地方最重要的两大氏族。在某些文本语境下，琼氏与扎氏可等同视之，或不宜严格区分。着重描述藏地六氏族源

[1]　达仓宗巴·班觉桑布：《汉藏史集》，陈庆英译，西藏人民出版社 1986 年版，第 70 页。

[2]　智贡巴·贡却乎丹巴绕吉：《安多政教史》，吴均、毛继祖、马世林译，甘肃民族出版社 1989 年版，第 724 页。

[3]　才让太：《再探古老的象雄文明》，《中国藏学》2005 年第 1 期。

起及其后裔分支繁衍的《藏地六氏族骨系花鬘》

（ བོད་མི་བུ་གདོང་དྲུག་གི་རུས་མཛོད་མེ་ཏོག་སྐྱེད་ཚལ་ཞེས་བྱ་བ་བཞུགས་སོ ）一书就直接指出，"往昔菩萨猿猴繁衍的四类人群中的色氏，被称作色琼扎。据云所谓'扎氏之著称，富有且强大'，古语云，'扎氏获得三隘口，扎氏由此技艺高'……意指居于多康四大绒地中东方嘉莫绒等峡谷的隘口"[1]。绰斯甲土司象杰·衮噶诺布（ འབྲུག་རྒྱལ་དཀར་ནོར་བུ ）大力资助苯教经典木刻印版事业，在《十万般若颂目录之世间明灯》中被记述为象雄琼氏后裔。《藏地六氏族骨系花鬘》则将其归于扎氏王后裔，即象雄扎杰（ ཞང་ཞུང་རྒྱལ ，简称 ཞང་རྒྱལ ）血统。[2]

扎氏与琼氏之间千丝万缕的联系，从两者的支系分类方式上也可得到佐证。与琼氏一般分为黑琼、白琼、花琼相似，扎氏族亦被划分为白支系、花支系和黑支系。以颜色区分氏族分支，在藏地各氏族支系分类上属极少见的现象。另一佐证是扎氏与琼氏供奉的氏族神祇。据称，扎氏族的战神为扎莫扎察（ བྲ་མོ་བྲ་ཙ ），形象是一只具有耀眼霹雳喙爪的鹰，充任氏族神祇。[3]

---

[1] 扎西加措、土却多杰：《果洛宗谱》，青海民族出版社 1992 年版，第 16 页。

[2] 赞拉·阿旺措成：《略论嘉绒藏族的姓氏和语言》，载《赞拉·阿旺措成论文集》，四川民族出版社 2004 年版。

[3] 扎西加措、土却多杰：《果洛宗谱》，青海民族出版社 1992 年版，第 25 页。

琼氏氏族神祇琼鸟在藏族的神灵体系中经常会出现，或作为世间护法神，或是护法神的伴神、坐骑等。琼鸟形象被普遍认为是佛教传入西藏前苯教万神殿中具有神话色彩的鹰，同印度的 Garuda 相结合，又受佛教影响而导致的不完全地方化的形态。琼鸟的原形为鹰。[1]因而从氏族源起、分化关联、支系分类到氏族神祇，扎氏与琼氏之间均显现出紧密而复杂的内在关联。可以说，嘉绒藏族土司的祖源及世系与这两大氏族都有着难以割裂的密切联系。

于是，从氏族支系的角度考察成为我们进一步认知嘉绒藏族各土司世系的重要途径。因相关藏文文献记载的匮乏、混乱和真假难辨，我们几乎无法准确地去还原嘉绒藏族土司世系的完整面貌。例如不少藏文史籍宣称，乌莫尔雍仲四子来自花琼氏琼帕察莫，但另一些有关琼氏的藏文文献又明确地声称，嘉绒地方属于琼噶尔即白琼氏系统。[2]嘉绒土司世系的扎氏族在文献记载中却主要是属于黑支系的。不过，结合嘉绒民间藏文颂词及汉文文献，我们尚可从杂乱的藏文史料中，梳理出嘉绒土司世系的粗略脉络。《安多政教史》载：

---

[1] 谢继胜：《风马考》，台北唐山出版社 1996 年版，第 34 页；[奥]内贝斯基·沃杰科维茨：《西藏的神灵和鬼怪》，谢继胜译，西藏人民出版社 1993 年版，第 304—305 页。

[2] 才让太、顿珠拉杰：《苯教史纲》，中国藏学出版社 2012 年版，第 9 页。

往昔,在彼地(嘉绒——引者)多协纳保(མདོ་བཞི་དག་པོ)王时,毗卢杂那到此地,他的弟子玉扎宁保(གཡུ་སྒྲ་སྙིང་པོ)也是察科人。为简写缘故,将多协那保种姓称为嘉纳(རྒྱ་ནག)世族,象雄扎嘉(ཞང་ཞུང་ཧྲ་རྒྱ)则称象嘉(ཞང་རྒྱ)氏。此后出现察绒王科盘(ཁོ་འཕན),简称察科(ཚོ་ཁོ)。他是三部土司的祖先,据说由然旦(རབ་བརྟན)后裔中繁衍出。又吐蕃法王的一支后裔,首先居住在梭磨(སོ་མང),名才衮勒巴(ཚེ་དགོན་ལེགས་པ)王。他的后裔繁衍多支。据说到杂班塔尔(ཙ་བན་ཐར)王,有三子,各自分开立业。三部土司的首领住在梭磨瑙吾林(སོ་མང་ནོར་བུའི་གླིང),王统一直延续下来。[1]

吐蕃赤松德赞时代,大译师毗卢杂那在嘉绒地方弘传金刚乘密法,被认为是旧译佛法在嘉绒传播的开始,时间大致在 8 世纪中后期。[2] 多数描述毗卢杂那在嘉绒弘法事迹的藏文史籍,均会提及当地土王多协纳保。在《藏地六氏族骨系花鬘》等藏文史料记载中,多协纳保是嘉绒地方

---

[1] 智贡巴·贡却乎丹巴绕布杰:《安多政教史》,毛兰木嘉措校订,甘肃民族出版社 1982 年版,第 771 页;智贡巴·贡却乎丹巴绕吉:《安多政教史》,吴均、毛继祖、马世林译,甘肃民族出版社 1989 年版,第 724 页。据汉文译文有所改动。

[2] 邹立波:《7—9 世纪康区佛教及其特点研究》,《西藏研究》2007 年第 3 期。

早期王统世系的代表人物，属扎氏族黑支系，所传世系被称作嘉纳，或嘉纳东日（རྒྱལ་ནག་གདུང་རིགས），译言黑支系王统或嘉纳世系。嘉绒地方的另一支王统世系是来自象雄地方的扎嘉（ཟླ་རྒྱལ），译言“扎氏王统”，简称“象嘉”，如绰斯甲、党坝等。

察绒王科盘是嘉绒民间颂词和地方文献中普遍出现的一位历史人物。他被描述为察柯三土司，即梭磨（སོ་མང）、卓克基（ཅོག་ཙེ）和松岗（རྫོང་འགག）的祖先。[1] 以四土（梭磨、卓克基、松岗、党坝）为中心的嘉绒北部地区被俗称为察柯，据说也源于科盘之名。藏族学者毛尔盖·桑木旦先生认为，科盘是吐蕃时期派驻嘉绒北部的将领，驻扎地在松岗以北。科盘一族同样来自于扎氏族。[2] 7—9 世纪，由茂州（今茂县）向西取蓬婆、滴博两道，经维州（今理县），可通达吐蕃。唐朝为严守边藩，曾在大渡河上游梭磨河流域先后设立洪州、保宁都护府。为此，吐蕃调拨重兵攻夺。仅天宝十二年（753）吐蕃攻保宁都护府等地，遣故洪（即洪州）、腊城、裹囊邛三节度兵马达八万余。[3] 吐蕃王朝崩溃后驻军大多落籍于此，故明清时期中原

[1] 扎西加措、土却多杰：《果洛宗谱》，青海民族出版社 1992 年版，第 18—19 页。一说绰斯甲先祖是由科盘后裔中繁衍出来的，参见马尔康县政协编著《马尔康文史资料》第 1 辑《四土历史》，1986 年版，第 9 页。

[2] 毛尔盖·桑木旦：《藏族史齐乐明镜》，赞拉·阿旺措成、佘万治译，载杨岭多吉《四川藏学研究》（三），四川民族出版社 1995 年版。

[3] 严耕望：《唐代交通图考》卷 4《山剑滇黔区》，台北“中研院”历史语言研究所 1986 年版，第 972—995 页。

史家常将嘉绒地方人群视为吐蕃遗裔。如以明末清初影响颇巨的杂谷（རྒྱལ་ཁ）土司之祖为"吐蕃悉怛谋之裔也"[1]。在嘉绒北部四土土司祖源问题上，科盘与"吐蕃悉怛谋之裔"的藏汉两种观点不谋而合。科盘之说应有其历史根据。藏文文献中有关科盘的世系渊源又分两类相异的说法：一说科盘出自于多协纳保王统，即嘉纳世系，属扎氏黑支系；[2] 或言，科盘由促浸然旦后裔繁衍而来。但是嘉绒民间颂词《漫谈宝鬘》（འབེལ་གཏམ་རིན་ཆེན་ཕྲེང་བ）对多协纳保与促浸的关系有所解释，"祖孙三代之时，促浸然旦杰布的后裔多协纳保成为察瓦绒之王"[3]。倘若此说法无误，则嘉纳世系是由促浸然旦繁衍至多协纳保，再下传至察绒王科盘，其后裔为四土土司之祖。

"圣王"（བདག་ཆེན་གྱི་རྒྱལ་པོ）记忆是嘉绒藏族土司祖源认知的另一不容忽视的重要面向。赞拉·阿旺措成在金川县搜集到的《促浸然旦史之威光珍宝璎珞》（རྒྱ་ཆེན་རབ་བཏན་གྱི་ལོ་རྒྱུས་རིན་ཆེན་གཟི་བའི་དོ་ཤལ）在追溯促浸然旦世系源起时并

[1] （清）陈克绳：乾隆《保县志》卷8《边防志》，载张羽新《中国西藏及甘青川滇藏区方志汇编》，第39册，学苑出版社2003年影印本，第376页。有关此祖源认知的历史内涵，参见邹立波《祖源认同彰显下的国家与土司关系：明末汉人视野中川西北杂谷土司的祖源身份与政治认同》，《藏学学刊》2014年第11辑。

[2] 扎西加措、土却多杰：《果洛宗谱》，青海民族出版社1992年版，第18—19页。

[3] 阿旺措成编著：《嘉绒民间颂词集》，民族出版社2009年版，第13页。祖孙三代指松赞干布、赤松德赞和热巴坚吐蕃三大法王。

没有"琼鸟卵生"的情节，而是将之与古象雄国王联系：

"世间之王赤维色尔甲茹坚为首的象雄十八甲茹坚王等统治象雄郭、普、瓦三地之时，达如窝之地勒歪王达协奥甲茹坚繁衍的后裔勒歪南杰布，为作无护受苦的东方嘉莫绒众生之怙主，以神通降临（嘉莫绒），建玉则颇章（གཡུ་རྩེ་ཕོ་བྲང་ཅན་པོ），受尊号为勒歪南吉杰布（བེག་ཙེ་དགྲ་ཡི་རྒྱལ་པོ；或名勒歪南卡杰布，བེག་ཙེ་ནམ་མཁའ་རྒྱལ་པོ），为促浸然旦王室始祖。[1]

嘉绒藏族土司世系衍生自"世俗君王"的事例还见于梭磨土司的祖源记忆。《安多政教史》中提到吐蕃法王后裔才衮勒巴王居于梭磨，延续王统。据称，至 12 世纪，察柯地方因时局混乱，应梭磨土官和百姓之请，将当时萨迦派护持下的吐蕃王室郎达玛子嗣沃松后裔达拉·更确斯甲（མདུ་དར་དཀོན་མཆོག་སྐྱབས）从西部阿里请到梭磨为王，自此传出四土王系，已属相对晚近之事。[2] 但是搜集自马尔康梭磨镇的一份有关梭磨土司历史的文本记载，梭磨土司王统源于蕃地之王尼玛衮（བོད་ཀྱི་རྒྱལ་པོ་ཉི་མ་མགོན），与达卓恰（ཡུག་ཐག་སྒྲོལ་ཆུང）结合，繁衍出"宛如金链般的殊胜神通族裔"[3]。尼玛衮应是欧松之孙吉德尼玛衮（སྐྱིད་ལྡེ་ཉི་མ་མགོན，10 世纪初）。另一则重要的"圣王"祖源表述来自赞拉土司。一份名为

---

[1] 阿旺措成编著：《嘉绒民间颂词集》，民族出版社 2009 年版，第 322 页。

[2] 马尔康县政协编著：《马尔康文史资料》第 1 辑《四土历史》，1986 年版，第 15—17 页。

[3] Text 69（History of So mang principality）《梭磨王史》，Awang and M.Prins (eds.), *Collcetion Awang*, 2006, pp.6-7.

《永恒之域赞拉圣王世系》（གནས་མི་ནུབ་བཙན་ལྷ་དཔག་ཆེན་གྱི་རྒྱལ་པོའི་གདུང་རབས།）的手抄本宣称，因帝释天（བརྒྱ་བྱིན།）的泪滴涂抹于智慧母琼（ཡུམ་ཆེན།）掌心，在下方如意树（དཔག་བསམ་ལྗོན་ཤིང་།）顶的鸟王琼坚（བྱ་རྒྱལ་ཁྱུང་ཆེན།）巢穴中诞下白、黑、花三卵。白卵所出神子作上部印度孔雀王（སྟོད་རྒྱ་གར་རྨ་བྱ་ཆེ།），黑卵所出神子作下部汉地鹦鹉王（སྨད་རྒྱ་ནག་ནེ་ཙོ་ཆེ།），花卵所出神子作藏域雅隆雕王（བོད་ཡར་ཀླུང་རྒྱལ་པོ་བྱ་གོད།）。此后人主（དབང་པའི་སྐྱེས་བོ།）聂赤赞普降临，据称其后嗣中三赞之裔（བཙན་གསུམ་གྱི་བྱུང་།）所出赞拉圣王做骑者十八日程之地的王（རྟ་པ་ཉིན་ལམ་བཅོ་བརྒྱད་ཀྱི་ས་ཡི་ཆའི་བདག་པོ།）。[1]

"圣王"起源是同"琼鸟卵生"神话传说杂糅并行、传布于嘉绒藏族土司之间的另一种类型祖源记忆。透过这一祖源表述，嘉绒藏族土司世系同古代象雄国王或藏域神圣赞普的世俗王统世系直接对接。因而，无论是虚拟的主观建构，还是史实的客观描述，广泛流传的"圣王"祖源记忆说明"琼鸟卵生"神话传说并不是嘉绒藏族土司对祖源认知的唯一记忆。当"琼鸟卵生"神话传说展现出嘉绒藏族土司祖源关系的对等性和交融性时，"圣王"祖源记忆则反映出各土司意图刻意强调自身世系渊源的独特性和神圣性。这造成嘉绒藏族土司虚拟或真实祖源关系的复杂化。

---

[1] 赞拉·阿旺、多尔吉、红音编著：《嘉绒藏族研究资料汇编》，中国藏学出版社2003年版，第669—670页。另一版本的赞拉土司世系文献《赞拉圣王史》（བཙན་ལྷ་དཔག་ཆེན་རྒྱལ་པོའི་ལོ་རྒྱུས།）的情节与之类似，但是其中提到雍仲四子（གཡུང་དྲུང་བུ་བཞི།）赤杂、旺杂、古觉布杂和革什杂（ཁྲི་ཚ། དབང་ཚ། ཀུ་འཇུག་ཚ། གུ་ཤེ་ཚ།）。参见阿旺措成编著《嘉绒民间颂词集》，民族出版社2009年版，第350—352页。

由于史料记载各执一词，嘉绒藏族的土司世系渊源及其传承脉络尚存有诸多含混不清之处。土司祖源固然皆可追溯到象雄或藏域腹地，同琼氏或扎氏，乃至"圣王"血统关联，但是王统来源明显分属不同的世系，相互间的渊源关系颇为复杂。嘉绒土司世系渊源的多源性透过汉文文献的记载表述可得到印证。顾炎武《天下郡国利病书》引《四夷风俗记》称：

> 维州诸番……分善恶以为黑白，以战死为善终，以相杀为厮打，父子兄弟，大则仇杀，转眼相背，不知骨肉，有大小姓，犹言大小族也。董卜、金川，俱属小族；杂谷、达思，俱属大族。《志》云：其生一产双子，乳右者为小。又云：射旄牛者为大，射绵羊者为小。二姓相间而居。[1]

大小姓或大小族之别是明代中原史家区分川西北族群的主要方式之一，常见于明清时期的汉文文献中。大小族姓与其他族群区分方式——黑人、白人，牛脑、羊脑，博罗子、西番呈对应关系，即大姓为黑人、牛脑、博罗子，小姓为白人、羊脑、西番。[2]

[1] （明）顾炎武：《天下郡国利病书·蜀中边防记·川西》，《四库全书存目丛书》，史部，第172册，齐鲁书社1996年影印本，第133页。

[2] 陈宗祥：《明季〈松潘边图〉初探——试证图中黑人、白人为两大部落群体》，《西南民族学院学报》1979年第2期；陈宗祥、邓文峰：《〈白狼歌〉研究（一）》，四川人民出版社1991年版，第166页。

明代川西北各部番人的相互关系倾向以大小"族姓"为基础。"族姓"之别是影响各部番人之间族群与政治关系的潜在因素。在明代前期川西北错综复杂的政治局势中，大小"族姓"之间的合纵连横是川西北本土政治状态的突出特征和表现形式。但是汉文史料所载大小族姓区分的标准皆存有问题，难以确信。[1]

《四夷风俗记》所言董卜、金川为小族，杂谷、达思蛮属大族之说，亦为明人曹学佺援引于《蜀中广记》中。明代中原史家以杂谷与董卜为川西北大小族姓的代表，应源于明代前期杂谷与董卜在杂谷脑河流域的长期角逐。董卜即明代董卜韩胡（ མདོ་སྨད་ནག་ཁ་བ ）宣慰司。明代汉文史料中的"金川"指金川演化禅师。董卜与金川关系密切。据乾隆《保县志》载，金川演化禅师（又称金川寺演化禅师）"其先吐蕃部落，明时分董卜韩胡之地于金川，设演化禅师"。至清初，金川演化禅师浪朋归诚，授原职。浪朋子坚藏利卜生吉儿卜细、汉王八拆，分驻两处。后由汉王八拆后裔分化出大金川安抚司。[2]

"金川寺"之称在乾隆初年以后的汉文史料中逐渐消失，改作常见的小金川（ བཙན་ལྷ ）。大小金川氏族归属在《藏地六氏族骨系花鬘》中记载明确："古时，促浸（ རྒྱ་ཆེན ）、

[1] 邹立波：《明代前期川西北"族姓"、边政与宗教关系》，《西南民族大学学报》2012年第5期。

[2] （清）陈克绳：乾隆《保县志》卷8《边防志》，载张羽新《中国西藏及甘青川滇藏区方志汇编》，第39册，学苑出版社2003年影印本，第377页。

赞拉（ བཙན་ལ ）、纳果（ གནའ་དག ）、鄂克什（ ོད་ག ）、隆古（ ོང་ །
可能是瓦寺 ོ་ ）、巴底（ ་ ）、巴旺（ ་ག ）等东方
嘉绒各部真正的王族全是扎氏族黑支系赞竹（ བ ）氏
族。"[1] 倘若董卜与金川同归"小族"之列，土司世系也
应来自于扎氏族。

有关董卜土司的氏族归属，《明实录》中载有一条颇为
重要的史料。明正统年间（1436—1449 年），董卜势力渗
透和扩展至岷江上游地区，屡次干涉当地族群内争之事，
引起明朝地方官员的关注和警觉。正统九年（1444），巡按
四川监察御史俞本奏称，"威州古氏羌地，王、董二姓世为
婚姻。曩者，董敏以军功陞巡检，王永不平，遂杀死敏人
口，朝廷特宥永，而敏讼冤不已。臣访得永与杂夷人共类，
敏与董卜韩胡共宗，若制驭不早，贻患匪轻"[2]。董姓世代
为威茂一带的大族。自唐初以来，西山诸羌首领大多为董
姓。唐蕃在西蜀对峙的二百余年间，董姓羌人常周旋于两
者之间。至明清时期，董氏尚可世有其地，仍为不容忽视
的地方政治力量。[3] 曹学佺《蜀中广记》引旧《保志》云，
"西北生番，有孟董十八寨。三国孟获，董卜之裔也，

---

[1] 扎西加措、土却多杰：《果洛宗谱》，青海民族出版社 1992 年版，
第 22 页。

[2] 《明英宗实录》卷 122，正统九年十月，台北"中研院"历史语言研
究所 1962 年校印本，第 2447—2448 页。

[3] 李绍明：《四川理县隋唐二石刻题记新证》，《思想战线》1980 年
第 3 期。

谓之孟董蕃，亦名董卜韩胡。唐时哥邻等董卧庭等求内附，处其众于维、霸等州，居小铁围山，去县可七八日程"[1]。"三国孟获，董卜之裔"，显系后世附会之谈。明代董卜韩胡治所在今雅安宝兴，距唐代威、霸二州（今理县）较远。然董卜与威茂间董氏望族渊源甚深。故马长寿先生以为，董卜韩胡分作两支：一为其本部，即原居于宝兴一带小铁围山的董卜韩胡；一为唐代向东迁徙，处于威霸之间，为明代孟董蕃。[2]董卜韩胡土司世系与董氏共宗。据闻宥先生的观点，董氏"应该都是吐蕃传说里四大部落之一的stong。在汉文对音里，作为部落或地区名称用的往往译写为'悉董'。例如悉董国，悉董萨。作为姓氏用的往往译写为'董'"[3]。法国学者石泰安也持类似观点，指出在新旧《唐书》、《册府元龟》、《资治通鉴》等汉文史籍中出现的唐代剑南西山诸羌之"董"、"汤"两姓氏，系指西藏的董（lDong，ལྡོང་）和东（sTong，སྟོང་）。悉董可能为藏文sTong的汉文对音。东（sTong）氏和董（lDong）氏均属藏族显贵氏族，在藏文史料中常用以指代苏毗和木雅，即东苏毗、董木

---

[1]　（明）曹学佺：《蜀中广记》卷32《边防记第二·川西二·保县》，极星《景印文渊阁四库全书》，台北商务印书馆 1986 年影印本，第 591 册，第 416 页。

[2]　马长寿：《嘉戎民族社会史》，载周伟洲《马长寿民族学论集》，人民出版社 2003 年版，第 152—153 页。

[3]　闻宥：《记有关羌族历史的石刻》，《考古与文物》1980 年第 2 期。

雅。两氏族同扎氏在辽阔的川甘青藏毗邻区域交错而居，因联姻及部族间仇杀往来而联系紧密，构织起错综复杂的关联。远古时代藏东原始部族的主体部分皆由这些氏族繁衍而来。[1] 若董卜土司世系源自东（sTong）或董（lDong）氏，则汉文史料所言董卜与金川同属小姓之说，单纯从族姓的层面已难加诠释。[2] 嘉绒土司相互间的渊源关系因史料记载之混杂更显繁杂难理。

但是上述事例可揭示出两点十分重要的信息：其一，从藏族远古的氏族支系视角来看，嘉绒土司的世系渊源呈现多元的特征，并非如同"琼鸟卵生"神话传说所描绘的景象，纯粹是共祖同源的关系。其二，嘉绒土司世系并不是一脉相承，亘古不变，或存有血统置换演变的现象。且"琼鸟卵生"神话传说与"圣王"祖源所述具有一共同之处，即往往将土司世系同象雄或藏域腹地联系起来。

第四节　苯教：嘉绒藏族土司祖源认同的纽带

倘若"琼鸟卵生"神话传说构成土司祖源认同的根基性情感记忆，是对当时社会文化和历史情境的真实反映，折

---

[1] [法] 石泰安：《川甘青藏走廊古部落》，耿昇译，王尧校，四川民族出版社 1992 年版，第 52—53、75—76 页。

[2] 赞拉·阿旺措成曾指出，扎氏族与珠（འབྲུ）氏族是由董（སྟོང）氏族派生、繁衍而来。参见邓文峰、陈宗祥《〈白狼歌〉研究（一）》，四川人民出版社 1990 年版，第 145 页。

射出多元的历史真相。那么，来自不同氏族世系的嘉绒藏族土司为何要广泛流传此种隐含共祖同宗祖源认同的神话传说呢？元明以来土司制度形成的影响、土司世系的分化繁衍及土司之间联结而成的盘根错节的亲属和联姻关系，[1]是否能够完整地反映出此种历史现象的早期内涵？不可否认，这些历史要素和思考方向是理解"琼鸟卵生"神话传说潜在意义的重要途径。但是要深入解读此神话传说背后隐藏的丰富内涵，须首先转向神话传说本身。

琼鸟与卵生是此神话传说中最具独特性，也是最为重要的因素。按照《斯巴佐普》（སྲིད་པའི་མཛོད་ཕུག）、《黑头凡人的起源》（དབུ་ནག་མིའུ་འདྲ་ཆགས）等苯教文献的描述，世界起源之始，神与恶魔及人类始祖耶门杰布（ཡེ་སྨོན་རྒྱལ་པོ，或称斯巴桑波奔赤，སྲིད་པ་སངས་པོ་འབུམ་ཁྲི），皆从五种本原物质（地、水、火、风、空）形成的卵中生出。这类神话普遍出现在苯教的起源神话中，

---

[1] 曾穷石：《"大鹏鸟卵生"神话：嘉绒藏族的历史记忆》，《学术探索》2004年第1期。曾氏依据"远古之世，天下有人民而无土司"的说法，认为"大鹏鸟"神话传说应产生于嘉绒地区土司出现之后，因嘉绒十四土司至早在乾隆年间才全部出现，由此推断此神话传说产生的时间在清朝前期。此观点有误。曾氏从概念上混淆了嘉绒藏族本土意义上的"土司"与中央王朝册封的"土司"。从嘉绒藏族本土视角来看，"土司"一称作为中原王朝治边过程中创制出来的政治词汇，并未出现在当地人群的语境中。土司制度定型后，当地仍以原有的"杰波"（རྒྱལ་པོ）称呼之。而在早期的藏文伏藏文献如《毗若杂那传》中就已经出现擦瓦绒"法王"多协纳保（ཆོས་ཀྱི་རྒྱལ་པོ་མདོ་གཤེན་ནག་པོ）的记载。参见益扎尼博等《白若杂纳传》（རྗེ་བཙུན་ཐམས་ཅད་མཁྱེན་པ་བེ་རོ་ཙ་ནའི་རྣམ་ཐར་འདྲ་འབག་ཆེན་མོ་བཞུགས），四川民族出版社1995年版，第317页。

在藏区西部及东北部苯教发源及传播的区域相当流行，[1]而在佛教的宇宙起源论说中是不存在的。所以桑木丹·噶尔梅指出，"把卵做为神和恶魔最初起源于西藏苯教的一种相当独特的观念"[2]。藏族学者南喀诺布也认为，"从世界之卵衍生人类的说法是典型的本教观点"[3]。卵生神话在嘉绒藏族土司世系的起源中得到充分的展现和反复的运用。《琼部王续白琉璃镜》将诸多苯教文献中有关情器世间众生产生的卵生神话直接嫁接到土司世系起源神话之前，又以多个卵生神话连环叠加的方式，叙述世间王统产生发展历史。因而土司藏文谱系中的起源神话充斥着浓厚的苯教色彩。

在嘉绒藏族土司起源神话中，卵生又同琼鸟相互依存。琼与古象雄关系密切，既是嘉绒土司祖源符号象征，实亦暗指源于象雄地方的琼氏部落。在苯教法嗣传承历史中，琼氏是仅次于辛（ གཤེན ）、竹（ བྲུ ）、叙（ ཞུ ）、芭（ སྤ ）、枚（ རྨེ ）五大苯教世系喇嘛的重要区域性世系喇嘛氏族。琼

---

[1]　谢继胜：《藏族苯教神话探索》，《民族文学研究》1988年第4期；金东柱：《苯教古文献〈黑头凡人的起源〉之汉译及其研究》，青海民族出版社2013年版。有趣的是，在晚期的一些苯教重要文献典籍如夏杂·扎西坚赞《嘉言宝库》等有关世界及人类起源的记载中，卵生说被隐去，而被赋予更多的佛教色彩。某些与噶举派等藏传佛教教派关系密切的家族世系史记载中，反而保留了不少远古的神话传说。如14世纪成书的《朗氏家族史》中记载了世界及人类始祖卵生起源说。参见大司徒·绛求坚赞《朗氏家族史》，赞拉·阿旺、余万治译，陈庆英校，西藏人民出版社1989年版，第3—4页。

[2]　[法]桑木丹·噶尔美：《概述苯教的历史及教义》，向红笳译，载《国外藏学研究译文集》，西藏人民出版社1994年版，第11辑。

[3]　[意]南喀诺布：《论藏族古代史的几个问题》，才让太译，达瓦次仁校，《中国藏学》1988年第2期。

氏在苯教界声望和地位颇高，被尊称为圣士琼氏（ཁྱུང་）。琼氏先祖早在古象雄时代，已被历代藏域国王尊奉为上师。《嘉言宝库》记，"在象雄先前的国王时期，（琼氏——引者）被作为福田供养，成为自聂赤赞普以下到色赤赞普以上历代赞普的上师。止贡赞普灭本以后，布德贡杰赞普迎请了木琼坚、黄琼拉琼等许多本教徒作为上师供养，使教法得以复兴"[1]。嘉绒土司"琼鸟卵生"祖源记忆同琼氏部落的东迁相关。而种种迹象表明，琼氏部落东迁不仅是古代青藏高原人群流动迁徙的重要历史事件，也是苯教以琼氏部落为载体向青藏高原东部大规模传播的一个重要过程。苯教文献宣称琼氏东迁的主要原因是为了前往东方传播苯教。据《阿里历史宝典》载，琼氏后裔东迁后在整个藏区建立的苯教寺院和修行处多达百余处。在琼氏后裔集中分布的琼部地区，以孜珠寺为中心至今仍是藏区的苯教中心之一。[2]东迁的琼氏后裔散布于藏区东部，在当地的苯教教法宏传活动中扮演着重要作用。家族世系法脉传承的琼氏苯教徒也往往将祖源追溯到"琼鸟卵生"神话传说。[3]

---

[1] 夏杂·扎西坚赞：《藏族雍仲本教史妙语宝库》，刘勇译注，民族出版社 2012 年版，第 69 页。

[2] 才让太、顿珠拉杰：《苯教史纲要》，中国藏学出版社 2012 年版，第 23—24、179—184 页。

[3] 例如 19 世纪康区噶举派的著名高僧工珠·云丹嘉措（ཀོང་སྤྲུལ་ཡོན་ཏན་རྒྱ་མཚོ་，1813—1899 年）在自传中称，其真正的氏族归属是琼氏。依据起源传说，这一氏族正是"琼鸟卵生"的后裔，衍生出琼部的白、黑、黄三支系。参见工珠·云丹嘉措、嘎玛·扎西群培《工珠·云丹嘉措传》（ཀོང་སྤྲུལ་ཡོན་ཏན་རྒྱ་མཚོའི་རྣམ་ཐར），四川民族出版社 1997 年版，第 70—71 页。

因而，在嘉绒土司"琼鸟卵生"起源神话中，"卵生"与"琼"两大要素皆同苯教有关。分派支系则是卵生之琼氏部落东迁的历史写照。也就是说，嘉绒土司起源神话在衔接起象雄琼氏部落东迁历史信息的同时，实际上也同苯教息息相关，隐含着苯教向嘉绒地方传播的重要历史记忆。这一点在《琼部王续白琉璃镜》中体现得颇为明确。当琼帕察莫受其父之命前往东方嘉莫绒等地时，其父训诫道，"琼帕，你与仲波之主（འབྲང་པོ་བདག）无别，要护持四门五库之苯教法门。你是大威德神通者，显现神通幻化，在多康六岗及边地八绒，以息业之方便解救被无明痛苦折磨之众生，以增业之方便满足众生之需，以怀业之方便发号施令，以伏业之方便镇伏一切不净之行为，竖起苯法之大旗，作浊世众生之护主"[1]。

　　被誉为秘境（སྦས་ཡུལ）的嘉绒地方为苯教盛行之地，是苯教四大伏藏地之一。据称嘉绒作为伏藏圣地的观念可上溯到 8 世纪的苯教圣人郑巴南卡（ངན་པ་ནམ་མཁའ）及其佛教弟子毗若杂那的传说记载。[2] 清代乾隆以前位于大金川河畔的

---

　　[1] 《琼部王续白琉璃镜》，李西·新甲旦真校订，北京铅印本，出版时间不详，第 43—44 页。

　　[2] Samten G.Karmay, *Feast of the Morning Light: the Eighteen Century Wood-engraving of Shenrab's Life-storied and the Bon Canon from Gyalrong*, Osaka: National Musem of Ethnology Osaka, 2005, p.2. 据说，被苯教史家尊称为拉钦（བླ་ཆེན）的苯教大师郑巴南卡于 8 世纪出生在古象雄国都琼隆银城。参见 [法] 桑木丹·噶尔美《概述苯教的历史及教义》，向红笳译，载《国外藏学研究译文集》，西藏人民出版社 1994 年版，第 11 辑。

第二章　嘉绒藏族土司的祖源关系

雍仲拉顶寺（ གཡུང་དྲུང་ལྷ་སྟེང་དགོན ）与卫藏著名的辛氏家族达尔顶寺（ དར་སྟེང་དགོན ）齐名，是嘉绒地方的苯教中心所在地。乾隆两金川之役期间，章嘉国师若必多吉曾提到，"该地（东方嘉摩绒——引者）流行格鲁派以外的各种教派，而且主要崇奉苯教"[1]。其弟子土观·洛桑却吉尼玛则谈道，"其后皇帝（乾隆帝——引者）引兵毁其寺，把拉顶寺，改为格鲁派的甘丹寺并下诏禁止信奉苯教，但不甚严厉，至今嘉绒及察柯一带尚有不少的苯教寺宇"[2]。在乾隆平定两金川之后，苯教屡遭抑制和重挫，仍顽强地在嘉绒地方民间及土司统治阶层中流传延续下来。直到20世纪50年代社会历史调查之时，嘉绒地方苯教影响力尚是有目共睹之事。[3]苯教已植根和蔓延于嘉绒地方社会文化的深处。这应得益于嘉绒地方历史上长期形成的社会传统和宗教氛围。

因有关嘉绒地方记载的苯教文献最早不超过14世纪，[4]嘉绒地方早期的苯教状况已难寻确凿的史料依据。不过，瑞典学者罗杰尔·格来特里斯（Goger Greatrex）敏锐地注意到，《明实录》记载的嘉绒地方朝贡使团成员名字中大量

---

[1] 土观·洛桑却吉尼玛：《章嘉国师若必多吉》，陈庆英、马连龙译，中国藏学出版社2007年版，第264页。

[2] 土观·罗桑却季尼玛：《土观宗派源流》，刘立千译注，西藏人民出版社1984年版，第199页。

[3] 四川省编辑组：《四川省阿坝州藏族社会历史调查》，四川省社会科学出版社1985年版，第231页。

[4] Samten G.Karmay, *Feast of the Morning Light: the Eighteen Century Wood-engraving of Shenrabs̀ Life-storied and the Bon Canon from Gyalrong*, Osaka: National Musem of Ethnology Osaka, 2005, p.2.

使用"雍仲"或"容仲"（ གཡུང་དྲུང་ ）一词。结合明代有关史料，他认为"在明代，苯波教在嘉绒地区是居于主导地位的，而特别以金川、瓦寺、别思寨以及绰思甲等地区为其传播中心"[1]。明代川西藏区僧人在地方政治生活中扮演着十分重要的角色。若纵览《明实录》等相关史料，我们会发现无论是藏区朝贡使团成员，还是政治舞台的活跃人物，均有僧人的身影，其中也包括嘉绒地方。僧人之所以能够拥有如此强大的政治能量，既根源于藏地社会民众的宗教情结、宗教权威与世俗统治权力相结合的历史传统，也受到明代"因其俗尚，用僧徒化导为善"[2]策略的扶植和助推。基于僧人在藏区的社会和政治地位，明朝对之推崇备至，授以各类宗教职衔，虽未授之以土司等世俗职衔，实则令其掌土司职权。这些因素推动和助长了明代嘉绒地方宗教权威与世俗统治权力的紧密结合。从各土司封号可以看出，多数嘉绒土司在明代受封之初，兼有宗教与政治首领的双重身份。[3]区域性的苯教宗教权威一般是这些嘉绒土司的原

---

[1]　[瑞]罗杰尔·格来特里斯：《明代嘉绒地区苯教的朝贡使团》，陈楠译，载王尧、王启龙《国外藏学研究译文集》，西藏人民出版社2001年版，第15辑。

[2]　（清）张廷玉等：《明史》卷331《西域列传三·乌斯藏大宝法王列传》，中华书局1974年标点本，第8571页。

[3]　邹立波：《从土司封号看嘉绒藏族土司与宗教的关系》，《西南民族大学学报》2010年第2期。据金川县昌都寺喇嘛称，绰斯甲始祖绰斯勒尔武原"是本教的传法大师，亦是绰斯甲第一个土司，他来自奥尔卵隆仁"。参见晏春元《本波教起源地象雄为嘉绒藏区（下）》，《西藏研究》1989年第4期。

初身份。

依据藏区东部苯教上师传承方式的演变脉络，[1]这些嘉绒早期的宗教领袖，最初可能采取的是家族世系（ གདུང་རྒྱུད ）传承方式。这使得从苯教上师向世袭土司的身份过渡和转化成为可能。起初依托寺院势力，家族世袭的苯教上师掌控着寺院周边区域，之后逐渐将权威延伸到世俗政治领域。如大小金川土司之始祖金川演化禅师受封于永乐年间。《天下郡国利病书》对其源起记载最为翔实："寺僧巴桑监藏及莽葛剌，以有戒行，得称蕃都纲。永乐初，黄毛鞑犯界，金川僧招麻喇防御有功，事闻，赐号演化禅师及敕命、银印，俾其徒世守焉。"[2]随着时间的推移，虽然世俗政治权力不断膨胀，尤其是自清初以来，清朝试图弱化土司的宗教角色，将宗教权威与世俗权威区隔开来，苯教的影响力在土司王统权威的建构和巩固过程中依然有着不容忽视的重要地位。

嘉绒土司对苯教大多尊奉有加，极为重视，专建苯教家庙，土司或身兼政教两职。如汉文文献所载清代前期的大金川土司莎罗奔、色勒奔细，名讳近似，实则因均属宗教词汇，是藏文 slob-dpon（ སློབ་དཔོན ）的译音，意为"苯教师"。土司世系中每代一子嗣掌世俗权力，另一子嗣出家掌持教权，如绰斯甲、促浸等之"囊素"（ ནང་སོ ）或拉仗。政教两

---

[1] 才让太：《论苯教的"辛波"、"喇嘛"、"加嚓布"和活佛》，《中国藏学》2014 年第 2 期。

[2] 顾炎武：《天下郡国利病书·蜀中边防记·川西》，《四库全书存目丛书》，史部，第 172 册，齐鲁书社 1996 年影印本，第 132 页。

权并驾齐驱。促浸然旦王室谱系《促浸然旦史之威光珍宝璎珞》就是将历代土司与囊素并列记载的。由此，在嘉绒土司世俗权力与宗教权威之间存有一个相当重要的独特关系，即土司政治权力的获得与巩固，很大程度上源自于土司树立和建构起来的宗教权威。可以说，宗教是维系嘉绒土司之间祖源认知关系的重要纽带。

在早期藏族历史上，王权与苯教之间存在着一种极为密切的特殊关系。藏文文献载，"在吐蕃，本教早于王统，有本教早于有黑头众生"[1]。先有苯教，后有王权。王权从苯教教权的母体中脱胎而来。最初的王权由苯教教权赋予强有力的支持，并受到苯教教权的支配和控制，是藏族早期苯教与王权关系的重要特征。[2]在古象雄时代，苯教教权甚至凌驾于王权之上。藏文文献载，象雄十八王国时代，"上之辛绕们尊贵，下之国王们威武"[3]。辛绕为苯教上师。辛绕在上，国王居下，意指历代古象雄国王信奉和供养苯教上师。苯教对象雄国政影响极深。苯教文献记载，象雄为吐蕃所灭后，由象雄国王的上师达扎顿珠承继王位，掌管政教事业。当达扎顿珠的后裔琼帕察莫前往嘉绒后，

第二章　嘉绒藏族土司的祖源关系

---

[1]　琼布·洛珠坚赞：《世间本教源流》，多杰南杰译注，《中国藏学》1999 年第 2 期。

[2]　石硕：《七赤天王时期王权与苯教神权的关系》，《西藏研究》2000 年第 1 期。

[3]　丹增仁青坚赞德青宁布：《瞻部洲雪山之王冈底斯山志意乐梵音》，转引自才让太《再探古老的象雄文明》，《中国藏学》2005 年第 1 期。

其子嗣乌莫尔雍仲四子也在当地发展苯政（ བོན་སྲིད་ ）、王政
（ རྒྱལ་སྲིད་ ）。基于历史传统，嘉绒土司世俗王权与宗教权威
的关系更为紧密，实则往往合为一体，政教难分。教权与
王权同为嘉绒土司王统权威的两大支柱。所以嘉绒地方向
来有"属地是土司的属地，地方是苯教的地方"之说。[1]
而《琼部白琉璃镜》的祖源表述透露出象雄琼氏的教权力
量可能是借助神山神性的象征性途径，从甲日祖丹（象雄）
→琼部六峰（即孜珠山，琼部丁青）→墨尔多神山（嘉绒）
传递给嘉绒藏族土司，从而树立其宗教权威的。

　　嘉绒土司世俗王权与宗教权威的特殊关系，为解读"琼
鸟卵生"的神话传说提供了至关重要的线索和路径。在"琼
鸟卵生"祖源神话中，"卵生"与"琼"两大关键要素均
是苯教的独特观念和象征性符号，隐含着象雄琼氏部落
向嘉绒地方的迁徙历史。而琼氏恰为苯教重要的世系喇
嘛之一。这些因素又同嘉绒土司的苯教教权和世俗王权
的紧密关系暗中牵连起来。也就是说，"琼鸟卵生"的
神话传说是嘉绒土司早期王权源于苯教教权的隐喻，也
透露和贯穿着嘉绒土司从苯教视角将祖源同高贵的苯教
世系喇嘛血统——象雄琼氏相联系，追溯祖源地至苯教
发祥的圣地象雄沃摩隆仁的意图。卵生在嘉绒土司谱系
和"琼鸟卵生"神话中的反复运用，是苯教观念深深扎

---

[1]　阿旺措成编著：《嘉绒民间颂词集》，民族出版社 2009 年版，第
320—321 页。

根于土司祖源记忆的具体体现。由于象雄琼氏先祖源于琼鸟所生，嘉绒土司祖源卵生暗含土司血统的高贵，及世俗权力为苯教所赋予的统治神圣性。

　　而且，琼鸟信仰不仅与苯教有着至为密切的关联，在古象雄时代"琼"的形象还被赋予另一层重要含义。古象雄时代有象雄十八王国（ཞང་ཞུང་རྒྱལ་ཁག་བཅོ་བརྒྱད）或象雄十八万户（ཞང་ཞུང་སྡེ་བཅོ་བརྒྱད）之说，均是曾经十分活跃的苯教政权。这些国王的名称中都被冠以名目繁多的甲茹（ བྱ་རུ）称号。对此，才让太先生解释道："'甲'（bya）即鸟，这里特指 bya brgya khyung（百鸟王），即'穹'鸟。'茹'（ru）即角，合起来就是'穹鸟角'，这是古象雄国王们帽子上表示他们权威的一种装饰。从藏文文献中看来，甲茹材料质地的不同表示他们的王权和社会地位的不同。在古代象雄，除了国王以外，苯教大师们的帽子上也有穹鸟角饰，以此来表示他们社会地位的不同，如苯教历史上就有被称为'得到甲茹之八辛'（bya ru thob pavi gshen brgyad）的八位苯教大师。"[1] "琼"的形象是"甲茹坚"帽饰的标识，代表王权与地位，是高贵社会身份的象征。嘉绒土司以琼鸟为祖源之源起，暗合和印证其宗教心态和血统高贵的同时，或许也潜存"琼"为王权与教权地位代表性符号的内涵。

　　嘉绒土司普遍流传的各种祖源表述能够向我们展现出一幅嘉绒地方早期历史的复杂图景。蕴含的历史信息是多

　　[1]　才让太：《再探古老的象雄文明》，《中国藏学》2005 年第 1 期。

面向的。其一，从神话传说的内在结构和关键性要素着手，我们会发现，在这些神话传说背后，隐藏着以象雄琼氏为代表的古代青藏高原人群由西向东流动迁徙以及苯教信仰向东传播流布的历史，是早期藏文明借助人群迁移和宗教信仰传播等方式整合辽阔的青藏高原的缩影。其二，这些早期的历史和宗教事件以神话传说的形式表现在青藏高原东部人群的历史记忆中，并同当地当下的历史情境相互融合。尽管实际的王统来源呈多元特征，并非如"琼鸟卵生"神话传说所示为同源共祖关系，嘉绒土司却意在巧妙地利用神话传说的手法将各土司的拟血缘或真实血缘关系，同早期象雄琼氏的东迁联系起来，又反映出苯教教权和世俗王权的复杂关系。其三，苯教是将整个神话传说糅合贯通的内在核心。卵生、琼鸟与分派支系中象雄琼氏部落的东迁，暗示着嘉绒土司的"琼鸟卵生"祖源记忆须置于苯教的宗教背景下来理解。换言之，苯教是嘉绒土司祖源记忆认同的重要纽带。其四，通过"琼鸟卵生"神话传说、"圣王"祖源表述、王权和教权关系的相似度，或神山神性的象征性传输等渠道，嘉绒与藏文明的核心圈（象雄或藏域腹地）之间构成神圣与世俗兼具的双重关系。

第三章　明清时期嘉绒藏族土司的宗教关系

　　政治与宗教之间的内在关联是理解藏区独特的宗教型政治运作模式的重要议题。以卫藏政教关系为讨论重点的同时，不少学者也将目光转向边缘藏区，通过比较分析方法，深层次地探讨不同藏区在不同历史时段政教关系的特点及其演变，从而大大拓深了我们对藏区历史上政教关系区域性、时段性和复杂性的认识程度。主要研究趋向以政治运作与宗教活动之间关系的表现形式为着眼点，归纳出政教关系的基本特征。这也是过去研究嘉绒地方政教关系的主要路径。长期以来，嘉绒地方常常是以苯教大本营的面貌出现在世人的视域中。苯教信仰在嘉绒地方根深蒂固，普遍流行于统治阶层和民间社会中，为各社会阶层崇奉。但是自 15 世纪以来，嘉绒地方的宗教格局不断受到以格鲁派为代表的新兴宗教势力的影响和冲击。宗教信仰区域性和多样性的特点愈加显著。苯教联结嘉绒各土司关系的凝聚力逐渐弱化，局面变得越来越复杂。面对繁杂多变的历史图景，从宗教在嘉绒土司政治关系中扮演的角色入手，兼顾时段性和区域性特点，动态地考察嘉绒土司政治与宗教的复杂关系，既可加深对藏区土司政治与宗教关系的理解和认识，也有助于重新阐明嘉绒地方宗教格局的演变脉络及其同其他藏区的宗教联系。

第一节　昆珠扎巴的嘉绒之行与嘉绒藏族土司的关系

作为一种历史文化传统，苯教的影响力深深地扎根于嘉绒地方的社会与政治生活中，不断潜移默化地作用于人们的思想观念和社会行为。借助历史渊源和传统，苯教同土司的世俗权威相辅相成，存有千丝万缕的联系，长期左右和影响着嘉绒土司的宗教态度和信仰取向。以"琼鸟卵生"为代表的嘉绒土司祖源记忆，隐喻着苯教教权与世俗王权之间的深厚渊源关系，并固化于嘉绒土司对自身来源和世俗权威观念的认识和理解中。那么，在现实的政治生活和相互交往过程中，嘉绒各土司是否彷如远古的祖源记忆那样，是以苯教为纽带建构起紧密关系网络的呢？苯教究竟在嘉绒各土司的现实交往中扮演着怎样的角色呢？本节将以 18 世纪前期苯教大师昆珠扎巴在嘉绒地方的活动为主线，梳理乾隆平定两金川之役前嘉绒地方的政教关系，理清苯教及苯教徒在嘉绒土司错综复杂的政治关系中的地位和作用。

一 嘉绒地方的苯教及其新发展

第二次平定两金川之役（1771—1775 年）渐近尾声之际，困窘的大金川土司索诺木在走投无路之下，遣人分派送函于各土司，寻求奥援。索诺木之兄喇嘛莎罗奔在致绰斯甲土司雍中瓦尔结、土舍绰尔甲木参的信函中劝解道：

> 我促浸与你绰斯甲布遵奉的是桑结灵巴楞则恩喇嘛衮珠尔佛爷所传的遗教。两家修的庙宇供的佛像都是一样。你想我们促浸要是灭了的时候，你绰斯甲布还能得好么？……当日桑结灵巴楞则恩喇嘛衮珠尔佛爷传下的话，说我促浸有十三辈土司做，与火一样的兴旺，中间有三次刀兵之事，自土司德尔日甲尔起到十三辈才该完，未到十三辈之前灭亡的事是没有的。这是经书上所传，上有三宝佛爷鉴察。……传这雍中奔布尔的教就只是我促浸与你绰斯甲布两家，我们两家要是灭了的时候，这雍中奔布尔教就完了。你要早些知道我们喇嘛班第守的是喇嘛佛爷的教。你们要是保守雍中奔布尔教的时候，不好的事不要做到我们头上。你绰斯甲布要赶紧卫护我们。我们修庙供佛做好事，想来该有个好处。[1]

---

[1] 《译出莎罗奔等与绰斯甲布土舍绰尔甲木参番字》，年代不详，台北故宫博物院藏《军机处档折件》，资料号：037693。

莎罗奔所言“雍中奔布尔教”，即雍仲苯教（གཡུང་དྲུང་བོན）之译音。在莎罗奔看来，当时嘉绒地方唯促浸与绰斯甲敬奉雍仲苯教最深。因而致其他土司的信函或以姻亲关系为由，或以武力相挟，宗教关系则成为大金川土司劝诱绰斯甲土司改弦易辙的重要理由。但是如果莎罗奔所说“传这雍中奔布尔的教就只是我促浸与你绰斯甲布两家”属实，雍仲苯教是否在当时已不为嘉绒各土司共同信奉？雍仲苯教是否在维系嘉绒各土司关系中起着关键性的作用？莎罗奔在函件中屡次提到的“桑吉灵巴楞则恩喇嘛衮珠尔佛爷”（“三宝佛爷”）又是何人呢？要解答这些问题，须先从阐释嘉绒地方的雍仲苯教及其演变着手。

限于史料缺载，嘉绒地方早期的苯教历史并不是很清楚。早在吐蕃时期，苯教从周邻区域已传入嘉绒地方，特别是随着吐蕃王朝向青藏高原东部边缘的扩张，大量从军的部落氏族迁往东部。人群的迁徙往往也是一次宗教文化大规模传播的过程。自7世纪以来，迁往东部藏区的吐蕃军队中，常跟随有苯教巫师，每千户有一大苯教巫师，称“拉布波”，一小组随从一小苯教巫师，称“拉巴”。[1] 这些宗教人士随东迁的从军部落氏族落籍当地，成为将苯教引入嘉绒地方的早期宗教群体。从藏文文献有关象雄琼氏部落迁徙的大量记载来看，8世纪以降，琼氏部落向青藏高原

[1] 郭卫平、国庆：《川西苯教调查报告》，载《藏学研究》第6辑，天津古籍出版社1990年版。

东部，乃至嘉绒地方的迁移，伴随着苯教向东部藏区的传播。琼氏后裔遍布藏东，是早期雍仲苯教在嘉绒传播的主要力量。[1]另据《嘉言宝库》载，吐蕃赤松德赞（755—797年）在卫藏兴佛灭苯期间，苯教徒纷纷逃往周边地区，象雄热巴坚（རང་པ་ཅན་）、塔西邦布琼（མཐའ་བཞི་སྤུམ་ཆུང་）等携带苯教经典，前往东方嘉莫绒。又称，被誉为"瞻部洲六庄严"（འཛམ་གླིང་མཁས་པའི་རྒྱན་དྲུག）之一的汉地大智者勒当芒波（ལེགས་ཏང་མང་པོ）将一些苯教经典藏于多麦巴夏扎白岩（སྨྲ་ཁམས་སྤྲ་དཀར）右边如狮般开口的山冈上，后为达瓦扎参（ཟླ་བ་རྒྱལ་མཚན）的化身扎族的杰尔托美（གྱེར་ཐོགས་མེད）开启掘出。掘藏师谷茹班琼（གུར་བན་ཆུང）曾从嘉绒扎日琼果（འབྲུག་རི་ཁྱུང་གོ）掘出苯教极清净苯法和神殿火焰法等诸多经典。[2]

到14世纪以后，藏文文献有关嘉绒苯教的记载从年美·协绕坚赞（མཉམ་མེད་ཤེས་རབ་རྒྱལ་མཚན，1356—1415年）出现开始逐渐增多。被称作苯教第二遍知圆觉（ཀུན་མཁྱེན་རྒྱལ་བ་གཉིས་པ）的协绕坚赞诞生于嘉绒促浸的独角地方（རྭ་གཅིག，或写作རྭར་ཆོག；今金川县独角沟），其父精通苯教四因乘，为扎氏族的苯教徒鲁嘉（ཀླུ་རྒྱལ）。协绕坚赞自幼随夏拉·雍仲坚赞（ཤ་ར་གཡུང་དྲུང་རྒྱལ་མཚན）授章松戒（དང་སྲོང་གི་བཅའ་ལུགས，相

---

[1] 才让太、顿珠拉杰：《苯教史纲要》，中国藏学出版社2012年版，第15—27、179—184、232—233页。

[2] 夏察·扎西坚赞：《西藏本教源流》，民族出版社1985年版，第214、309—310页。汉译本参见夏杂·扎西坚赞《藏族雍仲本教史妙语宝库》，刘勇译注，民族出版社2012年版，第105、153—154页。

当于佛教的具足戒），取法名协绕坚赞，后拜多康下部众多上师，闻习部分苯教教法。之后前往卫藏遍访大贤哲克珠仁钦洛卓（ མཁས་གྲུབ་རིན་ཆེན་བློ་གྲོས ）、绒敦·协绕衮日（ རང་སྟོན་ཤེས་རབ་རྒྱལ་རེན， 即绒敦·释迦坚赞）等名师，在卫藏苯教辩经院立宗辩经，获绕绛巴（ རབས་འབྱམས་པ ）学位。31 岁时（1386 年藏历土猴年）进入苯教第二大世系喇嘛竹氏（ ¶ ）创建的叶茹温萨卡寺（ གཡས་རུ་དབེན་སྐ， 在今日喀则南木林县土布加境内）进修。因当时协绕坚赞的苯教修为已声名远扬，竹氏后裔无人能及，遂将温萨卡寺交由协绕坚赞管理。温萨卡寺被洪水冲毁后，协绕坚赞于 50 岁时（1405 年藏历木鸡年）在温萨卡寺旧址不远处创建了著名的扎西曼日寺（ བཀྲ་ཤིས་སྨན་རིའི་དགོན ），[1] 并仿照佛教寺院的模式，首创苯教寺院戒律、学经制度，历经后世大堪布的不断完善，使苯教逐步朝向同佛教糅合的方向发展，开启了苯教佛教化的进程。曼日寺也成为此后藏区苯教界最具权威和影响力的寺院。因此，早在 14 世纪后期，来自嘉绒地方的苯教徒已前往卫藏地区重要的苯教寺院求学深造，同卫藏的五大苯教世系喇嘛的宗教联系日益密切。自曼日寺建立后，嘉绒苯教徒前往后藏曼日寺学习和修行，如同其他藏区的苯教徒一样，演变为宗教惯例和普遍的做法。协绕坚赞之后，嘉绒苯

---

[1] 夏察·扎西坚赞：《西藏本教源流》，民族出版社 1985 年版，第 264—268 页。

教大师世代辈出，逐渐在藏区苯教界崭露头角，影响力逐步扩大。据《辛饶经论白帽雍仲苯教大寺后藏叶茹托嘉扎西曼日寺简史》所记，在31任曼日寺堪布中，共有21位来自嘉绒。[1]在曼日寺等主要苯教寺院，专为来自嘉绒的学僧，建有僧舍，名嘉绒康参（ རྒྱལ་རོང་ཁང་ཚན ）。一代代的苯教徒们自嘉绒地方向西，经由康区穿梭往来于嘉绒与后藏之间，沿途求法访僧，在嘉绒、多康、卫藏之间交织起一条宗教文化传播和交流通道。嘉绒地方与多康、卫藏的宗教联系逐步演变为一种习惯性的法脉传统，这对后世雍仲苯教在嘉绒地方的新发展影响极深。

继年美·协绕坚赞之后，对嘉绒地方苯教历史影响最大的当属18世纪的昆珠·嘉村宁布（ ཀུན་གྲོལ་འཇམ་ཚོན་སྙིང་པོ ，即昆珠扎巴 ཀུན་གྲོལ་གྲགས་པ ，1700—? ）。他是18世纪嘉绒新苯（ བོན་གསར ）传统运动中最具影响力的宗教人物之一，被后世尊奉为苯教四大上师之一。[2]新苯传统主要是在东部藏区发展起来的，可以追溯到12世纪的玛顿斯增（ རྨ་སྟོན་སྲིད་འཛིན ）。新苯传统强调信奉苯教与佛教并无二致，在宗教信仰上两者是

————————

[1] 洛珠尼玛：《辛饶经论白帽雍仲苯教大寺后藏叶茹托嘉扎西曼日寺简史》，刘建译、赞拉·阿旺措成校，《阿坝州文史》第26辑《金川史料专辑》（下），阿坝州政协文史和学习委员会编2011年版，第345—354页。

[2] "若慧藏（ གཤེན་རབ་སྙིང་པོ ，即洛卓宁波——引者），不坏金刚（ རྡོ་རྗེ་གྲགས་ཆེན ，即米协多吉——引者），佛洲（ སངས་རྒྱས་གླིང་པ ，即桑吉林巴——引者），离缚名称（即昆珠扎巴——引者），此四人较为晚出，列为苯教四大活佛，则称为'新藏类'（ གསར་མ་པ ）。"参见功德海《西藏宗教源流简史》（续），刘立千译，《康藏研究月刊》1949年第8期。

根本相同的，只是传承世袭、修习路径有异。为此新苯倡议者有意将其传统源起同8世纪著名苯教大师郑巴南卡及其佛教弟子毗若杂那联系起来，认为后者是一位无宗教偏袒的上师，从前者那里获证苯教教法，兼修佛苯两种宗教。[1] 毗若杂那同郑巴南卡亲密的宗教关系是最终促使昆珠扎巴前往嘉绒旅行，并成为嘉绒土司上师及开启苯教大藏经木刻印刷和版本目录编纂的重要宗教诱因。因为藏文文献和地方传说盛传毗若杂那曾在赤松德赞时代被流放到嘉绒地方，在当地传播旧密法。后世伏藏师则认为毗若杂那在嘉绒地方掩埋了大量伏藏，且声称郑巴南卡也曾到过嘉绒。对于苯教徒而言，在18世纪复兴苯教传统的运动中，发掘和弘传两位宗教人物在嘉绒地方留下的宗教遗产是至关重要的。

昆珠扎巴（见图示 [2]）于1700年（藏历阳铁龙年）出生在康区的扎雪（ཟ་ཤུལ，今德格境内）。经历坎坷的童年生活后，他在16岁时选择出家，驻于叔叔雍仲彭措（ཁོ་བོ་གཡུང་དྲུང་ཕུན་ཚོགས）主持的苯教寺院雍仲林（གཡུང་དྲུང་གླིང）内，取法名满金·南卡耶协（སྨན་རྒྱལ་ནམ་མཁའ་ཡེ་ཤེས）。1724—1725年，昆珠扎巴独自一人花费一年的时间遍访卫藏曼日寺、桑

---

[1]　Samten Gyaltsen Karmay, *The Great Perfection (rDzogs chen): A Philosophical and Meditative Teaching of Tibetan Buddhism*, Lieden·Boston:Brill, 2007, pp.35-37.

[2]　取自苯教甘珠尔，参见 Samten Gyaltsen Karmay, *Feast of the Morning Light:The Eighteenth Century Wood-engravings of Shenrabs' Life-stories and the Bon Canon from Gyalrong*, Osaka: National Museum of Ethnology, 2005,p.37.

耶寺、工布苯日神山等圣地，听闻了枚、辛、叙三大苯教世系喇嘛及曼日寺堪布仁钦沃色（རིན་ཆེན་འོད་ཟེར།）的教法。期间，他曾期望前往琼部拜访桑吉林巴，因途中发生战事而中辍。1730年（藏历阳铁狗年）是昆珠扎巴宗教事业的转折点。这一年藏历6月，昆珠扎巴收到来自大伏藏师绛曲多吉尼玛（བྱང་ཆུབ་ཆེན་པོ་རྡོ་རྗེ་ཉི་མ།，即桑吉林巴，1705—1735年）的信函，诚邀他一同前往东方四绒十八雪之地（རོང་ཆེན་བཞི་དང་གངས་ཆེན་བཅོ་བརྒྱད།，即嘉绒地方）从事利众宣教事业，并很快成为他最重要的上师。[1]

图3-1　昆珠扎巴

---

[1]　南卡耶协（ནམ་མཁའ་ཡེ་ཤེས།）：《仁增昆珠扎巴传》（རིག་འཛིན་ཀུན་གྲོལ་གྲགས་པའི་རྣམ་ཐར།），*Swayamb- hunath, Kathmandu*, Nepal: Tritan Norbutse Bon Education Centre, 1990, pp.387-468.

桑吉林巴前往嘉绒的最初动力，源于滞留在工布时获得的一次授记，声称他将在嘉绒的墨尔多神山掘得大量伏藏文献，应当前往嘉绒地方，将墨尔多山加持为圣地，掘出伏藏。受此授记所示，桑吉林巴认定自身是毗若杂那的化身，应负起这一宗教使命。1728 年（藏历阳土猴年），他恰遇一位来自嘉绒的喇嘛洛丹宁波（ᦷᦵᧃ᦭ᦈᦵ᦭ᦵᧃᦵ᦭ᧃᧃ）。这位喇嘛与当时嘉绒革什咱土司丹增诺布（ᦵᧃ᦭ᦷᦵᧃᦵᧃᦵᧃ᦭ᦷᧃᦵᧃ᦭）有血缘关系。不久，经洛丹宁波引荐，土司丹增诺布多次派遣使者急切地邀请桑吉林巴前往嘉绒。在路经娘绒（ᦶᧃᦵᧃᦵᧃᦵ，今新龙）的扎西敏珠林寺（ᦵᧃᦵᧃᦵᧃᦵᧃᦵᧃᦵ）时（1730 年藏历 6 月），桑吉林巴遇到了日后他的两位主要弟子，即昆珠扎巴（即满金·南卡耶协，后由桑吉林巴赐法名昆珠扎巴）和桑阿扎巴（当时法名耶协宁波，后由桑吉林巴赐法名桑阿扎巴ᦵᧃᦵᧃᦵᧃᦵᦵᧃᦵᧃᦵᧃ）。后者来自革什咱土司世系。

1731 年（藏历阴铁猪年）初，桑吉林巴一行经噶达（ᦵᧃᦵᧃᦵ）、打箭炉（今康定）抵达嘉绒，受到革什咱土司的欢迎。藏历 2 月，桑吉林巴、恩人耶协宁波（ᦵᧃᦵᧃᦵᧃᦵᦵᧃᦵᧃ，即桑阿扎巴）和土司丹增诺布向昆珠扎巴授意宣示朝圣墨尔多神山（ᦵᧃᦵᧃᦵᧃᦵᦵᧃᦵᧃᦵᧃ）的征兆。昆珠扎巴随后从雍仲林动身前往嘉绒。向土司传授各种教法后不久，桑吉林巴及其侍从出发前往巡礼墨尔多神山之路的起点，开始漫长的转山之行。藏历 3 月，革什咱土司（ᦵᧃᦵᧃᦵᧃᦵᦵᧃᦵᧃᦵᧃ）及昆珠扎巴、桑阿扎巴加入转山行列，途径革什咱、巴旺、赞拉、促浸、绰斯甲等地，进行开启圣地之门（གནས་སྒོ་འབྱེད་པ་）的仪式。[1]

藏历 5—6 月，朝圣巡礼途经促浸，昆珠扎巴先后抵达噶艾董卡尔宗（ག་ཨེ་དུང་མཁར་རྫོང）、勒乌围颇章（ལེ་ཨུ་ཕོ་བྲང་），与促浸土司（རྒྱ་ཆེན་མཁར་བདག་མི་དབང་རྒྱལ་或རྒྱ་ཆེན་རབ་བརྟན་རྒྱལ་པོ，即汉文史料中的"色勒奔"）结为紧密的福田与施主关系（མཆོད་ཡོན་ཊེ་ཊ）。此后，昆珠扎巴又受到革什咱土司的盛情邀请，前往津桑珠僧格宗（སྐྱིན་བསམ་འགྲུབ་སེང་གེ་རྫོང）。藏历 8 月，受绰斯甲土司索南诺布（ཆོ་སྐྱོངས་རྒྱལ་པོ་བསོད་ནམས་ནོར་བུ）之邀，昆珠扎巴随同桑吉林巴一行抵达珠素南嘉珠莫宗（དུག་ཟ་ནམ་རྒྱ་འདུག་མོ་རྫོང），与之结为供施关系。由此，通过初次嘉绒之行，昆珠扎巴与嘉绒主要的苯教施主形成稳定的常态化宗教联系，为其在嘉绒的弘教事业奠定下了基础。在路过绰斯甲时，受桑吉林巴所示，昆珠扎巴返回康区扎雪的雍仲林闭关。在同桑吉林巴和桑阿扎巴短暂聚会于扎雪的雍仲林、互授教法仪轨后，昆珠扎巴又受到革什咱土司的邀请，前往嘉绒。从1735 年（藏历阴木兔年）到 1737 年（藏历阳火蛇年）间，昆珠扎巴至少四次到嘉绒地方从事宗教活动，往来于革什咱、促浸和绰斯甲等地，与各土司的供施关系愈加密切。[2]

[1]　Samten G.Karmay, "The Cult of Mount Murdo in Gyalrong", *Kailash Journal*, Vol. 18，no.1-2,1996, pp.1-16. 南卡耶协：《仁增昆珠扎巴传》，*Swayambhunath, Kathmandu*, Nepal: Tritan Norbutse Bon Education Centre, 1990, pp.472-474。

[2]　南卡耶协：《仁增昆珠扎巴传》，*Swayambhunath, Kathmandu*, Nepal: Tritan Norbutse Bon Education Centre, 1990, pp.481-659。

昆珠扎巴频繁在嘉绒地方活动最初是由于桑吉林巴的多次敦促和劝告。在完成转山仪式后，桑吉林巴只在嘉绒短暂停留，随即前往汉地，稍后又返回到驻锡地琼部（今西藏丁青）的孜珠山，将在嘉绒未竟的事业托付给他的两位主要弟子昆珠扎巴和桑阿扎巴。桑吉林巴规劝昆珠扎巴要重视嘉绒圣地，得益于嘉绒土司施主的大力扶助，在嘉绒地方以新的观念复兴苯教传统是极为有利的。尽管桑吉林巴与昆珠扎巴之间的师徒关系复杂，分别对宁玛派和苯教有所偏重，[1]郑巴南卡和毗若杂那在嘉绒地方遗留下的历史遗产却足以使这两种宗教传统以平和的方式糅合起来。从某种意义上可以说，这是 15 世纪年美·协绕坚赞调和苯教与佛教、推动苯教逐渐佛教化的延续及其新变化。这些宗教观念逐步渗透到嘉绒地方僧俗人众的宗教意识及人们对佛苯关系的理解中。名为《促浸然旦史之威光珍宝璎珞》的促浸然旦王室世系谱中便写道："无宗教偏私的雍仲苯教和内道佛法二者同样弘传、等住的所见情形，所言苯教僧人，不应自傲而责斥异己。在佛法中掺杂苯，在苯中掺杂佛法，无分别的苯和佛，难以分别开来。"[2]

　　然而，昆珠扎巴在嘉绒地方从事复兴苯教传统事业是以编纂和刊刻苯教大藏经闻名于世的。昆珠扎巴最先向大

---

[1]　Samten Gyaltsen Karmay, *Feast of the Morning Light:The Eighteenth Century Wood-engravings of Shenrabs Life-stories and the Bon Canon from Gyalrong*, Osaka: National Museum of Ethnology, 2005, pp.19-21.

[2]　阿旺措成编著：《嘉绒民间颂词集》，民族出版社 2009 年版，第 321 页。

施主绰斯甲土司衮噶诺布（གུན་དགའ་ནོར་བུ，或称 གུན་དགའ་ཕུན་ཚོགས་
བསྟན་འཛིན）建议着手进行苯教经典甘珠尔部分的搜集整理
和刊刻事业。据昆珠扎巴撰写的苯教《十万般若颂目
录·斯巴之灯》载，衮噶诺布"自幼才智过人，于智慧
的海洋获得自在，对精深博大的雍仲苯教屡次生起虔诚信
仰的信念。彼时，教化边地众生业绩彪炳的大持明昆珠扎
（རིག་འཛིན་ཆེན་པོ་ཀུན་གྲོལ་གྲགས）受到整个康区（ཁམས་ཁུལ）特别是嘉绒乌
莫尔地方绰钦王的礼遇和供养。（昆珠扎巴向绰斯甲王详
细讲解）建造三所依的重要性，特别是刊印经典对今生来
世有无可比拟的圆满"[1]。整套苯教甘珠尔经典文本的搜集
整理工作大抵在 1751 年（藏历铁羊年）完成。大部分文本
是在嘉绒地方（包括绰斯甲的穆赤达莫宗 শུ་ই་ঙ্ন་མོ་རྫོང）获得。
部分文本由土司遣人从琼部、杂柯（ཧ་ཆོ）、娘绒等地搜集到。
编纂抄录工作得到绰斯甲囊素南卡旺丹（ནང་སོ་ནམ་མཁའ་དབང་ལྡན）
在内的三位著名苯教学者的协助。纂修结束后，应绰斯
甲土司衮噶诺布和促浸然旦土司南卡杰布（རྣམ་མཁའ་རྒྱལ་པོ，
即汉文史料中的"郎卡"）的强烈要求，昆珠扎巴在然旦
土司勒乌围颇章内编纂了苯教历史上第一部严格意义上的
大藏经目录，即《深广永恒苯教甘珠尔之目录十万日光》

---

[1] 《十万般若颂目录·斯巴之灯》（ শེས་ཕྱིན་སྟོང་ཕྲག་བརྒྱ་པའི་དཀར་ཆག་ষྲིད་པའི་སྒྲོན་མེ་ཞེས་
བྱ་བ），载赞拉·阿旺、多尔吉、红音编著《嘉绒藏族研究资料汇编》，中国
藏学出版社 2003 年版，第 21—23 页；苯教《般若十万颂》（藏文长条书）
第四品，阿旺措成、刘莺译，载赞拉·阿旺措成、夏瓦·同美《嘉绒藏族的
历史与文化》，四川民族出版社 2008 年版，第 35 页。据汉文译文有所改动。

（ ༣ས་དང་རྒྱུ་ཆེ་གསུང་ངང་ཕོན་གྱི་བཀའ་འགྱུར་དཀར་ཆག་ཞེ་མ་འཉུམ་གྱི་ཉེད་ཤེར་ཞེས་བྱ་བ་བཞུགས་སོ ）。

之后，刊印苯教甘珠尔经典的提议得到绰斯甲土司的两位兄弟、昆珠扎巴的弟子囊素南卡旺丹和囊素雍仲丹增（ ནང་སོ་གསུང་ངང་བསྟན་འཛིན ） 的大力支持。囊素是部分嘉绒土司中掌持教权的宗教领袖，掌握着土司境内的宗教和部分政治资源。以师徒的关系将自身同嘉绒土司世系中的重要成员联结起来，可以看作是昆珠扎巴在嘉绒地方传布和推行新苯事业的主要手段。编辑搜集苯教文本的工作在昆珠扎巴的审订监督下顺利开展起来。土司世系出身的王裔僧人也参与进来。为存藏经籍文本，土司资助修建了一座新的寺院欧察诺布林（ ཙོ་མཚར་ནོར་བུ་གླིང ），并从西藏中部迎请了一位著名的雕刻工，培养和雇佣超过两百名的普通刻工。1766年(藏历火狗年)，在绰钦土司衮噶诺布和土妇才旺拉姆（ ཚེ་དབང་ལྷ་མོ ）的资助下，被称作康钦（ ཀཾས་ཆེན，即16卷本的苯教般若经）的绰钦刻版首先完成。尽管饱受第二次金川之役战火之苦，首部约115卷本的苯教甘珠尔木质刻版最终完成于1774年（藏历木马年）。

但是在此前的1764年（藏历木猴年），昆珠扎巴的另一嘉绒大施主促浸土司郎卡杰波已在然旦王室的卡隆曲康（ ཁབ་ཆུང་མཆོད་ཁང ）神殿内资助刊刻了促浸版的"康钦"。因木版沿边镶有铜边，又被称为桑巴尔玛（ ཟངས་པར་མ，意为"铜质印版"）。与绰钦刻版的朴实相比，促浸刻版在雕刻字体和外观装饰方面颇为精美。但是此后因乾隆平定两金川之役的战乱，促浸木刻版遭到严重毁坏，仅存少量优质的木刻印版。绰斯甲土司将残存木刻版运回，重新刻版为绰钦版。[1]可以看出，苯教大藏经的刊刻是由土司上师（ དཔོན་སློབ ）昆珠扎巴提倡，在促浸和绰斯甲两大土司共同资助下进行的。

大金川促浸土司与绰斯甲土司共同尊奉昆珠扎巴为精神导师，扶助完成苯教大藏经木刻版编纂刊刻。这令我们重新回顾起本节之初提到的大金川土司索诺木之兄莎罗奔致绰斯甲土司的信函。联系到桑吉林巴一行前往嘉绒地方从事的宗教事业，函稿中所言"桑吉灵巴楞则恩喇嘛衮珠尔佛爷所传的遗教"实则是指大伏藏师桑吉林巴前往嘉绒转山掘藏后传播，由其弟子昆珠扎巴承继和弘扬的佛苯合流的新苯传统。而"传这雍中奔布尔的教就只是我促浸与你绰斯甲布两家"，正是对两土司以

[1] Samten G.Karmay,*Feast of the Morning Light: the Eighteen Century Wood-engraving of Shenrab's Life-storied and the Bon Canon from Gyalrong*, Osaka: National Musem of Ethnology Osaka, 2005, pp.77-84. Samten G.Karmay, "The Decree the Khro-chen King", *Acta Orientalia*, Vol.51,1990. 有关苯教大藏经的情况，参见才让太《苯教〈大藏经〉的形成及其发展》，《西藏研究》2005 年增刊；才让太、顿珠拉杰：《苯教史纲要》，中国藏学出版社 2012 年版，第 235—238 页；仁增更珠扎巴：《本教大藏经目录》（ གསང་རྔ་བོན་གྱི་བཀའ་འགྱུར་དཀར་ཆག ，即《深广永恒苯教甘珠尔之目录十万日光》），中国藏学出版社 1993 年版；《往昔藏地世系之出现·漫谈教言精华》（ སྲ་རབས་བོད་ཀྱི་བྱུང་བ་བརྗོད་པའི་འབེལ་གཏམ་ལུང་གི་སྙེ་མ ），载赞拉·阿旺、多尔吉、红音编著《嘉绒藏族研究资料汇编》，中国藏学出版社 2003 年版，第 231 页。

昆珠扎巴为共尊上师，扶植和扩大雍仲苯教在嘉绒地方影响力及其宗教地位的反映。昆珠扎巴的宗教活动在嘉绒土司间掀起一股崇奉雍仲苯教的热潮。各土司争相盛邀和追捧上师，不惜重金扶持其活动，源于土司教权与王权的深层次关系。雍仲苯教的复兴活动则在土司之间形成宗教竞逐的态势，又为各土司搭建起宗教交流与合作的桥梁。在嘉绒土司阶层观念中，雍仲苯教传统无形中成为维系和强化土司关系的重要纽带之一。那么，昆珠扎巴的嘉绒之行是否通过苯教的传播和感化，对嘉绒各土司之间的现实关系起到实质性的影响呢？

二 昆珠扎巴传记中嘉绒藏族土司的宗教关系

由于大金川促浸与绰斯甲两土司对苯教大藏经雕版刊刻事业的大力敬奉和资助，昆珠扎巴在嘉绒地方的宗教事业常常同这两大土司联系起来，而往往易于使人们忽略另一嘉绒土司在此过程中扮演的重要媒介角色。这一嘉绒土司就是革什咱。从昆珠扎巴的传记记载来看，在18世纪初叶，来自革什咱的喇嘛们在嘉绒之外的康区显得十分活跃。1715年（藏历阴木羊年），寓居于雍仲林寺的昆珠扎巴平生首次遇到一位来自嘉绒的喇嘛革什咱的益辛嘉哇（ཡིད་བཞིན་རྒྱལ་བ）。昆珠扎巴在其座前受居士戒（དགེ་བསྙེན），取名南卡耶协（ནམ་མཁའ་ཡེ་ཤེས）。两年后，益辛嘉哇圆寂，昆珠扎巴被邀请前往嘉绒参加喇嘛的葬礼。期间，他又遇到另一位嘉绒喇嘛雍仲丹增（ཪྫེ་ནིལ་གཡུང་དྲུང་བརྟན་འཛིན）。遍访卫藏圣地名师后的第二年（1726年，藏历阳土猴年），昆珠扎巴为拜访雍仲丹增及其侄耶协宁波（ཡེ་ཤེས་སྙིང་པོ），前往娘绒造访扎西敏珠林，向雍仲丹增求教苯教教法。两位喇嘛均是革什咱土司世系的成员。扎西敏珠林寺也是由雍仲丹增创建于1689年。1729年（藏历阴土鸡年），正当昆珠扎巴从外地旅行归来时，获悉雍仲丹增圆寂的消息，随即出发到娘绒参加上师的葬礼，并预言上师将转世于嘉绒地方。次年，桑吉林巴的到来使耶协宁波成为昆珠扎巴以后在嘉绒从事宗教活动的早期重要宗教合作者。这对昆珠扎巴在嘉绒宗教活动的顺利开展颇有裨益。

1731年，受革什咱土司丹增诺布的邀请，昆珠扎巴加入以桑吉林巴为首的转山行列中。源于早年的法缘关系，革什咱土司王室显然对昆珠扎巴给予了极大的敬奉和供养。昆珠为土司及土妇等灌顶。桑吉林巴也预言上师雍仲丹增将转世于革什咱土司世系中。1733年（藏历阴水牛年）藏历11月，在雍仲林闭关的昆珠扎巴再次得到革什咱土司的邀请，前往雍仲博寺（གཡུང་དྲུང་དཔལ་གྱི་གདན་ས），为上师雍仲丹增的转世化身其美珠巴旺波（འཆི་མེད་གྲུབ་པའི་དབང་པོ）举行长寿仪式，并同再次莅临嘉绒的桑吉林巴一同为革什咱的新建寺院宏珠巴林（རྣམ་གྲུབ་དཔལ་གྱི）作开光仪式。次年藏历8月，再次送别上师桑吉林巴后，昆珠扎巴短暂停留在革什咱土司丹增诺布的王宫津桑珠僧格宗，不久又受到绰斯甲土司的隆重迎请。在婉拒绰斯甲土司劝告永久留在嘉绒的请求后，昆珠扎巴重新返回革什咱，驻锡于宏珠巴林。昆珠扎巴在革什咱王宫内第二次为其美珠巴旺波的长寿举行各种仪式，并为土司书写了一长篇颂词，两者结为紧密的施主与福田关系。昆珠回赠土司一件他的叔叔满金·雍仲彭措留下的斗篷作为礼物。在离别革什咱时，土司及其属民恋恋不舍的送别上师。当 1736 年（藏历阳火龙年）昆珠再次抵达嘉绒时，革什咱依然是他在嘉绒地方活动的出发点，从这里他曾旅行到绰斯甲，并于次年为革什咱土司举行各种仪式活动。因绰斯甲土妇罹患疾病，昆珠扎巴又赴绰斯甲，但在驱病仪式结束后即返回革什咱的宏珠巴林。[1]

18 世纪初期革什咱在连接嘉绒地方苯教与外界，特别是康区苯教之间关系方面占据着十分独特的地位。部分出自革什咱土司世系的苯教喇嘛，在联结嘉绒与卫藏之间的康区寻找到传播苯教的立足点。同往来于途的其他革什咱喇嘛一样，他们与康区的苯教上师有着广泛的宗教联系，并将这些信息传递给革什咱王室。革什咱地处党岭之东，在整个嘉绒藏区的最西部，经由打箭炉北上，或由道孚的噶达向东，可直接到达革什咱地界。革什咱土司王室对苯教的浓厚兴趣和热衷，在昆珠扎巴早期面向嘉绒地方从事

---

[1] 南卡耶协：《仁增昆珠扎巴传》，*Swayambhunath, Kathmandu, Nepal: Tritan Norbutse Bon Education Centre, 1990, pp.395-653*。

的宗教活动中起着重要的助推和中介作用。从康区乃至琼部地区迎请苯教上师到嘉绒传法的举动往往是由革什咱土司首先发起。由土司王室公开资助开展的一系列重要的宗教仪式和传教授法活动，使苯教上师畅通无阻的频繁往来于土司王宫驻地和重要的寺院之间，进行各类宗教活动。由于14世纪前后就已存在的嘉绒苯教徒的宗教往来流动传统，各类信息特别是宗教领域的情势，很容易由流动的喇嘛们传播到四方，引起其他嘉绒土司或宗教人士的关注。因而昆珠扎巴早期的嘉绒之行实际上是围绕革什咱展开的，长期驻于宏珠巴林，以革什咱土司为后盾，逐渐向其他嘉绒土司扩散其影响力。可以说，革什咱在18世纪初是外界宗教思潮，尤其是以昆珠扎巴为代表的新苯传统输入嘉绒地方的中转站和主要窗口。

由于昆珠扎巴的自传记述到1737年戛然而止，我们并不清楚昆珠扎巴与其他嘉绒土司，尤其是苯教大藏经编纂刊刻的资助者——促浸和绰斯甲王室如何进一步具体建立深厚的供施关系，以致其在嘉绒后期的宗教活动重心转移到促浸和绰斯甲。早在1731年的转山之行中，桑吉林巴一行受到促浸土司的欢迎。昆珠扎巴还曾为土司撰写过一篇祷文，声称土司将坚定的扶持苯教事业，成为苯教教法的大施主。[1]这或许为后来两者关系的进一步密切奠定下法缘

————————

　　[1]　南卡耶协：《仁增昆珠扎巴传》，*Swayambhunath, Kathmandu, Nepal: Tritan Norbutse Bon Education Centre, 1990, pp.486-488*。

第三章　明清时期嘉绒藏族土司的宗教关系

基础。

金川广法寺发现的一块石碑记载了 1766 年（藏历火狗年）昆珠扎巴主持下苯教大寺雍仲拉顶寺的扩建过程，为我们认识此后的历史提供了一段重要的线索。据该石碑载，此次雍仲拉顶寺（ གཡུང་དྲུང་ལྷ་སྟེང ）的重建和扩建是在乾隆平定第一次金川之役后由大金川促浸土司郎卡杰布（ རབ་འབྱམས་རྒྱལ་པོ ）资助。大金川土司"召集绒地十位土司（ རོང་ཁགས་རྒྱལ་པོ་བཅུ་པོ ）前来相助，并宣布了此事不仅是按照先辈圣祖预言□□□□□在大寺雍仲拉顶，也就是预言中的促浸拉顶寺□□□□□得明示，而且在□□□□教法之首以及四方预言中都有所述。遂于火狗年五月上旬初八作举行破土奠基仪式……前来做工当差的有明正土司属民（ ཅག་ལའི་རོང་མི ），赞拉土司属民（ བཙན་ལའི་འབངས ），鄂克什土司属民（ ཨོག་ཞིང་མཁའ་འབངས ），梭磨、松岗和卓克基三土司属民（ སོ་མོ་ཟུང་ལྭགས་ཆོས་ཙ་གསུམ་གྱི་འབངས ），党坝土司所属臣民（ དར་རྒྱའི་སློབ་འབངས ），就寝官绰斯甲土司的侍从及属民（ ཚེ་སྐྱབས་ཀ་བཞིའི་གཡོག་འབངས ），革什咱土司的侍从及属民（ དགེ་བཤེས་འཚོར་འབངས ），阿尔甘土司的属民（ ཡར་ཀན་རྒྱལ་པོའི་འབངས ）等，历经四个多月完成了经堂神殿的扩建"。寺院的重新营建被宣示为"遵良缘妙圣之安排行事"。昆珠扎巴则被"奉为绒地共同顶礼之上师"。[1]

雍仲拉顶寺位于大渡河东岸濒河低地，属大金川促浸

---

[1] 恰嘎·旦正编著：《藏文碑文研究》，西藏人民出版社 2012 年版，第 368—375 页。

土司境内，是乾隆第二次平定两金川之役前嘉绒地方苯教信仰的中心所在。经过 1766 年的营建，寺院规模宏大精美，为当时嘉绒地方最大的苯教寺院之一。直到 19 世纪初，格鲁派高僧土观·洛桑却吉尼玛依然将其同卫藏著名的辛氏喇嘛达尔顶寺（དར་སྟེང་དགོན）相提并论："苯教之寺院，在藏区有辛达顶寺，在嘉绒有雍中拉顶寺等。"[1] 雍仲拉顶寺最初的形态可能是供奉苯教祖师辛饶弥沃塑像的塞康（གསས་ཁང，即神殿），规模较小，为苯教俗人密宗士供神的宗教场所。此类小型的塞康神殿至今在马尔康、金川等地仍可见到。[2] 促浸第七代杰布噶达（རྒྱལ་པོ་བཀའ་དགའ）修建玉泽颇章，并在原有辛绕佛殿中供奉光神虎忿怒像，作为守护神。二十一代杰布贡嘉（རྒྱལ་རྒྱལ）扩建玉泽颇章，重修早期的辛绕佛殿，改名为雍仲拉顶寺。[3] 促浸土司世系谱《促浸然旦史之威光珍宝璎珞》也称，杰布贡嘉时，扩建勒歪玉泽颇章（གཡུལ་ཟེ་ཕོ་བྲང），将往昔辛饶神殿（གཤེན་རབ་ལྷ་ཁང）扩建，更名为雍仲拉顶，迎请郑巴南卡父子，为苯教圣地雍仲拉顶举行盛大的开光仪式。[4]

[1] 土观·罗桑却季尼玛：《土观宗派源流》，刘立千译注，西藏人民出版社 1984 年版，第 199 页。有关辛氏喇嘛达尔顶寺的历史情形，参见顿珠拉杰《西藏本教简史》，西藏人民出版社 2007 年版，第 45—49 页。

[2] 才让太、顿珠拉杰：《苯教史纲要》，中国藏学出版社 2012 年版，第 411—412 页。

[3] 白湾·华尔登：《嘉绒藏族历史明镜》，刘建、谢芝编译，四川民族出版社 2009 年版，第 25—26 页。

[4] 阿旺措成编著：《嘉绒民间颂词集》，民族出版社 2009 年版，第 325 页。有关雍仲拉顶寺的藏文记载并不多，可以肯定的是，这座寺院始建于 1046 年。参见才让太、顿珠拉杰《苯教史纲要》，中国藏学出版社 2012 年版，第 233 页。

雍仲拉顶寺在嘉绒地方苯教信仰的地位不断提升，达至顶峰，是在1766年营修扩建之后。从早期的塞康神殿向僧人寺院转型，重建后的雍仲拉顶寺遵循和依照年美·协绕坚赞在曼日寺推行的寺规和法会善行的一整套规制。绒地十位土司参与寺院的扩建，亦证明了雍仲拉顶寺在当时嘉绒地方具有的宗教地位，其早已不是某一地方的普通苯教寺院，而具备了影响整个嘉绒全境的宗教权威。以昆珠扎巴为共同尊奉的绒地上师，众土司遵从苯教良善妙圣之法，为雍仲拉顶寺的重建共谋出力。由此看来，昆珠扎巴倡导的新苯传统俨然是凝聚嘉绒土司宗教关系的重要联结。

但是嘉绒各土司之间的现实宗教和政治关系要复杂得多，绝非单纯依靠苯教能够维系和调和。1736年藏历6月，昆珠扎巴从扎雪的雍仲林出发，再次前往嘉绒。此行的主要目的之一是调解革什咱和绰斯甲（རྒྱལ་རོང་དཀར་ཚོ་གདོང་）的纠纷冲突。两者均是当时昆珠扎巴最为密切的施主。当昆珠扎巴抵达嘉绒时，他立即谒见绰斯甲土司衮噶诺布，进行调解和劝告。昆珠的调停可能起到效果，冲突不久后平息。[1]自后弘期以来，随着藏区宗教势力的膨胀，具有宗教威望的高僧喇嘛作为仲裁者解决世俗纷争，是藏区普遍存在的一种独特政治文化现象。宗教权威对世俗事务的仲裁权，充分表明藏区宗教权威与世俗权力之间的张弛关系。对世

———————

[1] 南卡耶协：《仁增昆珠扎巴传》, *Swayambhunath, Kathmandu*, Nepal: Tritan Norbutse Bon Education Centre, 1990, pp.436-637。

俗纠纷的介入，既为宗教权威赢得了更多的信众和宗教声望，也加深了其对世俗权力的干涉和渗透。部分僧人甚至逐渐掌控政治领域，如僧人达珑塘巴扎希巴因调解达尔域人与绒巴人的纷争，而获得对这两个区域的统治权力。[1] 然而，昆珠扎巴以苯教上师身份进行仲裁，试图缓和与调解嘉绒地方各施主关系的努力，在嘉绒土司的现实政治生活中遭遇到挫折。在绰斯甲与革什咱冲突结束后的第二年（即1737年），大金川促浸土司与革什咱土司的激烈冲突爆发，大金川色勒奔无故侵占了革什咱土司丹津罗尔布（即丹增诺布）的盖古交地方，导致清朝四川地方官府的政治介入，断令大金川退还侵地，但大金川始终未予履行。[2] 大金川侵吞革什咱境土的做法，是明清之际嘉绒地方各方政治力量长期攘夺相争、争斗博弈的政治传统的延续和加剧。在各方政治势力角逐纷争的时代，嘉绒土司间常为争夺资源因琐事而起纷争。

　　面对嘉绒地方纷争不已的政治局面，昆珠扎巴力图以多年来在嘉绒逐步树立的宗教威望，唤起嘉绒土司的宗教热忱，尽力劝解消弭各方势力的冲突。1737年藏历4月，昆珠扎巴以预言的方式向嘉绒六位统治者传布一份公开信。他称之为致嘉绒各杰布的"上天之信"（གནམ་ཡིག）。信中他以

[1]　王森：《西藏佛教发展史略》，中国社会科学出版社1997年版，第39页。

[2]　《清高宗实录》卷219，乾隆九年六月下，中华书局1986年影印本，第825页。

宗教训诫和劝慰的口吻，极力劝告各位杰布应当搁置猜忌和争议，避免无谓的冲突纷争，合力共同促进和完成弘扬苯教教法的伟业。[1]昆珠扎巴以共同的宗教信仰缓和与消除嘉绒各土司冲突的做法是一厢情愿之举。他高估了苯教对规训和约制嘉绒各土司政治行为的影响力。在致公开信后仅两年（即1739年），一场更大规模的土司冲突爆发，因互争必色满旧怨，大金川、革什咱、小金川、杂谷、梭磨、沃日等卷入战事之中。[2]尽管我们无法了解昆珠扎巴对此次纷争的态度和作为，但是自此以后，嘉绒土司间的纷争愈演愈烈，政治局势逐步失控。大金川与革什咱的关系在短短数年间迅速恶化，最终导致清朝的直接干预。在1746年到1749年的第一次金川之役期间，昆珠扎巴被迫暂时中断了在嘉绒地方的宗教事业，直到战事结束，才重新返回嘉绒。

经受同清朝及其他嘉绒土司的战火洗礼后，大金川促浸土司的政治权威和宗教声望空前高涨。1751年前后，促浸土司资助昆珠扎巴从事苯教大藏经的编纂刊刻工作已经在有条不紊地进行。到1758年，大金川土司与革什咱土司因结亲纠纷再次构衅。清朝促令绰斯甲、小金、沃日、梭磨、卓克基、松冈、巴底、巴旺、党坝、瓦寺等九土司环攻大金川。

---

[1] 南卡耶协：《仁增昆珠扎巴传》，*Swayambhunath, Kathmandu*, Nepal: Tritan Norbutse Bon Education Centre, 1990, pp.656-659。文献并未具体列出嘉绒六位统治者所指。

[2] 《清高宗实录》卷101、113，乾隆四年九月下、乾隆五年三月下，中华书局1986年影印本，第533、667页。

1760 年，促浸郎卡土司嗣位，即广法寺石碑提到的郎卡杰布（ནམ་མཁའ་རྒྱལ་པོ）。承袭土司职位之初，郎卡随即出兵攻掠党坝、巴旺等土司。1766 年 9 月郎卡向清朝表示愿意退还侵地，与其他土司联姻修好。[1] 就在同年，雍仲拉顶寺的扩建工程破土动工，九土司在内的十位嘉绒土司受大金川的召集，尽遣属民做工当差。经堂神殿扩建完成后，郎卡杰布资助举行了盛大的开光仪式，在昆珠扎巴尊前受居士戒，取法名朗卡雍仲益西旺格杰布（ནམ་མཁའ་གཡུང་དྲུང་ཡེ་ཤེས་དབང་གི་རྒྱལ་པོ），碑文中尊称郎卡为"教法之主宰暨人主"（བསྟན་བདག་མི་དབང）。[2] 九土司环攻战事刚刚结束不久，大金川能够召集嘉绒十土司参与雍仲拉顶寺扩建，其强大的政治威慑力已显露无疑。尊奉昆珠扎巴、推动本教大藏经刊刻及营建雍仲拉顶寺，树立大金川在嘉绒地方的宗教中心地位，既出于土司阶层虔信雍仲苯教，可能更多的是透过宗教事业昭示其在嘉绒地方具备的政治和宗教权威。《安多政教史》就曾赞誉道，"拉丹（རབ་བརྟན）的首府是本教的大圣地，该地水击石崖的阵阵砰訇声，好像是本教赞神的嗓声，有讲解本教法相的雍仲拉登寺"[3]。相传雍仲拉顶寺正殿廊柱十八根，代表嘉

---

[1]　彭陟炎：《乾隆朝大小金川之役研究》，民族出版社 2010 年版，第 129—134 页。

[2]　恰嘎·旦正编著：《藏文碑文研究》，西藏人民出版社 2012 年版，第 371 页。

[3]　智贡巴·贡却乎丹巴绕吉：《安多政教史》，吴均、毛继祖、马世林译，甘肃民族出版社 1989 年版，第 729 页。

绒十八峡谷，十八土司皆受其节制。[1]

在嘉绒各土司角逐纷争的这段时期，日渐年迈的昆珠扎巴可能花费较多的时间忙于在促浸和绰斯甲两地从事藏文大藏经的整理刊刻工作。1751 年，昆珠扎巴在促浸勒乌围南帕嘉哇宗（ནམ་པར་རྒྱལ་བའི་རྫོང་）编辑苯教甘珠尔的目录，又相继于 1764 年和 1767 年在大金川土司的噶欧居美颇章（བཀའ་འོག་འགྱུར་མེད་ཕོ་བྲང་）完成促浸版的"康钦"（ཁམས་ཆེན་）和《光荣经》（གཟི་བརྗིད་）木刻印版的刊刻。[2] 基于昆珠扎巴早年同革什咱土司亲密的法缘关系，我们很难认定面对促浸与革什咱两大施主日益加深的世仇情绪及敌对状态，昆珠扎巴会无动于衷。但是他以宗教启示来劝告各土司平息内争的举动，或许如同 1737 年公开的那封"上天之信"一样，注定要被淹没在嘉绒各土司持续不断的攘夺相争之中。

昆珠扎巴的嘉绒之行是嘉绒地方苯教发展，乃至整个藏区苯教历史上的重要事件，展现出明清时期嘉绒地方同其他藏区宗教联系的加强及内部政教关系演变的新趋势。嘉绒地方苯教事业的新发展，是通过与其他藏区的宗教交往来实现的，不断地为嘉绒地方注入新的宗教

---

[1] 才让太、顿珠拉杰：《苯教史纲要》，中国藏学出版社 2012 年版，第 233 页。

[2] Samten G.Karmay, *Feast of the Morning Light: the Eighteen Century Wood-engraving of Shenrab's Life-storied and the Bon Canon from Gyalrong*, Osaka: National Musem of Ethnology Osaka, 2005, p.53.《光荣经》（12 卷本）是描述苯教祖师辛绕米沃切生平事迹的最长传记。

观念和修习行为，首先将革什咱推至嘉绒苯教新发展的最前沿。不过，革什咱对嘉绒苯教事业发展的贡献，没有为其在政治领域赢得更多的有利地位。当嘉绒各土司纷争攘夺之际，昆珠扎巴在嘉绒的宗教活动，将热衷于苯教事业的嘉绒土司联系起来。一度奔走相告的昆珠扎巴希望借助苯教教言的感化，来消弭嘉绒各土司之间的分歧和冲突。但是崇尚和信奉苯教的嘉绒土司在现实的政治生活中，实则往往将政治利益置于宗教权威之上。对于土司而言，宗教可以转化为某种政治资源来加以利用。苯教无法在维系嘉绒土司关系中起到关键性的作用。这决定了昆珠扎巴在嘉绒的宗教事业只能在土司的政治纷争中艰难进行。

第二节　教派纷争中嘉绒藏族土司的关系

自 14 世纪以降，随着嘉绒地方与其他藏区日益频繁的宗教往来，格鲁派、觉囊派、噶举派等藏传佛教教派陆续传入嘉绒地区，不断影响和冲击嘉绒原有的宗教格局。各教派之间及其同苯教的冲突和纷争，使嘉绒的宗教局面愈加复杂多变。面对纷繁的宗教流派，嘉绒土司出于各自缘故和考量，往往在不同时段或持久性地选择信奉不同的或同一教派，甚至对其他教派采取排斥、疏远或敌对的态度。当明清时期嘉绒各土司政治纷争日趋激化之时，宗教势力的渗透和抉择加深了嘉绒土司之间

关系的复杂性。本节拟以历史演进的顺序，将不同的个案综合串联起来，以期能够展现出明清时期不同时段纷繁的教派纷争对嘉绒土司关系的影响及嘉绒土司关系对嘉绒宗教格局的潜在作用。

一　佛教在嘉绒的早期传播与赞拉土司的宗教态度

藏文史籍中有关佛教传入嘉绒地区较早的记载，始于赤松德赞时代的毗若杂那。8世纪中叶，在赤松德赞为首的吐蕃统治者的强力扶持下，佛教在卫藏地区兴盛起来，也逐渐远播到沿边地区。前弘期大译师毗若杂那因获罪苯教势力及印度僧侣，而被流放到东方嘉莫绒一带。他在此建寺译经，广招门徒，尤以玉扎宁保最优，使金刚乘旧密在嘉绒传播开来，为日后宁玛派在嘉绒地方影响的扩大奠定初步的基础。[1]朗达玛灭佛后，佛教徒携经卷等逃亡藏区边地，散处各地，各自修行。到12世纪，被誉为嘉绒"三大闻法顿悟之妙善"的梭磨人协绕坚赞（ཤེས་རབ་རྒྱལ་མཚན）、绰斯甲人协绕多杰（ཤེས་རབ་རྡོ་རྗེ）和松岗、党坝交界处出生的协绕贝瓦（ཤེས་རབ་དཔལ་བ），共同尊白玉噶陀寺的创建者更钦丹贝仁波切协绕僧格（ཤེས་རབ་སེང་གེ）为师，修习宁玛派教法，后来协绕贝瓦随同协绕坚赞返回嘉绒，依照噶陀寺的传法风格，弘传旧译密乘之法，在各地讲经说法，广建昌列寺

---

[1]　邹立波：《7—9世纪康区佛教及其特点研究》，《西藏研究》2007年第3期。

（ མཚམས་གནས་དགོན་པ ）、绰斯甲观音寺（ ཕྱོ་ཁྱབས་ཐུགས་རྗེ་ཆེན་པོ ）、察柯寺（ ཚ་
ཁོ་དགོན་པ ）、梭磨瓦莫楚嘎布寺（ བ་མོ་མཚན་ཀ་དཀར ）、松岗甲莫寺（ ཙ་
ཚོ་དགོན ）等众多经院。[1] 历经数百年的发展，宁玛派成为嘉绒
地区寺院数量最多的教派，仅马尔康一地就有 30 余座。
尽管宁玛派未能同当地土司世俗权力结合，形成强有力的
宗教势力，远不及此后传入的噶举派、格鲁派等教派的政
治影响力大，但是宁玛派在嘉绒地方民间社会广泛传播，
同嘉绒苯教关系亲密。因而第二次金川之役后清朝扶植格
鲁派的改宗运动中，许多不愿改为格鲁派的苯教寺院，改
宗宁玛派。[2]

第三章 明清时期嘉绒藏族土司的宗教关系

15 世纪初，藏区的宗教和政治格局因新兴教派格鲁派
的迅速崛起而发生急剧的变化。由于格鲁派是对 14 世纪初
叶以来藏区佛教戒律日趋废弛的全面革新和整顿基础上出
现的，因而具有极强的自我约束力、严密的组织性和强大
的宗教凝聚力，为当时陈腐涣散且处在困境中的藏区佛教
带来新的面貌和气象，很快赢得与吸引了大批宗教和世俗
人士的敬奉和皈依。[3] 出生于小金赞拉松多（ རྒྱལ་མོང ）地方的
阿旺扎巴在前往卫藏求法过程中，服膺宗喀巴大师的宗教

---

[1] 马尔康昌列寺提供的藏文原稿，刘建译，阿旺措成译，载赞拉·阿
旺措成、夏瓦·同美主编《嘉绒藏族的历史与文化》，四川民族出版社 2008
年版，第 160—161 页。

[2] 燕柏松、雀丹：《阿坝地区宗教史要》，成都地图出版社 1993 年版，
第 57—58 页。

[3] 石硕：《西藏文明东向发展史》，四川人民出版社 1994 年版，第
270—279 页。

修为，改从格鲁派，奉宗喀巴为上师。阿旺扎巴，又称察柯·阿旺扎巴、堪钦察柯娃·阿旺扎巴（མཁན་ཆེན་ཚ་ཁ་བ་ངག་དབང་གྲགས་པ）或温布（དཔོན་པོ）阿旺扎巴，是扎干（སྒྲ་ཀན）库交（ཁུ་འཇོ）氏族后裔，属扎氏族，被后世誉为宗喀巴大师早期的四大弟子之一，早年曾任绒哇吉纳巴（རོང་བ་ཤྱགས་དགའ）披剃出家时的侍从者。据载，阿旺扎巴在拉萨作禁食斋法事时，与宗喀巴分别观察各自梦兆，见两只硕大海螺从天而下，落至怀中，随即合二为一，海螺声洪亮无比，遂得到在下部嘉绒弘传佛法的征兆。[1] 为此，阿旺扎巴向宗喀巴做出在嘉绒地方修建一百零八座寺院的宏愿。

　　1410 年（藏历铁虎年），受宗喀巴所示，阿旺扎巴赴多麦嘉绒地区弘传佛法。次年（藏历铁兔年），依照洛扎大堪布南卡坚赞（རྫོ་བྲག་ལྐོག་ཆེན་ནམ་མཁའ་རྒྱལ་མཚན）和宗喀巴大师的预言，宗喀巴另一弟子绒哇吉纳巴 [2] 亦携徒众 36 人赴嘉绒

----

　　[1] 《宗喀巴大师传》（རྗེ་ཙོང་ཁ་པའི་ཆེན་པོའི་རྣམ་ཐར）、《堪钦察柯·阿旺扎巴传》（མཁན་ཆེན་ཚ་ཁ་བ་ངག་དབང་གྲགས་པ་ལ་སོགས་པའི་ཆོས་འབྱུང་བཞུགས），载赞拉·阿旺、多尔吉、红音主编《嘉绒藏族研究资料汇编》，中国藏学出版社 2003 年版，第 149—150、533 页。藏文文献有关阿旺扎巴的记载零散而简略，难以全面、完整地考察阿旺扎巴的生平及其在嘉绒的具体宗教活动。

　　[2] 绒哇吉纳巴（1374—1411 年）又名绒钦格登坚赞（རོང་ཆེན་དགེ་འདུན་རྒྱལ་མཚན），出生于多麦亚雪（མདོ་སྨད་གཡ་ཤུལ），为宗喀巴及门弟子，是在边地弘扬佛法的七位达钦（དར་ཆེན་བདུན）之一，被誉为域域四大智者（མདོ་རོང་གི་མཁས་པ་མི་བཞི）之一，后被追认为今阿坝县格尔登寺第一世。参见东噶·洛桑赤列《东噶藏学大辞典》，中国藏学出版社 2002 年版，第 45—46 页；《达仓拉姆苟什德寺简史》（སྟག་ཚང་ལྷ་མོ་ཀིརྟི་དགོན་པའི་ལོ་རྒྱུས་མདོར་བསྡུས），载赞拉·阿旺、多尔吉、红音主编《嘉绒藏族研究资料汇编》，中国藏学出版社 2003 年版，第 395—401 页。

毗邻的多麦南部传法。但是传法举动遭到当地苯教徒的极力抵制和阻挠，双方发生激烈的教派冲突。《安多政教史》载，"该地区是本教的势力范围，于是与本教进行斗法，杀死了许多本教的掌门头目，说道：'并非心中存傲慢，为弘佛法乃出此，本教徒头作箭靶，前去迁移空行境！'"[1]。在嘉绒及毗邻的安多地区，阿旺扎巴主持修建萨果寺（ས་འགོ་དགོན་）、丹果寺（ཏ་མགོ་དགོན་）、松多寺（སྲུམ་མདོ་དགོན་）、扎西廓尔洛寺（བཀྲ་ཤིས་འཁོར་ལོའི་དགོན་）、察果达吉林等。特别是在吉纳巴和卓克基杰波南卡奔（རྒྱལ་པོ་ནམ་མཁའ་འབུམ་，1401—1447 年）的大力协助下，1414 年（藏历木马年）兴建的大藏寺隆主林（དཀར་དགོན་ལྷུན་གྲུབ་གླིང་），[2] 同吉纳巴在多麦南部修建的扎西隆主祖拉康（དཔལ་འབྱུང་མེད་ཀུ་ལའི་རེ་ད་ཁྲོད་བཀྲ་ཤིས་ལྷུན་གྲུབ་པའི་གཙུག་ལག་ཁང་，1412 年藏历水龙年）、若尔盖寺等，为 18 至 19 世纪格鲁派在嘉绒北部的进一步传播埋下伏笔。

但是总体而言，阿旺扎巴等的传法努力并不像藏文文献中记载的那样富有成效。当时修建的寺院大多属于山庙（རི་ཁྲོད་）或祖拉康（གཙུག་ལག་ཁང་）之类规模较小的庙宇，宗教影响力相对有限。而且，为缓和与消弭当地苯教势力的强势反弹和对抗，这些新建寺院被迫变相地予以妥协，或多或少在寺院中杂糅苯教因素。据说大藏寺塑造

[1] 智贡巴·贡却乎丹巴绕吉：《安多政教史》，吴均、毛继祖、马世林译，甘肃民族出版社 1989 年版，第 726 页。

[2] 达尔基、尕让他：《马尔康大藏寺概况》，《雪原文史》编辑部出版 2001 年版，第 3 页。

怙主神像时，为酬谢一位黑衣阿咱热游方僧塑像之功，形成布施时为阿咱热游方僧预留一份的定制。[1] 所言"阿咱热游方僧"即指四方游走的民间"黑教"苯教徒。因此，直到18世纪后期拉卜楞寺贡塘·丹贝准美（ གུང་ཐང་བསྟན་པའི་སྒྲོན་མེ་，1762—1823年）前往嘉绒北部的卓克基等地传法宣教时，发现"这里的人们和神祇都敌视佛法"，只是"比其他土司辖区，这里比较喜欢黄帽派，可能是堪钦阿旺扎巴的事业传统的继续"[2]。

然而，对于后世弘法者而言，堪钦阿旺扎巴在嘉绒北部披荆斩棘、克服重重困难的早期弘传佛法事业，并不只是单纯的传法行为，在很大程度上实已演化为佛教向嘉绒传播兴盛的象征和精神。阿旺扎巴在嘉绒地方原本微弱的宗教影响力，被后世代代不断的传颂和提升，乃至潜在的影响了阿旺扎巴出生地赞拉的小金川土司的宗教态度。1731年，当伏藏师桑吉林巴在昆珠扎巴等的陪同下，前往嘉绒进行墨尔多神山转山仪式时，他们先后受到革什咱、促浸和绰斯甲等土司的供奉和协助。同年藏历4月29日，当巡礼转山队伍抵达墨尔多雍仲崩资神山南面一处名为仲切尔古鲁穆（ གཡུང་དྲུང་དཀྱིལ་འཁྱུ ）的地方，即将进入赞拉境土时，赞拉土司（ བཙན་ལ་རྒྱལ་པོ་ ）公然反对桑吉林巴一行经过其辖地。昆珠扎巴不得不写信劝告和警示赞拉土司，宣称墨尔

---

[1] 智贡巴·贡却乎丹巴绕吉：《安多政教史》，吴均、毛继祖、马世林译，甘肃民族出版社1989年版，第727页。

[2] 同上。

多圣地的认定，对于苯教事业极为重要。桑吉林巴并非普通的苯教上师，他是为利众事业而在嘉绒旅行的，这应当是赞拉土司同上师桑吉林巴结为供施关系的绝佳机会，否则恶果将降临到嘉绒及百姓头上。最终赞拉土司予以允准。[1] 对于赞拉土司为何要阻扰桑吉林巴的转山之行，《桑吉林巴传》解释为最初恶人（ངན་པ）从中作梗，有意阻挠，赞拉土司（བཙན་ལྷ་རྒྱལ་པོ）才对转山者态度粗暴。[2] 但是作为大金川促浸土司的胞裔，小金川赞拉土司此后并没有依止亲近桑吉林巴等。昆珠扎巴与赞拉土司的关系也要相对疏远得多。

与嘉绒北部相比，格鲁派向坚定支持苯教的嘉绒南部绰斯甲、促浸和革什咱的渗透相当困难。直到第二次平定金川之役后，在清朝"兴黄抑苯"的策略扶持下，格鲁派才真正传入这些地区。赞拉土司地处嘉绒南部，对佛苯的宗教态度却表现得游移暧昧。明初，赞拉土司先祖"寺僧巴豪监藏及莽葛剌"最初以"金川演化禅师"身份接受明朝的职衔授封。"金川演化禅师"拥有固定的寺院和属地、信众，可能实行家族世系（གདུང་རྒྱུད）的法脉传承方式，属于典型的苯教世系家族。金川与瓦寺、绰斯甲等是 17 世纪以

---

[1] 南卡耶协：《仁增昆珠扎巴传》，*Swayambhunath, Kathmandu, Nepal*: Tritan Norbutse Bon Education Centre, 1990, pp.479-480。

[2] 《桑吉林巴传》（ སངས་རྒྱས་གླིང་པའི་རྣམ་ཐར ），*Swayambhunath, Kathmandu, Nepal*: Tritan Norbutse Bon Education Centre, 1990, Vol. iv, pp.50-51。

前苯教在嘉绒地方传播的中心。[1] 此时的"金川"涵盖清代的小金川赞拉和大金川促浸。不过,一份颇具争议的藏文文献声称,从 15 世纪初起,赞拉土司已屈服于佛教徒的改宗活动,转而信奉佛教。吉纳巴的传记中记载,赞拉土司曾迎请吉纳巴,调伏名为纳波图结(ནག་པོ་ཐུགས་འགྱེལ)的魔鬼,被杰波雍仲贝(རྒྱལ་པོ་གཡུང་དྲུང་དཔལ)尊奉为上师(གཙུག་གི་ནོར),并献上下部一块三角形的田地作为供养地。吉纳巴在赞拉寓居达一年之久。[2] 这可能同阿旺扎巴的传法活动有关。因为阿旺扎巴在其诞生地——赞拉境内的松多建造了一座格鲁派寺院松多寺。[3] 导致赞拉土司动摇苯教信仰的直接动因是一位名叫敦咱如达(དུན་ཚ་རུ་དྲ)的佛教支持者的蛊惑和煽动。他宣称苯教教法宣扬的并非真理,苯教祖师辛绕是一名外道徒。对此,著名的萨迦派高僧绒敦·释迦坚赞(རོང་སྟོན་ཤཱཀྱ་རྒྱལ་མཚན,1367—

---

[1]　[瑞]罗杰尔·格来特里斯:《明代嘉绒地区苯教的朝贡使团》,陈楠译,载王尧、王启龙《国外藏学研究译文集》第 15 辑,西藏人民出版社 2001 年版。

[2]　赞拉·阿旺措成、达热吉(དབྲ་རེ་སྐྱིད)、阿根(སྒོལ་དགར་སྐྱིད):《绒钦格登坚赞传记》(རོང་ཆེན་དགེ་འདུན་རྒྱལ་མཚན་གྱི་རྣམ་ཐར),载杨海青主编《阿坝州文史》第 28 辑《嘉绒察柯地区(马尔康)文化名人传集》,中国人民政治协商会议阿坝藏族羌族自治州委员会文史和学习委员会 2010 年编印,第 220 页。

[3]　《安多政教史》载,"小金地方的松多寺,察科·阿旺扎巴修建,中间一个时期曾衰败荒芜,后来由贡却意希跋角(དཀོན་མཆོག་ཡེ་ཤེས་དཔལ་འབྱོར)尊者建成静修院"。参见智贡巴·贡却乎丹巴绕吉《安多政教史》,吴均、毛继祖、马世林译,甘肃民族出版社 1989 年版,第 730 页。松多寺,后改名八角寺。有关松多寺的历史,参见雀丹《嘉绒藏族史志》,民族出版社 1995 年版,第 387—391 页。

1449 年）曾就赞拉土司改宗问题作过争辩。[1] 有趣的是，绒敦本人也来自赞拉。他最初是一位精通苯教教义的苯教徒，在前往卫藏求法后改从萨迦派，成为萨迦派历史上颇为重要的宗教人物。[2] 因而，自 14 世纪以后，嘉绒地方与其他藏区，特别是卫藏地区的宗教交流往来，既加深和推动了苯教事业的复兴和发展，同时也借助来自嘉绒地方的僧人将不同教派的宗教观念传回嘉绒，使前往卫藏求法的嘉绒僧人获得更多的教派选择。

无论如何，阻扰桑吉林巴一行的举动表明 18 世纪初的赞拉土司已经不再完全是苯教的追随者，而有转趋信奉佛教的动向。六世班禅贝丹耶协（པན་ཆེན་དཔལ་ལྡན་ཡེ་ཤེས，1738—1780 年）的传记对此有所印证：藏历木猪年（1755 年）11 月，赞拉（ཁམས་རྒྱལ་རོང་བཙན་ལ）敬奉佛法的臣属主仆 60 人谒见

---

[1]　Dan Martin, *Unearthing Bon Treasures: life and Contested Legacy of a Tibetan Scripture Revealer with a General Bibliography of Bon*, Leiden: Bril, 2001, pp.126-127. 绒敦驳斥了对苯教的诬蔑，声称苯教属于不受外道（Tīrthika）玷污的真正佛教传统。这份颇具争议的藏文文献名为《明辨苯波教法》（བོན་ཆོས་ཀྱི་རྣམ་པར་དབྱེ），由绒敦却结（རོང་སྟོན་ཆོས་རྗེ）撰写。绒敦却结正是绒敦·释迦坚赞。文献收录于阿旺却扎（ངག་དབང་ཆོས་གྲགས）《道果三现分三续·精华善语》（ལམ་འབྲས་སྣང་གསུམ་རྒྱུད་གསུམ་སྙིང་པོའི་ལེགས་བཤད）中。

[2]　绒敦于藏历火阴羊年出生在东方嘉莫欧曲吉兆之地（ཤར་རྒྱ་མོ་དངུལ་ཆུའི་འགྲམ་ཀྱི་ཡུལ་ཟངས་དཀི་མཚན），幼年从父苯教徒格郭杰波（གེ་གོང་རྒྱལ་པོ）闻习苯教教法，授章松戒，18 岁时赴卫藏求法，进入贝丹桑普勒乌托（དཔལ་ལྡན་གསང་ཕུ་ནེའུ་ཐོག）经院，自此皈依佛教。参见贝释迦却丹芝美勒比洛珠《尊者遍识善知识释迦坚赞贝桑布尊驾传记·稀奇信仰海》，载《绒顿·释迦坚参文集》，四川民族出版社 2008 年版，第 1 册，第 81—82 页。

六世班禅喇嘛，奉上供养。[1] 从昆珠扎巴的传记中，我们很难判断是否是因为昆珠的信函，还是其他的原因最终改变了赞拉土司的想法。考虑到 1731 年前后，小金川赞拉土司是当时嘉绒地方与杂谷土司并驾齐驱的两大政治力量，赞拉土司的决定应是颇具权威性的。不过在清初嘉绒政治局势剧烈变动的时代，小金川赞拉土司的权势基础依然是脆弱的。当遭受其他土司围攻或者侵吞邻封境土时，小金川土司时常需向雍正元年（1723）正式析分出的大金川促浸土司求援。所以，赞拉土司改变阻扰桑吉林巴一行的想法，或许是因扶持苯教事业的促浸土司说合所致。1766 年重建促浸雍仲拉顶寺，赞拉土司在被召集的嘉绒十土司之列，也说明因尊奉不同教派存有宗教异见之时，政治层面的考虑仍然是左右土司抉择的主要因素。

二　18—19 世纪嘉绒佛苯之争与土司关系

昆珠扎巴的嘉绒之行及其倡导的新苯传统，在很大程度上模糊了佛教与苯教在嘉绒地方民众观念中的差异性。新苯传统的主要人物米协多吉（ མི་འགྱུར་རྡོ་རྗེ）、桑吉林巴和昆珠扎巴等均试图将佛教传入藏区之初的早期代表性人物莲花生、益西嘉措和毗若杂那融入苯教历史传统的序列中，并巧妙地为其安排关键性的角色，仿效和借鉴佛教，特别

---

[1]　贡却晋美旺布：《第六世班禅班典益西传》（上），诺章吴坚整理，中国藏学出版社 2014 年版，第 189 页。

是宁玛派的某些重要教义思想和修习实践方法。这使得佛教与苯教在 17 世纪开始出现一股逐步合流的思潮和趋向，影响直至后世康区兴起的利美（ ，无分教派）运动。

14 世纪以来嘉绒地方与卫藏之间的宗教联系到乾隆平定两金川之役前变得更为广泛和紧密。嘉绒各土司也参与和推促这一宗教潮流的发展。依照当时的传统惯例，每届旧任土司去世，"死后用火葬，取脑袋骨"，迎送土司遗骸前往西藏喇嘛寺，又有每岁前赴西藏举行熬茶仪式的习俗。[1] 据《安多政教史》载，赤干阿旺索巴（ཁྲི་གན་ངག་དབང་བཟང་པོ་）早年前往卫藏求法时，曾于藏历木猴年（1764 年）与运送超荐梭磨女土司卓玛措（སྒྲོལ་མ་མཚོ）遗骸的人员结伴而行。[2] 乾隆二十六年（1761）促浸土司莎罗奔（即色勒奔细）去世后，其侄郎卡同样将其遗骸送往卫藏。乾隆三十五年（1770）郎卡病故后，新任土司索诺木照例遣人将遗骸送往卫藏。时值第二次金川之役爆发，迎送骸骨的喇嘛在返回途中被清军截获。据喇嘛雍中达赖四郎等供称：

　　　　大金川土司叫我们十一人送郎卡骨骸到藏里去，达

---

[1] 《汶志纪略》记，"每岁差酋长斋金帛，赴西藏送喇嘛寺，曰熬茶"。参见（清）李锡书纂述《汶志纪略》，嘉庆乙丑夏五月新镌，药石山房藏版。《蜀徼纪闻》载，嘉绒"人重佛教，尝遣人赴西藏礼达赖喇嘛，谓之熬茶"。参见（清）王昶《蜀徼纪闻》，张羽新校注，载《中国西藏及甘青川滇藏区方志汇编》，第 43 册，学苑出版社 2003 年版，第 328 页。

[2] 智贡巴·贡却乎丹巴绕吉：《安多政教史》，吴均、毛继祖、马世林译，甘肃民族出版社 1989 年版，第 705 页。

赖喇嘛的徒弟善仓有与大金川土司番子书,我们不认识字,不知说的是什么。我们自藏里来,喇嘛说叫我们回去有书带与土司。我们走在打箭炉就解到省里来的。达赖喇嘛与我们土司带的番经、药料,我们土司与喇嘛带的有三封银子,重一百五十多两,珊瑚珠子一串、铜花瓶一个、铙钹四副、银花瓶一个。喇嘛与土司带来的哈达、书子,给与我们两匹马,赏雍中达赖氆氇、马褂二件,此外再也没有什么别的东西。[1]

因史料匮乏,我们并不清楚促浸土司同达赖喇嘛之间交往的缘起及具体时间,但是僻处藏东一隅的促浸土司显然已意识到格鲁派强势崛起后卫藏政教格局的巨大转变及达赖喇嘛在整个藏区宗教权威的确立和稳固。这促使土司寻求同达赖喇嘛建立一种基于政治权威认可的关系,并借助迎送土司骨骸等时机维系同达赖喇嘛之间的交往。

到乾隆三十九年(1774)清军进逼促浸土司勒乌围官寨,战事已近尾声。促浸土司阶层很可能透过长期同卫藏地方的宗教往来关系,已对当时清朝同达赖、班禅喇嘛之间紧密的联系及卫藏地方的政治形势有所了解,故遣喇嘛达固拉僧格等赴藏,携寄致班禅、达赖、迪穆(即第穆)呼图克图的三封藏文信函,恳请达赖喇嘛等向乾隆帝呈禀

---

[1] 《喇嘛雍中达赖四郎等供单》,第一历史档案馆藏《军机处录副奏折》,时间不详,档卷号:7955—116,缩微胶卷号:589。

求请。[1]清军在革什咱地界盘获促浸所遣喇嘛，并意外获得一份达赖喇嘛早年发给促浸、赞拉两土司的藏文印信执照：

> 结垄一带的土司杂谷、瓦寺、鄂克什、木坪、绰斯甲布、巴底大小土司管百姓的，众人知道结垄促浸、赞拉土司投奔到我跟前来。我如今照看的勒乌围官寨、噶拉依官寨、僧格宗、擦子多一带地房屋、田地、山土、柴草、水、人，一总赞拉儿子郎卡汪札、札尔甲大头人墨藏温布等照旧的地方叫他们经营的，给你们的字样没有人糟蹋，没有人放夹坝，没有人发兵打你的，札尔甲头人们要安安静静。再，我信善的跟前来投奔做好事的人，你们都要照应。[2]

达赖喇嘛俨然以促浸、赞拉土司"保护者"的姿态和身份，向嘉绒地方各土司宣示土司和头人统治地方的合法性和正统性，劝令嘉绒各土司应各安生业，勿相袭扰。促浸、赞拉土司借助达赖喇嘛政教权威的作法，撇开了佛苯教派间的互竞与纷争，也极大澄清了以往学界认为嘉绒地

第三章　明清时期嘉绒藏族土司的宗教关系

---

[1]　西藏社会科学院西藏学汉文文献编辑室编辑：《平定两金川方略》，全国图书馆缩微复制中心 1991 年版，第 1643 页。

[2]　《译出达赖喇嘛先年给赞拉执照》，第一历史档案馆藏《军机处录副奏折》，档卷号：7989—104，缩微胶卷号：590。从藏文印信执照中出现"杂谷"，而非"三杂谷"来看，时间应在乾隆十七年（1752）之前。

方的佛苯关系只是纯粹的对立与矛盾的认识误区。[1]土司阶层的政治抉择也说明在格鲁派崛起后的强大政教影响背景下，嘉绒地方的土司已然无法忽视佛教日益扩大的影响力。在寻求政治权威庇护的过程中，佛苯之间的差异性暂被搁置一旁。

对宗派抉择的宽容和破除教派藩篱的认知，进一步助推了嘉绒地方僧人前往康区，乃至卫藏求取教法的宗教热忱。在第二次金川之役前，大量嘉绒僧人遵循前辈的传统作为，前赴后继地前往卫藏求法。赴藏求法是嘉绒僧人宗教位阶晋升的重要途径。清军将领就发现，"甲垄土司一带地方曾经受戒、称为喇嘛者甚少"，大多是"班第、沙弥"。[2]受戒喇嘛多属从卫藏求法归来者。僧人赴藏求法甚至受到土司的支持和协助。但是在金川之役前后，清朝加强了对嘉绒、康、卫藏与内地之间人员往来流动的监控力度。乾隆二十九年（1764）四川总督阿桂奏报：

查乾隆二十六年金川土司莎罗奔身故，据郎卡恳

---

[1] 徐法言：《走出"佛苯之争"的迷思——论第二次金川战役前金川地区苯教与藏传佛教格鲁派的关系》，《社会科学研究》2012年第3期。

[2] 西藏社会科学院西藏学汉文文献编辑室编辑：《平定两金川方略》，全国图书馆微缩复制中心1991年版，第1810页。直至晚近，喇嘛的数量仍远少于扎巴数量。松岗罗布林寺所属的44座分寺僧人数量：喇嘛211名，扎巴1035名。参见《阿坝藏族羌族自治州档案馆藏文档案选编》，阿坝藏族羌族自治州档案局（馆）编印2009年版，第34—35页。

114

请将莎罗奔骨殖送藏，并令喇嘛温布壬占噶等赴藏学经等情具禀，经原任督臣开泰允准委员护送赴藏，移咨驻藏大臣将该喇嘛等安插各寺庙学习经典等，因附折奏明在案。嗣于乾隆二十七年金酋未经滋事以前，据在藏学经之金川喇嘛索诺木伊什等三人以听经事毕，情愿先行回巢，准驻藏大臣转解来川，又经开泰等饬令回巢，亦在案。近准驻藏副都统富鼐等咨称，据在藏学经之金川喇嘛温布壬占噶等九名，以学经事毕，禀请回巢，相应咨解赴省，并据办理西藏粮员具报于四月十五日自藏起程等因前来。臣阿桂窃思金酋郎卡怙恶滋事，罪在不赦，其喇嘛温布壬占噶等九名自不应遣令回巢……即将温布壬占噶等多拨兵役，径行速押来省，除俟抵省后，暂令在成都昭觉寺安插看守……[1]

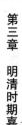

由土司出面需向地方官府申报请取路票，或直接由地方官府安排护送赴藏，移咨驻藏大臣安排入寺庙学经。待数载后学有所成，僧人需呈禀返乡，由驻藏沿途粮员具报，与川省官府联同消息。为严密封锁两金川地方，金川战事期间，学僧被禁止返乡，一律遣送内地寺院安置。仅乾隆

---

[1]　《奏为金川派赴西藏学经喇嘛安插问题请旨折》，乾隆二十九年六月十一日，台北故宫博物院图书文献处藏《宫中档奏折·乾隆朝》，资料号：403018028。

三十一年（1766）九月清军在打箭炉一次性拘获了赴藏学经的促浸喇嘛 10 余名。到战事结束时，清廷在西藏查获的来自大小金川的喇嘛多达 31 名。[1] 但是这些求法僧人大多数是赴藏学习苯教教法的。修法地可能是著名的苯教中心曼日寺。促浸著名的苯教喇嘛雍中泽旺（ᨾᨦᨦᨦᨦᨦᨦ，又称"独角喇嘛"或"都甲喇嘛"）就是在赴藏学习苯教教法十三四年后返归促浸，受到促浸土司阶层的信奉和尊崇的。雍中泽旺的两位叔伯兄弟逊卓木吹札木和尼玛萨木坦也是在卫藏学习的苯教教法。[2]

　　然而，佛教在嘉绒地方的传播依旧举步维艰，直到乾隆平定两金川之役后才大为改观。在第二次金川之役（1771—1776 年）的过程中，战事屡次受挫，顿止不前。乾隆帝逐步注意到当地宗教形势的复杂性及苯教势力在战事中潜在的影响力。依据前线将领的战报和格鲁派章嘉呼图克图若必多吉的协助，乾隆帝了解到在大小金川地区盛行的苯教实则有别于佛教。部分苯教僧人直接参与到战事中。都角堪布等"奔布尔喇嘛"被指控以擅长的"扎答"巫术和咒术滋端生事，同当地恶劣的天气暗合，引发本已士气低落的清军的恐慌心态。金川战事远已超出单纯的边

　　[1]　《查获促浸赞拉在藏喇嘛三十一名分别解京》，乾隆四十一年二月初六日，第一历史档案馆藏《军机处录副奏折》，档卷号：7993-22，缩微胶卷号：591。

　　[2]　冯明珠、庄吉发编：《金川档》，台北故宫博物院 2007 年版，第4433 页。

疆战事之外。对于民间巫术和超自然力量对清帝国安全潜藏的威胁，乾隆帝在此前已透过 1768 年江南"叫魂妖术"及 1774 年山东"王伦事件"有所戒备。[1] 在屡次斥责"奔布尔邪教"敢于助纣为虐后，乾隆帝赞同战后在两金川为中心的嘉绒地区广泛推行"抑苯崇佛"的策略，大力扶植格鲁派，令当地土司和民众皈依格鲁派，并摧毁当地大多数的苯教寺院。强行将嘉绒苯教大寺雍仲拉顶寺改宗格鲁派，更名为广法寺，由清朝直接钦派驻京格鲁派喇嘛，前往广法寺担任堪布。[2]

"抑苯崇佛"的策略以行政的强制手段改变了嘉绒地方以苯教为主导的宗教格局，将以广法寺为主要宗教据点的格鲁派势力直接引入嘉绒的腹心地带，名义上由广法寺统管整个嘉绒地方的宗教事业。首任堪布藏哇桑吉鄂赛（ གཙང་བ་བསམ་རྒྱས་ཨོད་ཟེར ）抵达广法寺后，积极传经说法，广招门徒，当时"正值本教的许多头目被法办，鬼魂作祟，地方遭殃，乃以护摩法予以息灭，对所辖各个寨落进行布置，使上述各个寺院弘扬圣·宗喀巴的事业"[3]。在战后嘉绒地方宗

---

[1]　孔飞力：《叫魂·1768 年中国妖术大恐慌》，陈兼、刘昶译，上海三联书店 2002 年版。有关 1774 年山东"王伦事件"中民间宗教的作用及清朝的态度，参见韩书瑞《山东叛乱：1774 年王伦起义》，唐雁群译，江苏人民出版社 2008 年版。

[2]　彭陟炎：《乾隆朝大小金川之役研究》，民族出版社 2010 年版，第 220—228 页。李涛：《试析大小金川之役及其对嘉绒地区的影响》，《中国藏学》1993 年第 1 期。

[3]　智贡巴·贡却乎丹巴绕吉：《安多政教史》，吴均、毛继祖、马世林译，甘肃民族出版社 1989 年版，第 729 页。

教形势的急剧转型中，原本唯苯教独尊的许多嘉绒土司不得不或多或少的接纳格鲁派，绰斯甲、布拉克底（即巴底）、巴旺等土司纷纷向清朝请求兴建佛寺，改奉格鲁派。[1] 小金四部之一的索南雅合（ བསོད་ནམས་ཡག ）由清政府委派达若阿贤（ དུ་རོང་ཨ་བཟན ）管理。其父阿若周塔（ ང་རོང་འཇུར་ཐར ）在 1775 年放弃苯教信仰，修建了狮子吉祥正法洲（ སེང་གེ་བཀྲ་ཤིས་ཆོས་གླིང ）。在僧格宗（ སེང་གེ་རྫོང ），阿若阿本（ ང་རོང་ཨ་འབུམ ）放弃苯教，改宗格鲁派，并修建寺院。因清政府在小金宗（ བཙན་ཕྱུག་རྫོང ）的遗址上派驻粮台府及军官等，使他们放弃了苯教的信仰，修建嘉杂林（ རྒྱ་ཚ་གླིང ）或称为弥陀寺（ མེ་རྡོ་དགོན ）。[2] 由此，嘉绒地方很快被纳入格鲁派在整个藏区构建起来的庞大的宗教网络体系中。乾隆末年任职绥靖屯务的李心衡在《金川琐记》中称，嘉绒地方"其有学业深邃者，辄远赴西藏，从班禅佛处博览群经。十数年后归来，便翘然自异，群以喇嘛目之，抗衡于土司酋长之列，徭役赋税俱捐免，亲戚朋党咸趋承恐后，不敢与抗礼"[3]。与金川之役前有别，两金川地方的僧人已由赴藏为求苯教教法，转为改宗格鲁派。嘉绒的僧人被定期选派前往卫藏格鲁派重要寺院深造佛法。因数量规模越来越大，甘丹寺、哲蚌寺和色拉寺甚至依照地域来源的差

---

[1]　中国科学院民族研究所、四川少数民族社会历史调查组编印：《金川案》（利）48《上谕各土司同归正教》，1963年版，第169页。

[2]　智贡巴·贡却乎丹巴绕吉：《安多政教史》，吴均、毛继祖、马世林译，甘肃民族出版社1989年版，第730、731页。

[3]　李心衡：《金川琐记》卷2，中华书局1985年版，第23页。

异，专设有嘉绒"康参"（ཁམས་ཚན），僧徒地域来源涵盖了整个嘉绒藏区。[1] 来自嘉绒的僧人喇嘛也逐渐在格鲁派中崭露头角，宗教影响力日益扩大，仅甘丹寺历任大法台中就有 7 位来自嘉绒（见表 3-1）。[2]

表 3-1　　　　　　　　　嘉绒的七位甘丹寺大法台

第六十二任	洛桑穆朗 （བློ་བཟང་སྨོན་ལམ）	嘉绒卓囊 （རྒྱལ་རོང་གི་གྲྭ་ཚང་）	1785—1791 年 （7 年）
第七十四任	洛桑伦珠 （བློ་བཟང་ལྷུན་གྲུབ）	察柯卓克基 （རྒྱལ་རོང་ཚན）	1843—1847 年 （4 年）
第七十六任	钦绕旺秋 （མཁྱེན་རབ་དབང་ཕྱུག）	嘉绒（རྒྱལ་རོང）	1853—1859 年 （7 年）
第七十八任	嘉木样丹却 （འཇམ་དབྱངས་དར་ཆོས）	嘉莫绒（རྒྱལ་མོ་རོང）	1861—1867 年 （7 年）

第三章　明清时期嘉绒藏族土司的宗教关系

---

[1] 格鲁派寺院最早的僧源划分依据是第司·桑吉嘉措的《格鲁派教法史——黄琉璃宝鉴》，但在此书中还没有出现嘉绒寺院的介绍和僧源的划定，这是当时苯教势力居主导地位的表现。参见且增遵珠《色拉寺嘉绒"康参"的地域性特点漫谈——兼谈甘丹寺、哲蚌寺嘉绒"康参"》，《贵州民族研究》2012 年第 2 期。

[2] 甘丹寺大法台（དགའ་ཤོག），又称甘丹赤巴（དགའ་ལྡན་ཁྲི་པ），在格鲁派中地位仅次于达赖、班禅。参见恰日巴·洛桑朗杰《历代甘丹赤巴略传》，西藏人民出版社 2008 年版，第 96、111—114、117—118 页。当然，两金川之役并不只是给格鲁派在嘉绒地方的传播和扩大影响提供了难得的时机。法国学者 Patrick Mansier 注意到，卷入嘉绒宗教纷争的并不只是苯教和格鲁派，噶玛噶举派等其他藏传佛教教派也或多或少参与其中。参见 Patrick Mansier, La Guerre Du Jinchuan (rGyal-rong)：Son Contexte Politico-religieux, *Tibet Civilisation et Société*, ed. by Fondation Signer-Polignac, Paris: Éditions de la Masion des sciences de l'homme, 1990.

续表

第八十二任	益西却培 （ཡེ་ཤེས་ཆོས་འཕེལ）	打箭炉（དར་རྩེ་མདོ）	1880—1886 年 （7 年）
第八十三任	绛曲南卡 （བྱང་ཆུབ་ནམ་མཁའ）	嘉绒（རྒྱལ་རོང）	1886—1890 年 （5 年）
第八十四任	洛桑措成 （བློ་བཟང་ཚུལ་ཁྲིམས）	嘉绒卓克基 （རྒྱལ་རོང་ཅོག་ཙེ）	1890—1896 年 （7 年）

格鲁派依靠清朝的扶植得以在嘉绒地方立足，但其传播的程度和范围及其宗教影响力依然有所局限。金川之役后宗教格局重建过程中格鲁派的发展主要限定于原来苯教氛围更为浓厚的嘉绒南部，而且嘉绒地方民间社会对格鲁派的宗教认可程度也是有限的。这主要是基于两大原因所致：其一，乾隆帝对格鲁派在嘉绒地方的扶持是有所保留的。再三思虑之下，乾隆帝拒绝了格鲁派屡次提出的由卫藏遣派高僧喇嘛主持嘉绒地方宗教秩序重建的主张，改由易于控制的驻京喇嘛担任。尽管清朝屡次下令禁绝苯教信仰，诸多禁令的严厉推行却主要是在清朝直接控制的大小金川地区进行的。其他顺服的嘉绒土司，特别是嘉绒北部地区的土司，并没有严格地强制执行，故苯教的势力仍居重要地位。之所以如此作为，乾隆帝的意图在于尊奉格鲁派的同时，防止格鲁派宗教势力在边疆要地过于膨胀，期

望以宁玛派、苯教的势力制衡和牵制格鲁派的发展，以利控制。[1]其二，嘉绒地方苯教势力在民间社会的影响仍不容忽视，对改宗格鲁派抵触极深。苯教所持的宗教信仰观念已深植于嘉绒民间。出于政治原因，强行改宗伴随的往往是佛、苯之间的暗中较量。据民间传说称，马尔康的格鲁派寺院喇嘛多次将苯教神像丢入河中，晚上又被苯教信众抬回供在庙内，对外公开宣称因苯教神祇不愿离开寺庙的缘故。在整个嘉绒地区，佛苯神祇共同被供奉，格鲁派和苯教喇嘛共处一庙、各行其事是颇为普遍的独特现象。[2]

尽管清朝"抑苯崇佛"策略的灵活运用默认保留和延续嘉绒的苯教势力，嘉绒地区原有宗教格局却在经受金川之役后的政教调整中被改变了。从 12 世纪起，先后传入嘉绒地区的宁玛派、格鲁派等教派的宗教活动范围主要是在嘉绒北部，即被称作察柯的地区。经过毗若杂那、察柯·阿旺扎巴的传法努力及其形成的宗教根基，佛教在当地的传播程度和影响力较在嘉绒南部要深入。佛教在嘉绒察柯地方的维持及其同卫藏、多康等地的宗教联系，主要依赖的是早期创建的少数宁玛派或格鲁派寺院。1732 年（藏历水鼠年）七世达赖喇嘛移驻道孚噶达惠远寺期间，"几位嘉绒察果寺僧人不辞艰辛，怀大信仰，前来朝拜，喇嘛为彼

---

[1]　Joanna Waley-Cohen, *The culture of War in China:Empire and the Military under the Qing Dynasty*, London·New York: I.B.Tauris Publishers, 2006, pp.62-79.

[2]　晏春元：《本波教起源地象雄为嘉绒藏区（下）》，《西藏研究》1989 年第 4 期。

等摩顶"。次年，七世达赖闭关结束后，又"接见嘉绒察果达吉林寺的喇嘛僧徒，并授所欲之法……自察果僧众来此到返回之间，喇嘛为彼等布施斋僧茶，恩赐额外奖品，做事佛法事，辞别时隆重送行"。[1] 故而嘉绒北部的佛教势力固然微弱，难以同苯教相匹敌，却也同革什咱、促浸、绰斯甲等嘉绒南部唯苯教独尊的局面有所区别。

　　佛教能够在嘉绒察柯地方初步立足，同当地政治势力的支持密不可分。8世纪毗若杂那初传佛教旧密法时，曾得到当地杰波多协纳波的协助。到15世纪初，察柯·阿旺扎巴前往嘉绒北部传播佛法时，据说又受到卓克基杰波南卡奔的暗中援助，在卓克基颇章以南建察果达吉林寺，在北面创建大藏寺。卓克基杰波扶助佛教源于王权以之同当地苯教势力抗衡。15世纪嘉绒北部，特别是马尔康一带的苯教势力庞大，权势凌驾于当地杰波之上，[2] 乃至得到明朝封授，被赋予统管当地政教事务的权力。宣德二年（1427），四川麻儿呕簇（即马尔康）的顺化喇嘛著巴让卜（马尔康寺苯教喇嘛）多次遣头目通事等前往内地朝贡。明朝设麻尔匝安抚司，"以剌麻著八让卜为安抚。麻儿匝簇在阿乐之地，去松潘七百余里。初，著八让卜时出侵掠边民及遮遏八郎安抚司朝贡。松潘卫

　　[1]　章嘉·若贝多杰：《七世达赖喇嘛传》，蒲文成译，中国藏学出版社2006年版，第109、112页。

　　[2]　马尔康县政协文史工作组编：《马尔康县文史资料·四土历史部分》，1986年版，第114—117页。

指挥佥事吴玮遣人招之，著八让卜向化。至是，遣其侄完卜至京贡献"[1]。到 18 世纪末 19 世纪初，随着甘南格鲁派拉卜楞寺势力向多康下部的扩展，嘉绒北部卓克基的佛苯之争愈演愈烈，渐趋白热化。

早在藏历水虎年（1722 年）6 月，梭磨土司曾颁布文令，宣布坐落在上壤口勒多甲格之地的江宫（ས་རང་སྐྱོང་ཐོག་ལུ་ལེ་མོ་དཀ་གྱི་）嘉西甲寺（བྱ་ཤི་བྱ་དགོན་）和曼扎拉寺（མཛལ་དགོན་）是由土司热忱供养和依止的分寺，"从今往后，外地牧民及果洛三部不论高低贵贱，势力强弱，任何人都不得对属于我供养的嘉西甲寺和曼扎拉寺进行抢劫、危害、偷盗等，更不得心生恶念"[2]。而在此前，寺院已由琼扎格登扎巴（ཁྲོ་རྫ་བ་དགེ་འདུན་གྲགས་པ་）遵照第一世嘉木样大师（华秀·阿旺宗哲贝桑布ཤར་ཚོ་དབ་དང་ངོ་འཛིན་གྲགས་དཔལ་བཟང་བ，1648—1721 年）的指示，改宗格鲁派，更名具乐法轮林（དགའ་ལྡན་ཆོས་འཁོར་གླིང་，即红原县江宫寺），归属于拉卜楞寺。[3]拉卜楞寺在第二世嘉木样久美旺波（འཇིགས་མེད་དབང་པོ་，1728—1791 年）时期政教事业获得极大发展，受卓尼土司的扶持，通过联结属寺的关系，

——

[1]　《明宣宗实录》卷 26，宣德二年三月，台北"中研院"历史语言研究所 1962 年校印本，第 673—674 页。

[2]　红音：《嘉绒藏族土司藏文档案的内容与价值分析》，《青海民族研究》2015 年第 3 期。

[3]　贡曲江措：《略说具乐法轮林寺历史右旋海螺之声》，谢芝译，红原县江宫寺管委会印 2010 年版，第 38—40 页；贡曲江措（དཀོན་མཆོག་རྒྱ་མཚོ）：《略说具乐法轮林寺历史右旋海螺之声》，红原县江宫寺管委会印 2007 年版，第 60—63 页。

将周边规模较小的格鲁派寺院或其他教派寺院逐渐纳入其宗教网络体系之中，影响力向南达至嘉绒北部。自二世嘉木样以来，拉卜楞寺的宗教领袖频繁地南下多康下部，嘉绒北部土司对之表现出极大的宗教热忱和敬奉。金川之役结束后不久，二世嘉木样在1778年（藏历土狗年）赴毛尔盖传法期间，受卓克基土司（ཚ་རྩེ་རྒྱལ་པོ）和大藏寺僧众的邀请，转赴嘉绒北部，向卓克基、松岗土司（ཟུང་འགག་རྒྱལ་པོ）及僧众加持灌顶，传授佛法。[1] 梭磨女土司卓玛措（སྒྲོལ་མ་མཚོ，1737—1757年）前去拜谒，接受讲传的所有经法，供养大量礼品。此后，梭磨女土司索南卓玛（བསོད་ནམས་སྒྲོལ་མ，1799—1814年）、卓克基土妇女索南措嘉（ཚ་རྩེ་ཕོ་བྲང་མོ་བསོད་ནམས་མཚོ་རྒྱལ）等多次迎请贡塘活佛、遍照尊者、大堪布森达等，以财物供养，虔诚尊敬。[2] 卓克基历代土司屡次尊奉历代嘉木样、贡塘活佛、森底堪钦和历世格尔登活佛为上师，并试图提升格鲁派在当地的影响和地位，但遭到苯教势力的强力抵制。据《安多政教史》载，卓克基土司为扩建才旺龙智土司和女土司雍仲拉姆修建的格鲁派丹达林寺（བཀྲ་ཤིས་གླིང），曾希望通过阿杂热本（ཨ་ཙ་འབུམ）游方僧，改变苯教信仰，因发生游方僧突然身亡之事，而未能实现。又载，"火狗年（丙戌1826年）苟什德洛桑丹白坚赞提供了维修

[1]　贡唐·贡却丹白准美：《第二世嘉木样协巴·久美旺布传》，甘肃民族出版社1990年版，第268—269页。

[2]　阿芒·班智达：《贡唐丹白卓美传》，甘肃民族出版社1987年版，第195—196页。

大经堂顺缘，并在山岗上修建了静修院。在这期间，交则（即卓克基——引者）的女土司才仁拉莫（ཚེ་རིང་ལྷ་མོ）笃信本教，他与本教的都哇（འདུལ་བ）喇嘛联合挑起了宗教战争。土鸡年（己酉1849年），为了寻求保护者，将寺院奉献给怙主尊者（三世嘉木样——引者）。铁狗年（庚戌1850年），向松潘太尊和察科派遣使者平息了争战。怙主尊者在阿坝居住期间，答仓寺院的一百余名喇嘛僧众，交则和达饶（ད་རོ）等三部落领着本教的都哇喇嘛到怙主座前，他自己提出愿意改宗格鲁派，乃予以出家，并授近圆戒"[1]。阿旺扎巴始建的大藏寺（即达仓寺院）因受到日益激化的佛苯之争冲击，先是附于格尔登寺之下，到卓克基女土司才仁拉莫与苯教都哇喇嘛挑起佛苯纷争冲突后，又不得不投入拉卜楞寺之下，归为属寺。嘉绒北部佛苯之间纷争程度之激化甚至引起清朝地方官府的注意，出面加以干预。

可以看出，对佛苯信仰的接纳和信奉，存在着个体土司的宗教信仰偏好。但总体而言，嘉绒北部各土司因地方政教形势所制，对佛教相对更为亲近。因与安多下部毗邻，嘉绒北部成为多康下部复杂的政教格局中的重要组成部分。在佛苯之间的漫长纷争中，嘉绒北部土司游移于佛苯之间的宗教态度，同嘉绒南部土司尊奉苯教的情形形成鲜明的对比，这影响了时人对嘉绒土司关系

第三章　明清时期嘉绒藏族土司的宗教关系

---

[1] 智贡巴·贡却乎丹巴绕吉：《安多政教史》，吴均、毛继祖、马世林译，甘肃民族出版社1989年版，第726、727页。

的判定。大小族姓之别是明代中原史家区分川西北族群的主要方式之一。对于大小族姓区分的依据，正统六年（1441）鸿胪寺通事序班祁全的解释是："松潘等处祈命等簇寨番人杂处，有大姓、小姓之分，僧教、道教之别。如国师商巴罗只儿监藏等，此道教为小姓；禅师绰领等，此僧教为大姓。"[1]"僧"、"道"之别源自明代川西北藏区本土社会固有的宗教观念。从汉藏文献记载来看，"僧教"所指为藏传佛教，而"道教"则指称藏区苯教及与苯教密切相关的民间宗教信仰。[2] 因而，如果考虑到明代董卜韩胡控制着大渡河上游地区的大小金川等嘉绒南部地区，而杂谷土司辖区主要限定于嘉绒北部，那么，15世纪董卜韩胡与杂谷土司之间在川西北的角逐，也暗含着当时嘉绒南北地方佛苯之间的较量。"僧教"大姓与"道教"小姓的区分方式，是从宗教信仰的视角对明代嘉绒地方董卜韩胡与杂谷两大政治力量关系的判定。

随着金川之役后格鲁派在嘉绒地方势力的扩大，强行改宗的宗教行为逐步激化了佛苯之间的紧张关系。各土司的不同宗教态度也可能潜在地影响到相互间的关系。因广法寺在嘉绒宗教地位的日益稳固及其影响的扩大，到19世纪后期，嘉绒南部地区反而成为格鲁派在嘉绒扩展宗教

---

[1] 《明英宗实录》卷 80，正统六年六月，台北"中研院"历史语言研究所 1962 年校印本，第 1590 页。

[2] 邹立波：《明代前期川西北"族姓"、边政与宗教关系》，《西南民族大学学报》2012 年第 5 期。

势力的策源地。马尔康苯教寺院改宗事件最具典型性。马尔康寺全称马尔康雍仲林（འབར་ཁམས་གཡུང་དྲུང་གླིང），据说是苯教上师穆辛尼玛坚赞（དམུ་གཤེན་ཉི་མ་རྒྱལ་མཚན）的居所。尼玛坚赞为后藏达尔顶寺辛氏成员，故马尔康寺追随和遵循了辛氏的宗教传统，是卓克基地方苯教势力的中心所在。到 19 世纪后期，一位卓克基土司的子嗣被认定为格鲁派甘丹寺第 74 任座主绛泽洛桑伦珠（བྱང་ཆོ་བློ་བཟང་ལྷུན་གྲུབ，1781—1847 年）的转世。洛桑伦珠也来自卓克基。通过认定土司世系子嗣为某高僧喇嘛的转世灵童，是当时格鲁派向嘉绒地方传播和渗透的有效和常见方式。转世的卓克基子嗣取法名钦绕丹巴坚赞（མཁྱེན་རབ་བསྟན་པའི་རྒྱལ་མཚན），后任广法寺堪布。1874 年，为在卓克基推行格鲁派，在改宗格鲁派的土司家族支持下，绕钦丹巴坚赞强制将马尔康寺改宗为格鲁派甘丹达尔吉林（དགའ་ལྡན་དར་རྒྱས་གླིང）。这是卓克基土司王权与苯教教权纷争的延续，直接导致追随格鲁派的察柯人同追随苯教的夏阔（ཤར་ཁོག，松潘一带）之间长期的武装冲突。后者试图挽救被改宗的寺院，但最终失败。这场冲突引起清朝的密切关注，为了对冲突的肇事者加以惩戒，清朝革除了卓克基土司恩波色的土职，改由绕钦丹巴坚赞兼任。[1] 以卓克基

---

[1] Samten G.Karmay,*Feast of the Morning Light: the Eighteen Century Wood-engraving of Shenrabs' Life-storied and the Bon Canon from Gyalrong*, Osaka: National Musem of Ethnology Osaka, 2005, p.4. 马尔康县政协文史工作组编：《马尔康县文史资料·四土历史部分》，1986 年版，第 124—127 页；建德·本周：《马尔康寺》，《马尔康文史资料》第 3 辑，政协马尔康县委员会编印 2001 年版，第 36—39 页。

为代表的察柯地区土司对佛教的扶助，不惜支持武力改宗的作为，在金川之役后嘉绒南部存留的土司中是难以见到的现象。

与察柯四土毗邻的绰斯甲土司在战事结束后，仍对苯教尊奉有加，是战后苯教势力中心之一。苯教大寺昌都寺不仅是土司世系子嗣出家为僧之处，教权皆由土司子嗣出身的囊索（ནང་སོ།，又译为郎松）掌控，是绰斯甲仅次于土司头人会议的政教事务决策机构，而且执掌和管理着土司辖境内苯教和藏传佛教各寺院的宗教事务。[1] 绰斯甲原同察柯四土同处于大渡河上游，绰斯甲下游多曲河和梭磨河汇合后为大金川，流经党坝的扎堆宗，所以民间有所谓的"上有察瓦三卡，下有绰、坝两地"（ཕྱ་ན་ཚ་བ་ཀ་གསུམ། མདོ་ན་འབྲོ་རྒྱ་གཉིས་ཞེས་པའི་ཡུལ་ཡིན་པའོ།）之说。[2] 但是绰斯甲同察柯四土关系并不融洽，史载，"杂梭党诸司舍与绰斯甲有隙，其部夷相猜疑，巴凹（杂谷地）与绰地隔河，渡用皮船，彼此贸易，必以所亲子女为质，曰放当头"[3]。究其缘由，与后文中我们所要探讨的绰斯甲同四土之间历史上长期以来的政治纠葛有莫大

---

[1] 雀丹：《嘉绒藏族史志》，民族出版社 1995 年版，第 339—340 页。

[2] 嘉木样扎赞（འཇམ་དབྱངས་བཀྲ་འཛིན།）：《勇武具力楞伽之寨》（འཇམ་དབྱངས་བཀྲ་འཛིན།），《阿坝州文史资料选辑》，第 3 辑，政协四川省阿坝藏族羌族自治州委员会文史资料委员会编，1989 年版，第 245 页。

[3] （清）陈克绳：乾隆《保县志》卷 8《边防志》，载张羽新《中国西藏及甘青川滇藏区方志汇编》，第 39 册，学苑出版社 2003 年版，第 384 页；（民国）冯克书：《理番县视察述要》，1964 年油印本。

关联，但鉴于宗教在嘉绒各土司政治生活中的重要影响力，我们也难以排除四土崇佛倾向同绰斯甲尊奉苯教之间宗教态度抵牾的因素。

三　司徒班钦与夏扎·扎西坚赞传记中嘉绒藏族土司的宗教态度及其关系

18 世纪是嘉绒地方宗教格局转型的重要时期。在 18 世纪前期，各教派在嘉绒地方竞逐相争，为吸引和争取各土司的支持，达成供施关系，扩大宗教影响力，而竞相奔走，呈现出土司与各教派关系繁杂的局面，穿插和勾连在各土司之间的关系网络中。18 世纪后期格鲁派强势兴起后，苯教势力受到抑制，也波及宁玛派、萨迦派等教派。强制改宗格鲁派的宗教行为，加剧了教派之间的紧张关系和冲突状态。嘉绒各土司依据当时的政教形势，开始在不同的教派之间做出选择，或兼容并包，或崇尊一教。但是自 14 世纪年美·协绕坚赞以来，嘉绒地方与多康及卫藏之间的宗教交流传统一直未曾中断过。各派高僧喇嘛应邀而来，穿梭往来于嘉绒各土司境土之间，在一定程度上折射出当时嘉绒各土司的宗教态度及其关系。其中，18 世纪德格八邦寺的司徒班钦却吉迥乃（ སི་ཏུ་པ་ཆེན་ཆོས་ཀྱི་འབྱུང་གནས，1700—1774 年）与 19 世纪德格杂廓（ རྫ་འཁོར）丁青寺的夏扎·扎西坚赞（ ཤར་རྫ་བཀྲ་ཤིས་རྒྱལ་མཚན，1858—1934 年）的嘉绒之行最具代表性。

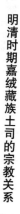

司徒班钦却吉祥迥乃是 18 世纪噶玛噶举派的重要宗教人物，兼有学者、文法家、画家、医药学家等多重身份，是德格八邦寺的创建者，噶玛噶举派三大转世系统之一的司徒第八世。生于德格的司徒班钦同德格土司关系密切，在土司资助下，刊刻了德格版藏文《甘珠尔》。1736 年（藏历火龙年）十二世噶玛巴和八世夏玛巴先后圆寂，司徒班钦成为当时噶玛噶举派的实际宗教领袖。司徒班钦的足迹遍及卫藏、康和云南等地，同丽江木氏土司交往甚密。[1]1743 年（藏历水猪年）藏历元月，应多康下部色柯沟哲嘎（ཚེ་དཀར）土官的邀请，司徒班钦抵达毗邻嘉绒北部的牧区，开始其长达月余的嘉绒之行。

在离开杜柯河下游后，司徒班钦前往察柯寺庙，受到卓克基、梭磨和党坝土司的盛大欢迎，先后为卓克基囊素、纳达（གནས་དག）囊素、梭磨土司白玛诺布（པད་མ་ནོར་བུ）、卓克基土司雅嘉（ཡ་རྒྱལ）及其母亲阿桑（ཨ་ཡུམ་ལ་བསང）、梭磨土妇卓玛（དབོན་མོ་སྒྲོལ་མ）和卓克基土妇（ཆག་ཙེ་དབོན་མོ）等作白无量寿佛法事，又为达官贵人和党坝土司作长寿灌顶等，之后又多次向卓克基土司等传授佛法。藏历 2 月初踏上返程，土司等随从相送，奉上厚礼，答应创建噶贡寺。藏历 5—7 月，司徒班钦为察柯囊素作禳灾祈福，会见来自嘉绒购

[1] Jackson, David Paul, *Patron and painter: Situ Panchen and the Revival of the Encampment Style*, New York: the Rubin Muserm of Art, 2009, pp.3-19. 通拉泽翁、杨健吾：《八邦寺暨历代司徒活佛》，《西藏民族学院学报》1989 年第 2 期。

买大藏经之人，并致函杜柯、察柯卓克基一带的信众。从此后至 1753 年（藏历水鸡年），嘉绒北部梭磨、卓克基等土司同司徒班钦有着断断续续的联系往来，互致信函和礼品。值得注意的是 1751 年（藏历铁羊年）藏历 9 月的记载，其时，"泽仁旺嘉（ཚེ་རིང་དབང་རྒྱལ）由嘉绒回到拉姆措湖边，司徒大师看过其带回的嘉绒地方书信后，获悉阿西扎·泽旺嘉被清军所杀和我方两位土司取胜的消息（རང་ཕྱོགས་ཀྱི་རྒྱལ་པོ་གཉིས་རྒྱལ་བའི་སྐད་ཆ་འདུག）"[1]。文中所言"阿西扎·泽旺嘉（འཇི་ཚེ་དབང་རྒྱལ）"，指汉文史料中的杂谷土司苍旺。两位土司应是卓克基和梭磨土司。泽旺扎嘉被杀之事指 1752 年杂谷事件。清代初年，杂谷土司桑吉朋以长子阿吉分守卓克基。次子良儿吉承继土司之职，往返于上寨松岗和下寨杂谷脑两地，故杂谷事件以前，藏汉文献所言松岗杰波与杂谷土司实是相同的。三子囊索沙加布分驻梭磨。各部皆听从杂谷土司调遣。但是卓克基与梭磨的政治地位因清朝的封授职衔而逐渐提高，与杂谷嫌隙渐深，终致杂谷土司为清朝征剿覆亡。[2]

从司徒班钦自传记载的语气来看，他将泽旺扎嘉同卓克基、梭磨两土司是明显区分对待的，并以"我方"（རང་ཕྱོགས）将自身同卓克基、梭磨两土司归为同类。这或许是因

---

[1] 噶玛降泽编：《司徒班钦文集》，四川民族出版社 2014 年版，第 14 册，第 211—217、313 页。

[2] 李涛：《试论清代乾隆年间的杂谷事件》，《西藏研究》1992 年第 1 期。

杂谷与他在嘉绒的两位主要施主当时所处的敌对关系所致。由司徒班钦在嘉绒的行程看，主要是在嘉绒北部从事宗教活动，且与当地主要土司皆有供施关系。各土司协助其在嘉绒北部建寺讲经。位于今天黑水木苏乡的噶举派寺院西巴寺就是由司徒班钦倡议，梭磨女土司资助所建，[1] 但是唯独松岗（即杂谷）土司不在此列。

有关这一时期松岗土司的宗教信仰，《安多政教史》载，"臧苟（ཙང་འདག）峡土司寨落朋措宗（ཕུན་ཚོགས་རྫོང）由历世土司管辖。才旺扎巴（ཚེ་དབང་གྲགས་པ）土司虽政教学识渊博，但受到皇帝的惩处被杀。在吉保瑠吾林（ཅུ་བོས་རུ་ལིང）寺院，有该土司建立的时轮及胜乐的立体坛城，极为神奇"[2]。才旺扎巴即泽旺扎嘉或苍旺。与司徒班钦传记相比，智贡巴的叙述语气要中肯得多。他认可泽旺扎嘉在政教事业上所做的贡献，吉保瑠吾林（或作ཆུ་བོས་རུ་ལིང）的时轮及胜乐的立体坛城为其明证。吉保瑠吾林寺由泽旺扎嘉扩建，或言由其创建。不过，在泽旺扎嘉统治时期，该寺并非格鲁派或噶举派寺院，而是属于觉囊派。

觉囊派于13世纪由弥觉多吉始创，14世纪后期传入多康下部，先后建立曲尔基（ཆོས་རྗེ）、藏哇（གཙང་བ）和策卜

---

[1] 燕柏松、雀丹：《阿坝地区宗教史要》，成都地图出版社1993年版，第401页。

[2] 智贡巴·贡却乎丹巴绕吉：《安多政教史》，吴均、毛继祖、马世林译，甘肃民族出版社1989年版，第728页。中译本注"才旺扎巴"为小金川土司泽旺，被杀之事指乾隆金川之役，有误。

居（ཆོས་བདེ）三寺，与嘉绒北部毗邻。到 16 世纪，觉囊派的势力达至顶峰。曲尔基二世杰瓦僧格（རྒྱལ་བ་སེང་གེ，1508—1580 年）被明朝册封为大善法王。据称，当时曲尔基"寺院僧人超过万人，分寺有一百一十三所，佛塔一百一十三座，寺院的田地广大。佛教施主有大皇帝、蒙古永谢布、蒙古族、丽江土司、赞拉、绕丹王等各大法王恭敬、供养、服侍寺院"[1]。杰瓦僧格敏锐地察觉到 15 世纪初兴起的格鲁派迅速崛起，藏区的宗教格局正在悄然发生巨大变化。为调和同格鲁派的关系，确保觉囊派的发展，杰瓦僧格遂将察柯·阿旺扎巴之侄曲扎嘉措（ཆོས་གྲགས་རྒྱ་མཚོ）过继为侄，委任其代理主持曲尔基寺。[2] 觉囊派在多康下部的宗教影响力不久引起杂谷土司的注意。

早在泽旺扎嘉（即苍旺）的曾祖父桑吉朋（1571—1615 年）时期，杂谷土司已同觉囊派结为供施关系，在嘉卡（今理县）建立扎西林寺。到泽旺扎嘉之父完德加（即汉文史料之板第儿吉）时，又迎请藏哇寺藏巴阿旺南杰传授佛法，奉为上师。泽旺扎嘉被认为是觉囊派至尊多罗那他所预言的自己将要化身的法王，拜藏巴阿旺南杰为师。在兼奉宁玛派的同时，泽旺扎嘉虔信觉囊派，创建曲普罗

---

[1]　阿旺洛追扎巴：《觉囊派教法史》，许得存译，西藏人民出版社 1993 年版，第 80 页。

[2]　余万治、阿旺：《大善法王曲尔基二世活佛杰瓦僧格》，《西南民族学院学报》1990 年第 2 期。

布林寺，建时轮、黑色胜乐传规的立体坛城，刻印觉囊巴
更钦笃补巴全集和本生传记等。关于泽旺扎嘉之死，《觉
囊派教法史》载道：泽旺扎嘉政教业绩至伟，"但是，某
个时候有一个邪恶者在成都府总督前面诬告他，总督不加
查明地进行处罚，（他被冤枉处死）死时血变为奶，天空被
彩虹覆盖，显现许多奇兆"[1]。可以看出，觉囊派喇嘛是以
一种惋惜、怜悯的方式表述泽旺扎嘉之死。他的冤死被神化，
赋予佛教惯常的吉兆书写方法。

在司徒班钦的笔下，泽旺扎嘉是以施主卓克基、梭磨
敌对者的面貌出现的。这是对当时土司政治关系的直观描
述，也是对信奉噶举派土司的认同表态。觉囊派则美化和
神化了泽旺扎嘉之死，以超自然力量的表现手法展现觉囊
派对泽旺扎嘉在宗教事业上种种作为的认可。于是，不同
教派喇嘛书写的历史反映出嘉绒各土司不同的宗教信奉，
及以宗教的笔法表现出的土司关系。

与司徒班钦在18世纪上半叶的嘉绒之行有别，当近代
苯教大师夏扎·扎西坚赞踏足嘉绒地区时，金川之役已是
百余年前的往事，因而扎西坚赞有关嘉绒之行的记载是对
清末嘉绒土司宗教信仰状态及其关系的写照。夏扎·扎西
坚赞是近代最著名的苯教大师和最重要的苯教学者。他在
苯教理论创新和修行实践方面，吸纳佛教理论和实修经验，

---

[1] 阿旺洛追扎巴：《觉囊派教法史》，许得存译，西藏人民出版社
1993年版，第80—81页。

134

促成佛苯间的融合，对近世藏区苯教事业影响极深，同昆珠扎巴一样也被视作新苯的代表人物。[1]据扎西坚赞弟子扎敦·格桑丹贝坚赞（དད་བློ་བསམ་བཟང་བསྟན་པའི་རྒྱལ་མཚན，1897—1957年）撰写的传记称，应嘉绒绰钦土司（ཁྲོ་ཆེན་རྒྱལ་པོ）的邀请，在阿坝扎西切寺（ང་ཞོངས་བཀྲ་ཤེས་འཁྱིལ）驻锡已久的扎西坚赞决议前往嘉绒之地(རྒྱ་རོང་གི་ཡུལ)。扎西切寺喇嘛恭送大师至卓克基(ཅོགས་རེ)境内，"与从绰钦远道而来迎请大师的臣属及其随从一起，经察柯地区向绰钦地方进发。途中受到察柯地方的两座苯教寺院僧人仪仗队的夹道欢迎"[2]。到绰钦颇章珠莫宗（ཕོ་བྲང་ཆེན་པོ་འབྲུག་མོ་རོང）后，依照年美大师所授仪轨，为土司拉旺诺布（ལྷུ་དབང་ནོར་བ，即拉旺纳尔武）夫妇及其眷属作灌顶仪式，并告诫土司应肩负起当时已衰落的白帽苯教之法的重任。不久，巴底女土司泽旺拉姆（ཚེ་དབང་ལྷ་མོ）抵达绰钦，恳请扎西坚赞前往巴底各地讲经赐法，接着应邀去往冷边土司地界，又应绰钦周山甲贡寺（དུག་ཇར་ལྷགས་མ་མགོན）之

---

[1] 法国苯教学者 Achard、Jean-Luc 认为，夏扎·扎西坚赞实际上兼有新苯和外苯（如雍仲苯）两种教法传统。参见 Achard, Jean-Luc, " Kun Grol Grags pa and the Revelation of the Secret Treasury of the Sky Dancers on Channels and Winds-an Inquiry into the Development of the New Bon Tradition in Eighteenth Century Tibet" , *Tibet Journal*, Vol. 30, Issue 3, Fall 2005。有关夏扎·扎西坚赞的简介，参见才让太、顿珠拉杰《苯教史纲要》，中国藏学出版社 2012 年版，第 275—280 页。

[2] 扎敦·格桑贝丹坚赞：《夏尔杂·扎西坚赞传》，中国藏学出版社 1990 年版，第 295 页。夏扎·扎西坚赞的嘉绒之行时间应在 1910 年（藏历铁狗年）之后。

第三章　明清时期嘉绒藏族土司的宗教关系

135

请前往，之后抵达昌都罗布林寺（ཚ་མདོ་རོ་བུའི་གླིང་）、格乌仓僧格央宗（གེའུ་ཚང་སེང་གེ་ཡང་རྫོང་）、甫都寺（ཕུ་དུད་དགོན་）、聂希寺（ཉེ་ཤུ་དགོན་）等地。在多钦寺（མདོ་ཆེན་དགོན་）期间，又应大施主巴底已故土司根噶旺丹（ཀུན་དགའ་དབང་ལྡན་ 即附录之根卡汪绪）土妇母子邀请，再次抵达巴底。土妇母子"将大师请入土司颇章之经堂，高坐于显示土司权威的座位之上"，在巴底行利众法事后，来到丹巴（རང་མི་བྲག་མཁར་），之后至革什咱下部夏多尔德钦林寺（དགེ་བཤེས་སྒྲུང་རྡོ་བདེ་ཆེན་གླིང་）和革什咱上部伦珠巴林寺（དགེ་བཤེས་རྫོ་ནས་དགོན་ལྷུན་གྲུབ་དཔལ་གླིང་），又为已故革什咱土司亡灵作超荐法事，在俄热寺（ཧྲང་རུ་དགོན་）遇到前来求学的绰钦泽旺却珠（ཚོ་དབང་མཆོག་གྲུབ་），最后离开嘉绒转往阿坝宗柯。[1]

从传记记载看，夏扎·扎西坚赞嘉绒之行的主要路线是：阿坝—绰钦—巴底—冷边—绰钦—巴底—丹巴—革什咱—阿坝，行程多半是受到嘉绒各地土司或苯教寺院的邀请。若与百余年前司徒班钦的行程路线相比较，扎西坚赞的活动范围主要在嘉绒南部，而司徒班钦则在北部。

对比 18 世纪前期昆珠扎巴在嘉绒的宗教活动，除金川之役后宗教格局被改变的两金川地区外，扎西坚赞的活动区域基本是同昆珠扎巴相似的。这说明：其一，经过近两百年跌宕起伏的历史变迁，一些嘉绒土司的宗教信奉心态并未发生根本性的变化，绰钦、巴底、革什咱仍对苯教尊

---

[1] 扎敦·格桑贝丹坚赞：《夏尔杂·扎西坚赞传》，中国藏学出版社1990 年版，第 295—323 页。

奉备至；其二，扎西坚赞在行程中经常需要穿行于卓克基等其他土司境土内，除同当地的少数苯教寺院有交往外，与土司基本无瓜葛。但宗教人士的流动在当时的嘉绒地方各土司之间是自由通畅的，即便是迎请宗教上师的队伍也可出现在其他土司境土之内，而不受到过多的干预。这表明在当时，嘉绒各土司虽宗教信仰有别，对其他土司的宗教信奉及不同教派上师是尊重，而持各行其道的态度。

因藏文文献记载重宗教史实、轻政治事件，重宗教人物活动、轻世俗权威行为的局限，要对嘉绒各土司之间的宗教关系作全面完整的展现，是颇为困难的事情。通过结合汉文文献的相关记载，我们试图还原明清时期嘉绒地方各土司宗教态度及其对相互关系影响的历史图景。通过将这些片段场景的连缀和综合，我们会发现，明清时期嘉绒各土司宗教关系的特点大致可体现在以下三点：其一，嘉绒各土司在佛苯之间的宗教选择上存在着一个长时段的延续性。因金川之役及清朝宗教策略的影响，嘉绒地方的宗教传统出现断裂和变动，但嘉绒土司的宗教信仰状态却可寻求一些具有延续性的脉络，即在嘉绒北部佛教的影响相对较早和较深，而在嘉绒南部苯教的势力影响根深蒂固。直到清末，当地多数土司仍崇奉苯教。这一特点也影响到明清时期中原史家对嘉绒地方人群划分的认识。其二，嘉绒各土司的宗教信仰及其内在关联是同卫藏、多康等外界的宗教环境息息相关的。自 14 世纪以来，嘉绒地方宗教格局的变迁，深受其他藏区的深刻影响。各土司亦不断受到来自不同藏区的宗教信仰的熏陶和濡染。所以，从卫藏、康区东传的藏文化影响可在嘉绒土司宗教信仰及其关系中得到侧面的反映。其三，嘉绒各土司的宗教关系是隐性的。也就是说，宗教信仰并不是影响嘉绒土司之间现实关系的主导因素，其背后常常隐含着错综复杂的政治因素。土司之间的政治冲突和纠葛，透过藏族传统学者之手，往往以宗教的面貌将之遮掩起来。因而要对土司之间现实政治关系作一深入透视，唯有在此基础上，大量运用汉文文献来解读分析了。

第四章 明清时期嘉绒藏族土司的政治关系

　　以往对土司问题的研究往往偏重探讨土司制度或中央王朝与土司之间的交往互动。的确，对于明清时期多族群、多文化的西南边疆而言，区域社会的变迁同中央王朝对边疆的开拓与治理密不可分。典章制度的研究对阐释土司制度是不容或缺的。但是从上而下的解读视角容易将复杂的历史场景简单化，落入中原中心史观的研究圈套，而忽视了来自西南边疆社会的多重声音。近年来，不少学者从事边疆区域社会史的研究，日益将土司视为衔接中央与边疆之间的纽带，关注边疆社会变迁同土司制度之间的内在关系。"向下的眼光"启示我们需要尝试从多角度理解和认识土司问题。当着眼于边疆视角时，土司制度就不再只是中央王朝设置在边疆地区的特殊行政制度，它的产生和运作机制同边疆社会文化环境有着千丝万缕的联系。在面向边疆社会时，土司延续或改变着已有或新创的政治逻辑和运作模式。本章试图以本土视角，考察明清时期嘉绒藏族土司之间的复杂政治关系，并将之置于嘉绒地方的传统社会文化框架内，分析影响土司政治关系变化的主要因素和内在动力。

第一节　嘉绒藏族土司的传统政治关系模式

嘉绒位于青藏高原东缘，北部毗邻安多下部丘状高原，地势相对平坦，由此向南逐渐过渡为高山峡谷区域。故境内沟壑林立，河流湍急，重峦叠嶂，海拔高差千余米。交通往来颇为不易。明清时期，嘉绒地方各"部落毗连，犬牙相错"，地域偏狭，民户无多，各自"分疆而守，若天有以限绝，使不得兼并者"。[1] 因地理环境的隔绝，各政教势力颇为分化而又相对独立。嘉绒地方属于典型的高山峡谷地貌，自然环境恶劣，硅步皆山，地类荒僻，物产不丰。可耕之地不多，"是以一家所种，不足供一家之食，必得酒糟、荞壳及圆根等物，藉以糊口，始略敷一岁之需"[2]。每届冬岁，无以为计，番人不得不相携赴成都、重庆等地当佣工谋生，以资生计，俗称"下坝"。严重短缺的自然资源往往成为各方势力激烈争夺的主要对象。

在嘉绒土司统治的传统社会制度下，土地是维系土司

---

[1]　（清）李心衡：《金川琐记》卷2《入金川路》，中华书局1985年版，第11页。

[2]　（清）方略馆纂：《平定两金川方略》，全国图书馆文献缩微复制中心1991年版，第1415页。

统治体系的主要资源。土司拥有土地的所有权，将土地分配给百姓，令百姓定期上粮当差。普通百姓是同土地绑定在一起的。每户百姓需从土司处领种差地，建造房屋。前提是承担认纳粮赋差役之责。通过家屋、房名承袭的传统家庭继嗣方式，一代代传承延续，罔替不断。[1] 家屋是传统社会的基本组织形式，同土地和赋役制度紧密结合。人口资源和土地资源互为表里，相辅相维。依照当地习俗，一旦土司之间起纷争时，兵出于民，按户派出，粮饷武器皆民自备，而取之于差地。人口和土地遂成为制约和影响土司实力至关重要的因素。乾隆四年（1737）杂谷与小金川互争必色满案中，四川巡抚布政使方显对嘉绒地方局势的观察可资为证：杂谷"户口约十余万。金川紧接杂谷，户口不过数万。杂谷素惮金川之强，金川则畏杂谷之众，彼此箝制"[2]。对于土司间纷争冲突之事，嘉绒地方民众基于地方社会视野有其自身的认识。诚如第二次金川之役过程中被俘的番人多次供言，金川土司之所以侵扰邻封，"想来他的主意不过是要逐渐吞并，多得些地方，就多收些粮食，

---

[1]　林耀华：《川康嘉戎的家族与婚姻》，载《民族学研究》，中国社会科学出版社 1985 年版；陈永龄：《四川理县藏族（嘉戎）土司制度下的社会》，载《民族学浅论文集》，台北弘毅出版社 1995 年版；凌纯声：《中国边政之土司制度（中）》，《边政公论》1944 年第 3 卷第 1 期。

[2]　《清高宗实录》卷 105，乾隆四年十一月下，中华书局 1986 年影印本，第 580 页。

第四章　明清时期嘉绒藏族土司的政治关系

又多些百姓可以使唤"[1]。乾隆《保县志》亦称，各番"以呐喊劫掠为主，所重在于抢夺人畜，以重价以要赎，不轻杀也"[2]。因而，嘉绒各土司纷争的原初动机是比较单纯和务实的。在资源相对贫瘠的嘉绒地方，各方势力要在角逐中求存，尽可能地争夺资源为其第一要务。土地、人口资源尤属关键。

为实现此目的，嘉绒土司之间常因琐事而起纷争。强者借机侵吞弱者的境土，掠其民人。在日常政治生活中，嘉绒土司无力也没有维持一支常备军的传统习惯。土司之间平时常因小团队式的"放夹坝"（即抢劫过往行人财物为生者）袭扰而摩擦不断。战事爆发时，兵皆出于民，按户派出。百姓自备武器和粮饷。故大多数纷争战事是小规模、区域性、季节性和短暂性的，集中发生在盛夏时节。战事常因寒冬的降临或交战双方的媾和盟誓而终结。[3] 在纷争不已的乱局中，嘉绒各土司间的关系颇为复杂微妙，"每因眦睚之忿，即起争端，或亲族之微嫌，或疆界之错杂，互相倾陷，至于仇杀

[1] 冯明珠、庄吉发编：《金川档》，台北故宫博物院 2007 年版，第 4413 页。

[2] （清）陈克绳：乾隆《保县志》卷 8《边防志》，载张羽新《中国西藏及甘青川滇藏区方志汇编》，第 39 册，学苑出版社 2003 年版，第 386 页。

[3] Roger Greatrex, A Brief Introduction to the First Jinchuan War (1747-1749), *Tibetan Studies, Proceedings of the 6th Seminar of the International Association for Tibetan Studies*, 1992, vol.1, Per Kvaerne(eds.), Oslo: The Institute for Comparative Research in Human Culture, 1994, pp. 247-263.

攘夺，数十年不解"[1]。到清初，各土司之间最为重要的联结方式是通过联姻，扩展其权力关系网络，借结盟者之势，扩充实力和影响力，达到政治目的。[2]势力强弱是影响土司之间关系的重要因素。各土司依大小强弱划分其政治地位。为求生存，弱小土司被迫约盟起誓，成合纵之计。但是在合纵连横的乱局中，弱小土司往往是纷争中最终的牺牲品，难以逃脱被吞并的厄运。强者通过兼并邻封，逐渐成为区域性的一统政权。譬如杂谷土司受封于明代永乐五年（1407），是明王朝鉴于川省保县（今理县）僻处极边而特设，以之抚辑古维州（今理县薛城镇）诸处蛮夷。[3]起初，杂谷土司辖地不过五百里。明代后期杂谷势力逐步崛起，不断开疆拓土，先是攻取达思蛮长官司地，清初先后吞并杂谷脑河流域的九子、龙窝、孟董等寨，及打喇土司、八稜碉土司及松岗司格立土舍、党坝土舍等地，境土遂"东至保县之通化里，西至党坝，绵亘一千余里，地广人众，号称大酋长云"[4]，基本控制川西北嘉绒藏区北部。

不过，此类区域性政权一统局面的维系并不牢固和长

[1]　（清）方略馆纂：《平定金川方略》，全国图书馆文献缩微复制中心1991年版，第421页。

[2]　曾穷石：《清代嘉绒地区土司的婚姻初探》，《西藏大学学报》2004年第4期。

[3]　（清）张廷玉等：《明史》卷331《西域三》，中华书局1974年点校本，第8595页。

[4]　（清）陈克绳：乾隆《保县志》卷8《边防志》，载张羽新《中国西藏及甘青川滇藏区方志汇编》，第39册，学苑出版社2003年版，第377页。

久。境域内地理阻隔，差异明显的地方文化及政治结构的缺陷易造成统治体制的结构性松散。土司统治模式建基于世袭等级制和分权式的政治架构。土司继嗣原则为世袭的双系制。土司子女皆有权力继承土司之职，但长子拥有优先继承权。土司后裔中未承继土司职位的男性，因与土司同出一脉，血统尊贵，被称为"土司根根"，或招赘于其他土司，或留为土舍。土舍即"未授职于朝而土司兄弟分地世守"者。[1] 土舍权势一般高于土司下属的大头人。依据境域的地理区划及传统习惯，土司驻于主官寨。境土被划分作若干政治板块。每一板块由土舍或世袭大头人统管，分驻于子官寨内。如卓克基辖地南部的百姓务农，北部则赖畜牧，"是以南北二部之人民，生活习惯亦各相异，"故分作三大垄巴（都甫、茶堡、大坝）和六个牧区部落（绒日、查龙、斯迦窝、查日玛、希佐和日阿木多），即四大笼坝，各以头人管辖。[2] 土舍或大头人在辖区内拥有极大的自主统治权限。辖境百姓可不向土司上粮。土舍或大头人可协助土司谋划处理全土事宜。土舍或大头人受命于土司，但权势庞大。诚如民国时期陈永龄所言，"头人亦皆世袭，其与土司之不同者，即所辖部落土地较小，且在昔日未得清廷之封号耳"[3]。分权式的政治模式造成土司权力的严

---

[1] （清）陈克绳：乾隆《保县志》卷8《边防志》，载张羽新《中国西藏及甘青川滇藏区方志汇编》，第39册，学苑出版社2003年版，第377页。

[2] 刘恩兰：《理番四土之政治》，《边政公论》1948年第7卷第2期。雀丹：《嘉绒藏族史志》，民族出版社1995年版，第181—185页。

[3] 陈永龄：《四川理县藏族（嘉戎）土司制度下的社会》，载《民族学浅论文集》，台北弘毅出版社1995年版，第365页。

重分化。尤其是清朝统治在东部藏区深入和强化之前，分驻土舍于各地的现象颇为普遍。土司对各土舍的控制力度相对薄弱。权力分化对土司辖境一统和权力稳固的威胁更为严峻。

土舍或大头人阶层往往与土司之间保持着若即若离的政治联系。土舍的分立同嘉绒传统的继嗣原则密切相关。这一继嗣原则的传统是导致土司权力分散和资源分割的主要原因之一。依照嘉绒传统的家庭继嗣原则，家屋的继承仅限于一子或一女，其他子女或出嫁入赘，或入寺为僧。土司阶层也不例外。土司子女对家屋（即官寨）的承嗣预示着继承了附着于家屋之上的一切权力和地位，掌握着统治辖境土地民人的支配权。[1]对于其他子嗣，父辈土司令其以土舍的身份分守地方、世守其地。即使入寺为僧者，亦以驻地邻近数寨附之。明清之际杂谷土司的事例最具典型性。杂谷土司桑吉朋生三子，长子阿吉分地驻于卓克基。因桑吉朋之妻进言，次子良儿吉承袭杂谷土司之位，驻于松岗。三子囊素沙加布（ཨྠག་སར་སྐུ་）分驻梭磨。另有见那达土舍，为杂谷土司兄弟为僧者，即囊素。所居之地茶堡山见那达附近寨落隶之。党坝亦为杂谷土舍。各土舍皆"听

---

　　[1]　林耀华：《川康嘉戎的家族与婚姻》，载《民族学研究》，中国社会科学出版社1985年版。嘉绒传统的家屋继嗣原则对土司承嗣的影响较突出的表现是，不少嘉绒土司名称的藏文称谓来源于房名（即家屋名）。如明正土司在当地被称作"嘉拉甲波"（རྒྱལ་ལ་རྒྱལ་པོ）。"嘉拉"是明正土司的房名，源于某一苯教神祇之名。参见任新建《明正土司考略》，《西南民族学院学报》1985年第3期。

明清时期嘉绒藏族土司关系研究

杂谷调遣，四分其众，杂谷应其二，梭磨应其一，竹克箕与朗松共应其一"[1]。梭磨土司和卓克基土司均在清初由杂谷分出。松岗土舍原同桑吉朋次子良儿吉为姻亲。松岗被杂谷吞并后，成为杂谷土司的主要官寨驻地。故嘉绒地方民间有"梭磨是土司的内部司库，卓克基是管家，松岗是侍卫，朵鲁是厩吏"的说法。[2] 至乾隆十七年（1752）杂谷土司苍旺为清朝剿灭后，以梭磨土司勒尔悟之弟根濯斯加，即苍旺再从兄弟，授松岗长官司职衔，承袭杂谷旧业。因而，杂谷同四土关系可梳理如图 4-1：[3]

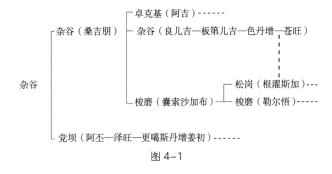

图 4-1

---

[1] （清）陈克绳：乾隆《保县志》卷 8《边防志》，载张羽新《中国西藏及甘青川滇藏区方志汇编》，第 39 册，学苑出版社 2003 年版，第 377 页。《皇清职贡图》载，"儿那达地约百里，天气常寒，居处饮食与杂谷相同"。参见（清）傅恒等编纂《皇清职贡图》卷 6，日本早稻田大学图书馆藏乾隆十六年版。

[2] 嘉木样扎赞：《勇武具力楞伽之寨》，《阿坝州文史资料选辑》第 3 辑，政协四川省阿坝藏族羌族自治州委员会文史资料委员会编印 1989 年版，第 233—261 页。

[3] 线段表示传承关系。细虚线代表具体的土司传承者不清楚；实线代表土司传承者属直系关系；粗虚线代表松岗承继杂谷土司旧业。

虽然并非所有的土司皆以余子为土舍，分守地方。土舍分地而治在嘉绒各土司中是较为普遍的现象。各土舍在其分地内拥有较强的独立治权，名义上附属土司管治。各土司依赖忠诚、血缘和姻亲等关系，作为同土舍主从关系构成的基础。但是随着政权规模的扩大，土司与土舍间的依附关系，可能因土司或土舍个体政治能力和性格的优劣，及各种利益纠葛，而变得疏远起来。数代之后，一些土舍势力渐强，离心倾向日重，游移于各土司间，试图摆脱原有土司的控制，如金川寺（即小金川赞拉）之必色满土舍。雍正末年，金川寺土司汤鹏欲交好孙克宗土舍，极力促成必色满与孙克宗联姻。杂谷土司从中阻挠，令其拒之。汤鹏怒，联合大金川袭攻必色满。杂谷遣兵救援，双方纠讼不断，遂有乾隆四年（1739）必色满一案。[1] 部分土舍势强压主，渐成尾大不掉之势，土司反受制于土舍，如金川寺孙克宗土舍。孙克宗处在大小金川之间，原为金川寺所属木藏（"木藏"意为"土舍"）。康熙年间，木藏达木废老叛，屡次侵掠金川寺寨落。金川寺土司汤鹏兄浪各王折时，因其与沃日土司皆为杂谷土司良儿吉之婿。良儿吉令沃日援助，才收复故土。王折以美固、色儿达两寨让与沃日，以资酬谢，为雍正三年（1725）金川寺与沃日争界之事埋下

---

[1]　（清）吴羹梅修、周祚峄纂：同治《理番厅志》卷4《边防志七·夷事》，同治五年刻本。

伏笔。[1]

各土舍与土司皆存血缘关系，同出一脉，源于一祖，实为潜在的权力角逐者。因土舍向背是影响和打破各土司之间均衡态势的重要因素之一。土舍势力成为各土司争取的对象，或直接参与嘉绒各方势力激烈的斗争博弈，或成为土司纷争蚕食的牺牲品。当各土舍的离心态势已演变至不可收拾的地步，控制力松散的区域性土司政权将无法挽回地陷于分裂的境地，接着又进入新一轮的兼并一统进程中。这种统合裂变式的传统政治模式，彷如一股历史的惯性，将嘉绒地方的政治形势推入长期"散而未统，统而不合"的状态中，深刻影响和左右着嘉绒政治格局的变动，直到清初重建嘉绒地方的土司政治秩序。

第二节　14—16世纪嘉绒藏族土司关系考略
——以董卜韩胡土司与杂谷土司关系为例

14—16世纪是早期嘉绒地方政教格局的形成和演变时期。从藏文文献着手，以地方视野考察嘉绒藏族土司的政治关系，显然是很困难的。因藏文文献的书写者大多是来自宗教界的知识精英，对世俗领域的政治事件往往较少着墨。但是从14世纪以降，嘉绒土司复杂关系的历史图景逐

---

[1]　（清）吴羹梅修、周作峄纂：同治《理番厅志》卷4《边防志七·夷事》，同治五年刻本。

渐清晰。这应得益于汉文文献记载的日益丰富。这些记载充斥着汉文化本位的立场和语境，主基调是嘉绒各方政教势力的向化与朝贡，地名、人名的译音错讹繁杂。但是此类记载的缺陷难掩史料记载背后的重要历史信息。通过史料的甄别分析，我们将勾勒出14—16世纪嘉绒地方政治格局的基本轮廓：以董卜韩胡土司与杂谷土司之间的纷争与冲突交织成的地方史。

一 15世纪董卜韩胡土司势力的崛起与扩张

董卜韩胡（ཁྲོ་སྐྱེ་རྣམ་འབངས）土司即清代穆坪（རྨུཏྲེ，一作"木坪"）土司，又称董卜、董布，或译为栋巴罕呼。土司官寨驻地在今青衣江上游雅安宝兴一带。永乐八年（1410）归附进贡，十三年（1415）受封为宣慰使司，以头目喃葛（རྣམ་འབངས）为宣慰使，授以银印。[1]董卜韩胡土司的祖源说法不一，[2]

---

[1] 《明太宗实录》卷165，永乐十三年六月，台北"中研院"历史语言研究所1962年校印本，第1856页。乾隆《雅州府志》载，洪武六年（1373），董卜韩胡土司始祖苍旺业卜率番部归顺，受赐敕印，被封以宣慰使职。参见（清）曹抡彬、曹抡翰纂辑《雅州府志》卷11《土司》，台北成文出版社1996年影印本，第265页。此事不见于《明史》、《明实录》等，或有误。

[2] 任乃强认为董卜韩胡是汉代青衣羌后裔，参见任乃强《四川上古史初探》，四川人民出版社1986年版，第167页。乾隆《雅州府志》载，"韩胡董卜，旧属金川，元时勒朵纳金川贡，请韩胡董卜印归，遂负固不属金川，取六村抚而有之，列川南五贡"。参见（清）曹抡彬、曹抡翰纂辑《雅州府志》卷10《筹边》，台北成文出版社1996年影印本，第246页。有的声称"董卜韩胡"是董、卜、韩、胡四姓合称。参见宝兴县文物管理所《董卜韩胡宣慰司世系考》，载《宝兴文史资料》第1辑，中国人民政治协商会议宝兴县委员会文史组编印1988年版，第27页。

也流传"琼鸟卵生传说",声称其由西藏琼部直接迁徙而来,故马长寿以为穆坪是最初从西藏琼部东殖的部落。[1] 由汉文文献记载观之,董卜韩胡是 15 世纪嘉绒地方最具实力和影响力的政教力量,其崛起及扩张过程颇能反映出嘉绒地方早期的政治环境和历史面貌。

早在受封宣慰使司职衔之前,董卜韩胡势力已彰。永乐九年（1411）喃葛曾遣使奉表入贡,声言意欲向南讨伐侵扰邻境的答隆蒙、碉门（今天全一带）二招讨。明朝抚慰之,尚相安无事。[2] 董卜韩胡的迅速崛起和势力扩张,主要集中在喃葛次子克罗俄坚粲（ དགེ་ལེགས་རྒྱལ་མཚན ,1439—1455 年）统治时期。在短短的十余年间,董卜韩胡的政教势力影响范围渗透和扩展至大渡河上游和岷江上游,覆盖嘉绒地方的南部和东北部。总体而言,董卜韩胡势力扩张的主要途径分两端:一是借助宗教名义和力量,二是依靠同族姓的协助。

受封伊始,土司对苯教信仰尊奉有加,特向明朝请设董卜韩胡道纪司,命本土道士锁南领贞（ བསོད་ནམས་རིན་ཆེན ）为都纪,给印章。[3] 宣德五年（1430）十月,喃葛致仕（即

[1] 马长寿:《嘉戎民族社会史》,载周伟洲《马长寿民族学论集》,人民出版社 2003 年版,第 140、141、153 页。

[2] （清）蒋廷锡等:《古今图书集成》卷 86《方舆汇编·边裔典·董卜韩胡部》,中华书局、巴蜀书社 1988 年版;（清）张廷玉等:《明史》卷 331《西域三》,中华书局 1974 年点校本,第 8593 页。

[3] 《明太宗实录》卷 165,永乐十三年六月,台北"中研院"历史语言研究所 1962 年校印本,第 1856 页。

退休），以长子班丹也失（）为喇嘛，领僧众，以次子克罗俄监粲代为宣慰使，治民人，将宗教教权与世俗权力集于土司世系之内。同年九月，喃葛遣子奔卜喇嘛贾思叭僧结（ ）等来朝，以二子分别掌领政教之事。"奔卜剌麻"系苯波喇嘛（ ）异写。故班丹也失所领的"僧众"皆应指苯教徒。

嘉绒土司传统的政治结构中，教权是维系土司政治运作的主要支撑力量之一。政教权力往往相互渗透，分别由土司世系世袭掌控。政教名义上分离，实则合二为一。正统三年（1438）喃葛长子班丹也失又受封为妙智通悟国师。教权职衔堪与世俗权力的宣慰使等齐。借助明朝封授，董卜韩胡的宗教影响力不断扩大，渐成一区域性的宗教权威。董卜韩胡土司政治势力的扩张，往往以苯教势力向周边区域的强势渗透为先驱力量，将土司世系政教两权的扩充与强化结合起来。正统五年（1440），董卜韩胡所管道士湛剌葛剌坚多次领军抢占锁簇等处，欲侵害和尚朵儿只领占（ ）等的容迭九簇。在明代汉文文献语境中，"道士"与"和尚"分别指称苯教徒与藏传佛教徒，[1] 所以此事件可作为 15 世纪中叶嘉绒地方政教关系及佛苯之争初显端倪的缩影。

实际上，正统三年班丹也失所受"妙智通悟国师"

---

[1]　《明英宗实录》卷 70，正统五年八月，台北"中研院"历史语言研究所 1962 年校印本，第 1353 页。邹立波：《明代前期川西北"族姓"、边政与宗教关系》，《西南民族大学学报》2012 年第 5 期。

的宗教封号已暗含董卜韩胡势力向嘉绒西北地方的扩张。洪熙元年（1425）三月，四川伽木隆地方国师朵儿只监藏（ཌྷཿཇེ་རྒྱལ་མཚན）前来朝贡，受封名号为"妙智通悟国师"。此后"妙智通悟国师"多番遣徒众入贡。宣德九年（1434）伽木隆"国师"释夏监藏（ཤཀྱ་རྒྱལ་མཚན）遣番僧温卜索南外息来朝。此前，释夏监藏曾以伽木隆"番僧"的身份于宣德二年（1427）朝贡。班丹也失受封为"妙智通悟国师"的次年（正统四年，1439），释夏监藏（写作：什夏监藏）以伽木隆地方已故国师朵儿只监藏徒弟"番僧"的身份遣人来朝。同年五月番僧完卜捨刺监藏（ཤེས་རབ་རྒྱལ་མཚན）欲袭故妙智通悟国师朵儿只监藏的职衔。明朝以"非例难从"为由加以拒绝。此时，喃葛长子班丹也失可能已取代了伽木隆地方原国师朵儿只监藏的宗教地位。故而当捨刺监藏欲袭朵儿只监藏旧职时，已属"非例"。这也可说明为何朵儿只监藏徒弟释夏监藏的名号在短短十年内从"国师"降为"番僧"。董卜韩胡土司实已掌控伽木隆地方政教大权。前文已述，"伽木隆"即"嘉莫绒"之同音异写，应在今丹巴墨尔多神山附近地区。董卜韩胡土司控制伽木隆地方后，汉文文献有时也将其称作"伽木隆宣慰司"。

在掌控伽木隆后不久，正统九年（1444）闰七月，董卜韩胡宣慰使司招出止乌地（止乌应为"哲兀窝"异写）

生番土官喇嘛也失朵儿只叭藏卜（ ཡེ་ཤེས་རྗེ་དཔལ་བཟང་པོ ）等贡物。借助受封土司、国师等政教领袖"招出生番"是当时明朝扩展在川西藏区政治影响力的惯用手段，也隐藏着当地各方政教势力充当王朝与"生番"联络关系的中介者，借此不断增强在"生番"地方的影响。同年八月，明朝册封也失朵儿只叭藏卜（写作"耶捨朵儿只巴藏卜"）为净修崇善国师，名义是"伽木隆宣慰使司番僧"。紧接着也失朵儿只叭藏卜来朝，名义则是"董卜韩胡宣慰使司剌麻"。因伽木隆宣慰使（即董卜韩胡宣慰使）克罗俄监粲极力举荐，声称"哲兀窝寺在伽木隆西北境外，富庶甲于诸簇"[1]。该寺耶捨朵儿只巴藏卜为众所服，故于十月由明朝正式受封国师职衔。哲兀窝寺为后世绰斯甲同音异写词，[2]在当时尚属由"土官剌麻"治下的"政教合一"政体。管辖富庶的"土地、人民"是"前此未通朝贡"的"生番"。经由董卜韩胡引荐才同明朝结为朝贡关系。哲兀窝寺既在董卜韩胡控制的伽木隆境外，可能并未被董卜韩胡占据。但两者关系应颇为密切，在宗教上存有同宗同派之谊。董卜韩胡的势力已渗透到这一地区。可以看出，到 15 世纪中叶，董卜韩胡的影响范围已达至嘉绒腹地，这主要是在苯教的宗教名义下实现的。

---

[1]　《明英宗实录》卷 122，正统九年十月，台北"中研院"历史语言研究所 1962 年校印本，第 2445 页。

[2]　Roger Greatrex, "Tribute Missions from the Sichuan Borderlands to the Imperial Court", *Acta Orientalia*, Vol.58, 1997.

在岷江上游杂谷脑河流域，董卜韩胡土司的强势扩张是在宗教与族姓之别为经纬两端构织而成的关系网络中进行的。明代川西北族类繁杂，寨落林立，缺乏整合各部番人的统一政教力量。大小族姓各部番人大多以寨、簇为单位连结而成。相互之间关系较为松散。在各自为政、纷争不已的社会环境中，各部番人经常以临时性的结盟方式凝聚力量。"族姓"之别成为各部番人之间关系具体运作和演变的重要基础。总体而言，各部番人倾向于在同"族姓"之间结盟。依据族姓之分，董卜韩胡归于"小姓"之列。在向岷江上游渗透势力的过程中，董卜韩胡主要依靠当地政教力量招揽各部番人，干预当地政教事务。这可以商巴事件为证。

商巴即松潘之山巴寺（ཤར་ཚ），又称"绛扎仓"（རྒྱུད་གྲྭ་ཚང），在今松潘山巴乡，由克珠·索朗桑波（མཁས་གྲུབ་བསོད་ནམས་བཟང་པོ）创建于1268年。索朗桑波是安多三圣人之一的苯教大师雄帕尼玛维尔（གྲུང་འབགས་ཆེན་པོ་ཉི་མ་འོད་ཟེར，1080—1119？）的第五代传人。[1] 在正统年间，主持商巴寺的绛扎仓喇嘛可能取得政教共主（རྒྱ་བདག）的地位，掌握着寺院周边地区的政教大权。[2] 商巴（又作商捌）国师与董卜韩胡同属"小姓"，正统二年（1437年）入贡。次年，班丹也失受封妙智通悟国师同时，

---

[1] 同美：《西藏本教研究——岷江上游本教的历史与现状》，民族出版社2013年版，第118—122页。

[2] Toni Huber, "Contributions on the Bon Religion in A-Mdo(1):The Monastic Tradition of Bya-dur dGa'-mal in Shar-khog", *Acta Orientia*, Vol.59,1998.

松潘卫喇嘛罗只儿坚藏（ཉེ་རྗེ་རྒྱལ་མཚན་）被封为净戒弘慈国师，即商巴国师。喇嘛罗只儿坚藏应是绛扎仓的第二任堪布仁钦洛珠坚赞（རིན་ཆེན་བློ་གྲུབ་རྒྱལ་མཚན་）。至景泰年间（1450—1457年），董卜韩胡不断扩张势力，影响所及北至松潘一带。景泰三年（1452），松潘卫奏称，商巴国师"为栋巴（即董卜韩胡）心腹，每将边情漏泄栋巴，拨置本番，百般举谋，侵扰边境"，又将贡马送与董卜，"帮贴进贡"[1]。同年，商巴国师罗只儿监藏圆寂。董卜韩胡插手商巴继嗣事宜，"要保温布剌马麻进马赴京，承袭国师善巴职事"[2]。此时，始于正统初年的小姓商巴与大姓离叭相争之事愈演愈烈。离叭（又作"黎巴"）即崇善禅师，属持戒禅师绰领主持的绰领寺（ཚ་ཁང་，在松潘以南）。据正统六年（1441）任职鸿胪寺通事序班[3]的祁全所奏，"国师商巴罗只儿监藏等，此道教为小姓；禅师绰领等，此僧教为大姓。各有管摄，不相干预。近年以

---

[1] （明）于谦：《忠肃集·杂行类》卷10，《景印文渊阁四库全书》第1244册《集部一八三·别集类》，台北商务印书馆1986年版，第323、325页。

[2] （明）于谦：《忠肃集·杂行类》卷9，《景印文渊阁四库全书》第1244册《集部一八三·别集类》，台北商务印书馆1986年版，第306页。

[3] 序班，明代四夷馆职衔。《书画跋跋》称："今制，四夷馆有译字生，习诸外夷字，历九年，于史馆前考试，字法无误，升为序班。"参见（明）孙鑛《书画跋跋·外国书旅楚卷·王氏跋一》卷1，《景印文渊阁四库全书》第816册，台北商务印书馆1986年版，第43页。

来，商巴因与离叭剌麻争夺境土，纠集番众，互相仇杀"[1]。商巴与离叭之争表明 15 世纪中叶岷江上游松潘一带佛苯之间纠纷与争夺已渐趋白热化。景泰五年（1454）明朝敕令松潘卫称："商巴家与黎巴家互相仇杀恐此假此通同董卜韩胡侵扰边方……尔等即择老成谙晓番情通事赍往晓谕商巴、黎巴两家，令其释怨通和，各安本分，遵守法度。"[2]商巴希望借助董卜韩胡之力与不同"族姓"及教派之离叭抗争，令明朝颇为忧虑。明朝的忧虑亦非杞人忧天。景泰间，在商巴等"族姓"番人的协助下，董卜韩胡不时刺探松潘边情与内地情事，并在松潘后门（商巴国师居处）修砌碉房，差人把守，可知董卜韩胡对松潘政局之影响，"族姓"背后隐藏的政教势力起到至关重要的作用。

二　董卜韩胡与杂谷两土司之间的纷争

董卜韩胡势力向岷江上游渗透和扩张的重要后果是导致与杂谷土司的长期角逐，开始在嘉绒地方形成两大土司政教势力南北对峙的格局。杂谷土司因"捍虏"御边之功，于永乐五年（1407 年）受封为安抚司，抚辑旧维州（今理县）诸处蛮夷，兼防范北方甘青南下的蒙古"鞑虏"，保边安宁。起初，杂谷土司地界狭长，"前临沱水，后倚高山，南接三姐，

---

[1]　《明英宗实录》卷 80，正统九六年六月，台北"中研院"历史语言研究所 1962 年校印本，第 1590 页。

[2]　《明英宗实录·废帝郕戾王附录》卷 249，景泰六年春正月，台北"中研院"历史语言研究所 1962 年校印本，第 5393 页。

西接孟董，南抵达思，北抵东布，又东至八稜碉"[1]。宣德
间（1426—1435年）杂谷势起，不顾明朝的敕谕，屡次强行
侵吞邻封境土，进据郎吉司以东日驻、穹山、党者、桑者等
七寨，东接于蒲溪沟。正统六年（1441）二月，杂谷土司又
招致角木脚等四寨生番喇嘛等来朝，竭力向周邻区域扩张。

　　杂谷（大姓）与董卜韩胡（小姓）纷争起自正统六年
贡道事件。此年七月董卜韩胡宣慰使克罗俄监粲奏称，欲
经保县贡马两百一匹，岂料被杂谷及谷墩之人伐木塞路，
不允经过。明代保县地处极边僻处，隶于威州，仅有一线
官道，沿峡谷河道与内地相通。旧威州在保县西八十里，
即唐代古维州，明初与普透、当扎木、瓦寺、斯赍、曰卜珠、
陆寨等俱归保县管辖。董卜韩胡进贡伊始，由曰卜珠寨经过，
在保县出境。自宣德年间起，威州一带屡受番羌攻袭之苦，
州治所一再向东迁移。洪武初尚在保县。宣德七年（1432）
杂谷安抚司安抚日斯鼎结，将前之六寨占据。[2]为避羌患，
明朝将保县治所逾江徙治汶川。从明代中后期的记载来
看，保县以西的唐代维州故城"州址今为杂谷碉寨，迄
北则古无忧城，皆名存实亡"[3]。杂谷土司遣人阻截董

第四章　明清时期嘉绒藏族土司的政治关系

　　[1]　（明）顾炎武：《天下郡国利病书》第20册《蜀中边防记·川西》，
载编纂委员会《四库全书存目丛书》，史部，第172册，齐鲁书社1996年版，
第132页。

　　[2]　（明）于谦：《忠肃集》卷3《南征类》，《文渊阁四库全书》第
1244册《集部一八三·别集类》，台北商务印书馆1986年版，第99—100页。

　　[3]　（明）刘大谟等修、王元正等纂：嘉靖《四川总志·经略下·边备》，
《北京图书馆古籍珍本丛刊》第42册《史部·地理类》，书目文献出版社
1998年版，第318页。

卜韩胡贡道，是由于当时杂谷势力正在保县一带扩张，同董卜韩胡意图借故向岷江上游渗透势力相冲突。明代地方官员对此也有所察知："杂谷安抚司内联威州、保县，外邻董卜韩胡。杂谷虽弱，欲抗董卜实重于威保；董卜虽强，欲通威保却受阻于杂谷，以此仇杀素不相能。"[1] 按照明代的规定，董卜韩胡的贡道原有三条，"一由杂谷八稜碉，出保县；一由清溪口，出崇庆州；一由灵关，出雅州"[2]。后因杂谷屡番阻扰，董卜韩胡遂同西南三十六番，"或三年，或五年一朝贡，其道皆由雅州入"[3]。

在杂谷阻断董卜韩胡贡道的次年（1442），纠纷态势渐显恶化。克罗俄监粲态度强硬，决意打通杂谷瓦等处道路，遣喇嘛端竹监粲（ དབུ་གཅུང་ཅེས་ཨ་བཀྲ ）入贡，声称此后进贡或从威州古墩（即谷墩）地方，或从杂谷瓦普东，并向明朝祈请遣派伴送军人、谙晓通事及起站马脚力文书等。董卜韩胡与杂谷关系日趋紧张，对峙于杂谷脑河流域，大有剑拔弩张之势。但是贡道事宜很快因草坡番作乱而暂时搁置。正统七年十二月，草坡番首领加悟因私怨，与苏村寨民相争，怒杀寒水土巡检，大肆劫掠。事后，加悟为躲避官军

---

[1] 《明英宗实录》卷171，正统十三年十月己巳，台北"中研院"历史语言研究所1962年校印本，第3295—3296页。

[2] （明）顾炎武：《天下郡国利病书》第20册《蜀中边防记·川西》，《四库全书存目丛书》，史部，第172册，齐鲁书社1996年版，第133页。

[3] （清）张廷玉等：《明史》卷310《四川土司一》，中华书局1974年点校本，第8033页。

追捕，逃至杂谷境内。杂谷土司朵儿思加为其求情，并擅自藏匿加悟。草坡作乱自明初至隆庆年间（1567—1572年）一直是威汶一带社会动荡的主要原因。加悟起事之初，受威州土官王永蛊惑煽动，与寒水苏村寨争斗，得到杂谷保护。而寒水番人曾协助董卜韩胡防卫"大姓野蛮"。这些均暗示草坡加悟与寒水苏村寨民之间应是大小"族姓"之别。董卜韩胡与杂谷的角逐较量则隐于后。

　　为抑制以杂谷为首的大姓番人势力，董卜韩胡借草坡之乱，征调番兵，协同明朝地方官兵攻剿。据明代兵部尚书于谦在景泰三年（1452）的奏折中回忆道："正统七年间，草坡贼人作耗，都司调军征剿。其栋巴（即董卜韩胡）乘时调领番兵迎合官军剿贼，就送马匹，从草坡出境，赴京进贡。"[1] 可知，董卜韩胡确曾派兵参与平定草坡番乱，并乘机开通经草坡朝贡的通道。至于调派的番兵统领，《天下郡国利病书》载，"加渴瓦寺，亦董卜韩胡支派。正统中，调征草坡。宣慰司遣番僧锁南列思巴来赴，赐号崇教翊善国师，给敕印，使分管摩多集塔藏裹旧寺等十三寨都纲、麻喇者"[2]。宣慰司即指董卜韩胡宣慰使司。此后，番兵常驻于今汶川一带。锁南列思巴（ བསོད་ནམས་ལེགས་པ ）于正统十一年（1446）受封

　　[1]　（明）于谦：《忠肃集》卷3《南征类》，《文渊阁四库全书》第1244册，《集部一八三·别集类》，台北商务印书馆1986年版，第100页。

　　[2]　（明）顾炎武：《天下郡国利病书》第20册《蜀中边防记·川西》，《四库全书存目丛书》，史部，第172册，齐鲁书社1996年版，第137页。

崇教翊善国师之衔，是瓦寺土司始祖。[1] 在明代中后期，加渴瓦寺长期依附于董卜韩胡。《明实录》记载弘治七年（1494）至明末有关加渴瓦寺朝贡或袭职的史料多达20条，其中有13条冠以"董卜韩胡宣慰使司加渴瓦寺"的称谓。可以说，加渴瓦寺早期是董卜韩胡土司分遣派驻于岷江上游的重要政教力量，两者关系至为密切。

到正统九年（1444），威州世代联姻的大族王、董两氏发生纷争。董敏因军功受封为成都府保子关巡检司巡检。其军功应与参加四川总兵官都督佥事方政征讨松潘、叠溪所辖西北大姓巴猪、黑虎诸寨有关。同属大姓的王永深为不满，遂杀董敏子董伯浩二十余口。明朝宽宥王永。然董敏讼怨不已。因"永与杂谷夷人共类，敏与董卜韩胡共宗"[2]，明朝地方官员顾虑董卜韩胡与杂谷将因此患威胁边地安危。此后，董卜韩胡与杂谷虽未直接干预此事，却屡次为同族姓者辩解回护。其实，董敏事件尚未恶化时，董卜韩胡土司的关注点已转向别思寨。

别思寨安抚司，又作别思满（ བྱེས་མན ，又作"必思满"），设于宣德十年（1435）五月，在今小金一带。[3] 正统十年（1445）董卜韩胡土司克罗俄监粲突然拘禁别思寨安

---

[1] 邹立波：《历史记载与祖源记忆——对瓦寺土司两种祖源历史文本的解读》，《四川大学学报》2009年第2期。

[2] 《明英宗实录》卷122，正统九年十月丁巳，台北"中研院"历史语言研究所1962年校印本，第2447—2448页。

[3] 任乃强、泽旺夺吉：《"朵甘思"考略》，《中国藏学》1989年第1期。

抚使饶蛤，依照"番例"剜去双目。克罗俄监粲声称，饶蛤之父兀惹朵儿只监受董卜韩胡首任宣慰使喃葛委任管领分地。后饶蛤继承父职，奏请明朝加封安抚司职衔，给予印信。别思寨应是嘉绒传统的分权式政治模式主导下的产物。因而正统八年（1443）别思寨朝贡时的名号是"四川董卜韩胡宣慰司别思寨安抚司"。依克罗俄监粲的解释，之所以对饶蛤处以"番例"严刑，源于饶蛤"近年伪造宣慰司印，诈称宣慰使，纠合杂谷瓦等处大姓野蛮谋害尔父子，抢占尔驮窝地方"。[1] 别思寨介于董卜与杂谷之间，是董卜韩胡北上岷江上游的后防重地，战略地位颇显重要。饶蛤游移于董卜韩胡与杂谷两大政教力量之间，意图借杂谷之势，与董卜韩胡抗衡，离心倾向已显，势必为董卜韩胡土司难容。克罗俄监粲不顾饶蛤为明朝封授土职的政治身份，断然诛灭饶蛤。明朝不愿事态扩大化，只是令董卜韩胡或从饶蛤族中，或由本司头目内从公推选堪任安抚者，令权掌原降安抚司印信，管治民人。正统十二年（1448），董卜韩胡以头目远丹藏卜（ཡོན་ཏན་བཟང་པོ）取代饶蛤，接任别思寨安抚司安抚之职，重新牢牢地将别思寨置于控制之下。明代中后期别思寨长期依附于董卜韩胡。泰昌元年（1620）官修《礼部志稿》于董卜韩胡条下附载别思寨安抚司与加渴瓦寺，

第四章　明清时期嘉绒藏族土司的政治关系

<hr>

[1] 《明英宗实录》卷132，正统十年八月壬寅，台北"中研院"历史语言研究所1962年校印本，第2617页。

称其为董卜韩胡"部落"。[1]

正统十二年(1447)杂谷安抚司安抚鼎日斯结[2]病故，由其弟阿拜代管土司事宜。因阿拜凌辱分守达实爱满长官司(又作"达思蛮"，在杂谷西五十里)多儒寨头目松彭，又将阿拜异母兄多尔济尔吉之姊嫁与科尔垒嘉勒粲(即克罗俄坚粲)为小妻，管事与弟吹达尔及松彭俱投董卜韩胡。次年，董卜韩胡借口杂谷故土司阿漂[3]小妻毒死其夫及子，诬己欲叛，重提贡道旧事，欲从铜门山西罗朴头开山通道，先以松彭为内应，遣人把守多儒寨，继而抢占达思蛮。正统十四年，又以追还曰卜珠等寨，给还保县为名，抢占杂谷安抚司原占保县旧维州地方。[4]时值明朝第四次远征麓川之役，继有土木堡之变。多事之秋，明朝根本无暇顾及董卜韩胡。至景泰间，董卜韩胡之势愈彰，景

[1] (明)林尧俞等:《礼部志稿》卷35《主客司职掌·朝贡》，《文渊阁四库全书》第597册《史部三五五·职官类》，台北商务印书馆1986年版，第665页。

[2] 鼎日斯结应即《明实录》正统六年二月壬午条载"杂谷安抚司土官舍人定日思贾"，及正统十二年六月己丑条所载之"杂谷安抚司土官日思吉"。

[3] 阿漂是杂谷安抚司安抚朵儿思加祖父。从永乐五年至正统十二年，杂谷安抚司安抚先为:囊申—囊甲—阿漂—朵儿思加—定日思贾。宣德四年(1429)六月甲辰条:四川杂谷安抚司故安抚囊卑孙阿惹贡马。"囊卑"或为永乐四年之"囊申"。

[4] (明)于谦:《忠肃集》卷3《南征类》，《文渊阁四库全书》第1244册《集部一八三·别集类》，台北商务印书馆1986年版，第100页;《明英宗实录》卷171，正统十三年十月己巳，台北"中研院"历史语言研究所1962年校印本，第3295—3296页。

明清时期嘉绒藏族土司关系研究

泰二年（1451）再次借口贡道事，欲于旧威州保县地方开通通道，出境进贡。次年，明朝多次敕谕董卜韩胡退还杂谷、达思蛮侵地，交归保县管辖。董卜韩胡以"招出生番"为名，暗中在杂谷脑河流域及松潘等地处处延揽番部，树立政教权威。

此时董卜已在岷江上游逐渐占据主导优势，却仍不时引起杂谷等大姓势力的抗争。景泰二年，董卜遣人进贡，至保县地界，杂谷、达思蛮等地番人将董卜所遣之人截杀。为稳固对杂谷脑河流域的控制，董卜韩胡于景泰三年十二月名义上将先前所占原保县管下诸寨退还保县纳粮，并且退还原占杂谷安抚司及达思蛮长官司地方印信于各司。杂谷地方印信由故安抚鼎日斯结之弟观吹达尔掌管，亦归还达思蛮地方头目牙册等。但是杂谷、达思蛮虽得地方，实则仍需听从董卜节制，由董卜暗中操控。为防范原抢杂谷、达思蛮百姓漏泄情事，董卜将之迁往长河西（今康定）等处。[1]正当董卜韩胡不断蚕食杂谷等地，联络商巴诸番部，日渐强化和扩大其政教影响力时，景泰六年（1455）宣慰使克罗俄监粲猝然病故。

景泰以后，董卜韩胡在岷江上游的势力逐步没落。大姓番人乘势而起，嘉绒地方及川西北政局自此而变。天顺元年（1457），大姓三姐、黑虎诸寨与董卜韩胡相争仇杀。

第四章　明清时期嘉绒藏族土司的政治关系

---

[1]　（明）于谦：《忠肃集》卷3、卷4《南征类》，《文渊阁四库全书》第1244册《集部一八三·别集类》，台北商务印书馆1986年版，第100、122、123页。

克罗俄监粲去世后，札巴坚粲藏卜（གྲགས་པ་རྒྱལ་མཚན་བཟང་པོ།）执掌董卜韩胡宣慰使司，掌司事，1457年授都指挥使衔。天顺二年（1458）掌司事者改为喃哩结者思叭言千巴藏卜（རྣམ་རེ་རྒྱལ་གྲགས་པ་རྒྱལ་མཚན་དཔལ་བཟང་པོ།），职衔为都指挥同知。土司之位短期易人，职衔品级略降，或许源于克罗俄坚粲病故后董卜韩胡内部政局的变动。至成化五年（1469），杂谷土舍耿着思吉集众复取旧维州等地。与董卜韩胡同属小姓的金川演化禅师可能在此后不久，亦因势衰，"为杂谷安抚司所并，迁其族于董卜界上"[1]。不过，成化年间（1465—1487年）董卜韩胡之势仍不容小觑。此后有明一代，董卜韩胡已无明显的扩张举动。直至明清之际，因各方政教势力相对均衡，嘉绒政治格局进入一个相对平稳的间歇期。

　　董卜韩胡与杂谷两土司之间的南北对峙与纷争，是14—16世纪嘉绒地方主要的政治格局。在半个多世纪的博弈过程中，董卜韩胡向北强势扩张，直接同杂谷土司碰撞与冲突，对后世影响较深，塑造了清代乾隆以前嘉绒地方政治演变的主要脉络，也集中体现出早期嘉绒土司关系的独特性：其一，宗教是各土司政治关系联结与变化的重要媒介。无论是董卜韩胡借助苯教势力拓展其政教影响力，还是同杂谷土司的纷争中运用苯教信仰来

---

[1]　（清）顾祖禹：《读史方舆纪要》卷67《四川二》，贺次君、施和金点校，中华书局2005年版，第3193页。

凝聚各部番人的宗教情结，宗教的因素无不贯穿与蔓延于各土司政教力量对峙和角逐的过程中。各土司关系的纠结和演变仍脱胎于相互之间的政教关系。其二，各土司之间政教关系的理清，又建立在对族姓的认知基础上。族姓表明各土司亲疏与否的拟血缘关系。各土司政教力量的凝结需借助族姓的聚合作用。宗教与族姓是嘉绒地方各土司早期身份的延续，既表明宗教与土司世俗权威间复杂关系的历史承继，也说明由祖源衍生而来的拟血缘关系，依然对这一时期的土司关系影响至深。其三，嘉绒传统的统合裂变式政治模式业已初露端倪。政教分权是嘉绒土司拓展政教空间和实现政教整合的重要手段，如董卜韩胡同别思寨、加渴瓦寺构建的政教关系。但是随着时间的推移，分权式政治模式的缺陷日渐暴露，成为明清之际各土司之间纷争不已的主要根源之一。

第三节　明清之际嘉绒地方的政治格局及其演变

经历明代后期相对平稳的间歇期，到明清之际嘉绒各方政治力量竞相角逐的态势愈加激烈，逐步扩展到整个嘉绒区域。颇具影响力的新旧土司政治实体纷纷加入纷繁复杂的政治纠葛中，兼并抗衡，此消彼长。在嘉绒传统政治运作模式的助推下，嘉绒地方悄然迎来了新的政治巨变和

调整阶段。

　　明末清初，曾经在明代前期掌控嘉绒地方政治格局的董卜韩胡土司势力已衰，且在各方势力的竞争中渐显自顾难保之态。因分权而设，依附于董卜韩胡的别思寨安抚司和加渴瓦寺在明代中后期的离心倾向渐显，原附于董卜韩胡入贡，到弘治年间（1488—1505 年），已有独立遣使之权。[1] 为杂谷驱逐的金川演化禅师分董卜韩胡之地以居，可能在明代后期也逐渐自立，而脱离董卜韩胡的控制。顺治间（1644—1661 年），董卜曾趁川蜀连年战乱之机，兵犯芦山，为游击文允元所败。此后土司二子乌儿结、坚参朗结为争土职内讧相杀。土司通事招引沃日土司入据。天全招讨使高际泰亦引瓦寺袭沃日，均欲谋据董卜之地。天全副招讨使杨自唐迎请在西藏为僧的土司庶子雍中七立，归袭土司之职，董卜始定[2]。之后，董卜韩胡（即穆坪）土司势力退居青衣江上游流域，仅能自保，终清一代，对清朝"忠顺有余，强悍不足"[3]。

　　随着董卜韩胡势衰，嘉绒地方渐渐失去能够掌控政治局面的重心。各方势力大多倾向以约盟邀结的方式，

　　[1] （明）何乔远：《名山藏·王享记五》，张德信、商传、王熹点校，福建人民出版社 2010 年版，第 3114 页。

　　[2] （清）曹抡彬、曹抡翰纂辑：乾隆《雅州府志》卷 10《筹边》，台北成文出版社 1969 年影印本，第 246 页。

　　[3] （清）赵尔巽等：《清史稿》卷 513《土司二》，中华书局 1977 年点校本，第 14219 页。

明清时期嘉绒藏族土司关系研究

侵吞邻封境土，意在增加和拓展占有的资源。这种势力相对均衡的政治态势直到清初杂谷土司的强势崛起才打破。杂谷土司控扼经杂谷脑河流域通往蜀地的通道。顺治十四年（1657）杂谷土司桑吉朋（ སང་རྒྱས་འབུམ）同阿日（即沃日）土官巴必太（又作"巴碧太"）合兵千余围攻瓦寺土司曲翊伸官寨，后侵扰川蜀内地，为清军所败。因桑吉朋擅没土目阿朋家资。康熙元年（1662）阿朋纠结阿姜济等将桑吉朋逐于别思蛮（即"别思满"）地方，而立其侄。考虑到无桑吉朋"则无维州，无维州则威保之藩篱不固"[1]，清军遂借道董卜应援桑吉朋，将桑吉朋安置于维州之地。故清初杂谷土司之势尚羸弱，难自保。康熙十九年（1680）桑吉朋归顺清朝，仍授安抚司职衔。

桑吉朋次子良儿吉善于智谋驭众。袭职后，良儿吉致力于开疆拓土，杂谷成为当时嘉绒地方最具实力的政治力量。良儿吉继任前，杂谷土司已控制卓克基、梭磨等地，地跨杂谷脑河流域以西和大渡河上游梭磨河等流域。土司主官寨设在杂谷脑。康熙十九年，杂谷向东袭取九子、龙窝等寨，又在二十二年（1683）占据孟董等寨，侵吞水田等寨的打喇土司、丹者孟沟的八稜碉土司等地，继而将攻势转向西面。卓克基以西至松冈，原是司格立土舍，为良

---

[1]　（清）黄廷桂等监修、张晋生等编纂：雍正《四川通志》卷17《边防》，《景印文渊阁四库全书》第560册《史部三一八·地理类》，台北商务印书馆1986年版，第16页。

儿吉外父。良儿吉与妻计谋,毒杀其弟兄,袭取其地。松冈之外的党坝土舍,畏惧良儿吉的吞并,主动以众附于杂谷。良儿吉的扩张是在清初川蜀政局尚不稳定时进行的。授职土司亦在其侵吞之列。为此清初失地土司如八稜碉长官司后裔多番控诉,曾试图依靠清朝政治权威恢复失地。但是杂谷土司占据多年,已成既定之事,最后无果而终。松冈为杂谷所并后,被改作杂谷土司的上寨主官寨。杂谷脑官寨为下寨。土司定期逡巡往返于两地,以利控制。

良儿吉善于洞悉熟察嘉绒地方政局的瞬息变化,利用联姻关系,选择周邻各方,成合纵之谊,平衡协调各方利益关系。例如,良儿吉以女阿妈思嫁予金川寺土司浪各王折。当时金川寺常受到孙克宗土舍的袭扰。王折与沃日土司呢嘛乾参(ཉི་མ་རྒྱལ་མཚན)均为杂谷土司良儿吉之婿。故良儿吉时常劝令沃日加以援助。金川寺始得恢复故土。后阿妈思厌弃王折,而与大金川土舍汉王八泽私通,欲谋害王折,以八泽为土司。八泽拥兵至金川寺登答寨,以阿妈思"填房"("填房者,番俗土司病故,替职者即妻其妻"),妄图取而代之。良儿吉获悉,同沃日举兵围攻登答,扬言必杀八泽、阿妈思。阿妈思大惧,令八泽出城受降。事后,良儿吉迎接囚困于大金川的浪各王折之弟汤鹏继承兄职,并娶阿妈思。汤鹏感恩,谨事杂谷达30余年。因良儿吉以智谋驭众,善抚各部,诸部皆拱手听命。在明清之际良儿吉统治时期,杂谷不仅控制着嘉绒北部的辽阔境土,将所并各部纳入其松散而统一的政治体系内，且以联姻、武力佐助等灵活的手段控驭嘉绒地方的政治形势。

康熙五十二年（1713）杂谷土司良儿吉去世后，以杂谷为中心的嘉绒各部政治联盟关系也开始解体。分崩离析的局面始于杂谷与金川寺之间联姻关系的破裂。金川寺土司汤鹏之姊丢日先嫁予桑吉朋长子、卓克基首任土舍阿吉为妻。后阿吉去世。良儿吉之子板第儿吉承继职位后，遣使交好汤鹏，愿纳阿吉遗妇丢日为妻。但是在迎娶丢日于松冈官寨后的第四天，板第儿吉竟然逐之。杂谷土司的悔婚之举令汤鹏羞愤难当，遂遣人同大金川土舍色勒奔（汉王八泽之子）盟誓。色勒奔以其弟丢日吉之女阿扣嫁予汤鹏之子泽旺，作为抗衡杂谷的外援。[1] 自此，嘉绒地方的政治格局开始进入以杂谷、金川寺为首的南北两大政治势力集团的对抗和冲突阶段。

金川寺，即明代金川演化禅师。清初析分出大金川之后，汉文史料俗称小金川，即赞拉土司（བཙན་ལྷ་རྒྱལ་པོ）。[2]

---

[1] （清）吴羹梅修、周祚峄纂：同治《理番厅志》卷4《边防志七·夷事》，同治五年刻本。

[2] 或称赞拉之意为"山神"或"太子"。参见雀丹《嘉绒藏族史志》，民族出版社1995年版，第126—127页。清代文献有时会将"金川寺"与"大金川"混淆起来，如雍正三年（1725）金川寺与沃日争界案，岳钟琪将美同等寨断归金川寺。《清史稿·岳钟琪列传》误载为："（岳钟琪）以龚尧所割金川属寨还莎罗奔，且奏给印信、号纸，莎罗奔以是德钟琪。"参见赵尔巽等《清史稿》卷296《岳钟琪传》，中华书局1977年点校本，第10376页。金川属寨实际是退还给金川寺土司汤鹏管辖。

金川寺可能在明代后期摆脱董卜韩胡的控制而自立，之后兼并周边的别思满安抚司、崈州长官司等五土司之地。[1] 康熙五年（1666），金川寺吉儿卜细（རྒྱལ་མཚན་ལེགས་པ）归顺清朝，仍授演化禅师印信。[2] 清代初年，金川寺民户六千余，大金川四千余户，均少于杂谷万余民户（尚未计入梭磨民五千余户，卓克基、见那达两土舍各三千余户）。但是两金川民俗尚武，性强悍，精于击刺之术。金川寺兵强于杂谷，善劫营。而大金川兵最强狠，妇女皆骁勇若男子。两金川之地民风彪悍、好勇斗胜的民俗特点，也见于藏文史籍记载中。《章嘉国师若必多吉传》称，"东方嘉摩绒有个不小的部落，当地居民称其酋长为

---

[1] 庄吉发：《清高宗十全武功研究》，中华书局1987年版，第148页。

[2] 有关小金川归顺时间，史书记载不一。《平定金川方略》持顺治七年（1650）和顺治九年（1652）两种说法；嘉庆《四川通志》载，吉儿卜细于顺治九年归诚。乾隆三十六年十二月副将军温福饬令四川布政使李本详查四川地方档册后指出，"小金川现在土司泽旺之始祖多尔济嘉尔生子拉木布，拉木布生子三人，长子嘉尔泰利坡，次子嘉尔布思来，其庶子拉旺巴插，即系金川莎罗奔之父。嘉尔泰利坡于康熙五年投诚，颁给康字四十七号金川寺演化禅师印信一颗"。参见庄吉发《清高宗十全武功研究》，中华书局1987年版，第113页。《大清会典》指出，1665年坚藏利卜向清朝投诚，但是赵翼在《平定金川述略》中则称，1666年投诚的是嘉勒塔尔巴。瑞典学者王罗杰认为，坚藏利卜与吉儿卜细可能是同一人，嘉勒塔尔巴的藏文名字可还原为 རྒྱལ་མཚན་ལེགས་པ。参见 Roger Greatrex, "Tribute Missions from the Sichuan Borderlands to the Imperial Court", *Acta Orientalia*, Vol.58, 1997。但《皇清职贡图》载，坚参利卜于康熙五年（1666年）归化，其弟为吉儿卜细，袭职。参见（清）傅恒等编纂《皇清职贡图》卷6，日本早稻田大学图书馆藏乾隆十六年版。因此，康熙五年归诚授职最为可信。

饶丹嘉布（རབ་བརྟན་རྒྱལ་པོ།）。该部之人多剽悍尚武，地方到处峡谷峻岭，河流环绕，道路艰险难行"[1]。《安多政教史》也记，"大金川的河阳（北岸）地区有丹巴（བྲག་བ།）、拉丹（རབ་བརྟན།）、小金等土司的寨落。后两者势大强盛，当年霍尔王（ཧོར་རྒྱལ་པོ།）时期，据说未能把他们征服"[2]。两金川地居嘉绒腹地，杂谷、沃日、瓦寺在北，穆坪、明正、革什咱在南，金川寺横亘于中，在清初整个嘉绒地方的政治格局中居于颇为重要的战略位置。金川寺脱离杂谷的控制，逐步崛起，开始影响和改变嘉绒地方政治格局的走势。

在杂谷土司板第儿吉悔婚后不久，必色满事起，金川寺与杂谷发生直接的武装冲突，关系正式破裂。必色满原是金川寺族类，有寨六，在商角山（又名沙木角拉）之北，地方百里，与沃日、杂谷毗邻。康熙三十一年（1692）必色满土舍兄弟七人争地残杀，以二寨归附金川寺，以二寨归附杂谷。杂谷良儿吉以土舍女革什章嫁予投附的土舍。不久沃日土司欲攻瓦寺，乞请杂谷援兵。必色满发兵应援，杂谷乘机袭据之。必色满只得岁输赋于杂谷，却时常与金川寺土司汤鹏暗通款曲。金川寺土目雅南多据于孙克宗，势颇强悍。汤鹏欲为雅南多之子求婚于必色满土舍纳尔吉之女。纳尔吉是杂谷土舍女革什章之子。杂谷土司板第儿

[1] 土观·洛桑却吉尼玛：《章嘉国师若必多吉传》，陈庆英、马连龙译，中国藏学出版社 2007 年版，第 263 页。

[2] 智贡巴·贡却乎丹巴绕吉：《安多政教史》，吴均、毛继祖、马世林译，甘肃民族出版社 1989 年版，第 729 页。

吉闻悉,唆使纳尔吉以女已嫁予沃日土司哈儿吉为由拒绝,又拨土兵百余驻扎必色满寨内。汤鹏恼怒,与大金川袭击必色满。杂谷遣兵救援。隆冬时节,杂谷援兵翻越雪山,多有冻伤者。金川寺以逸待劳,尽歼杂谷之兵。此后,纳尔吉病故,汤鹏设计劫回纳尔吉尸骸。杂谷忿恨,纠合革什咱、沃日及孙克宗雅南多之兵攻金川寺。大金川应援,各部势力相斗不已。迫于川省地方官府和杂谷等各方的压力,汤鹏将革什章及纳尔吉之子德仁鹏、安冲朋安置于必色满旧地,实则暗中操控,据为已有。[1]

雍正三年(1725)金川寺与沃日争界事件进一步加剧金川寺与杂谷两大势力集团的分化和冲突。杂谷良儿吉在世时,曾令沃日土司援助金川寺,共同抵御孙克宗的侵扰。待金川寺恢复旧地后,良儿吉又令金川寺土司浪各王折将美固、色儿达两寨割于沃日,以示酬谢。王折、良儿吉去世后,杂谷与金川寺因悔婚之事积怨渐深。金川寺乘势举兵夺回割赠沃日的两寨,并攻夺陇堡、桑歌两寨。雍正初年,在清朝地方官员调停下,双方协商以美固等寨划归金川,以陇堡等寨归还沃日。但汤鹏设计骗娶沃日土司呢嘛乾参之妹,拒绝退还侵地,遂仇杀不已。六月,因杂

---

[1] (清)吴羹梅修、周祚峄纂:同治《理番厅志》卷4《边防志七·夷事》,同治五年刻本;(清)陈克绳:乾隆《保县志》卷8《边防志》,载张羽新《中国西藏及甘青川滇藏区方志汇编》,第39册,学苑出版社2003年版,第378、386页;中国第一历史档案馆编:《雍正朝汉文朱批奏折汇编》,第18册,江苏古籍出版社1991年版,第829页。

谷、沃日同金川寺、大金川为争界事构衅冲突，清朝仲裁介入。各方暂息兵戈，然嫌隙已深。[1] 此后，汤鹏意欲借助其女明正土司护理宣慰印务土妇喇章之力，干涉和操控明正土司事务，被护理董卜韩胡宣慰印务土妇王氏极力抵制。[2] 乾隆四年（1739），因互争必色满旧衅及争界事件，两大势力集团的矛盾最终以大规模武装冲突的方式爆发出来。七月，杂谷、梭磨、沃日、雅南多等先后数次攻劫小金川土司。大金川土司色勒奔同时三次发兵与革什咱土司丹津罗尔布（ༀ་རྗེ་འཛིན་ རོར་བུ）相互攻杀。[3] 战事平息后，各方试图扶助必色满土舍纳尔吉遗子德仁鹏，因其懦弱，必色满终为金川寺所并。

[1]　（清）吴羹梅修、周祚峄纂：同治《理番厅志》卷4《边防志七·夷事》，同治五年刻本；《清世宗实录》卷33，雍正三年六月，中华书局1986年影印本，第498—499页。

[2]　《清高宗实录》卷47、97，乾隆二年七月下、乾隆四年七月下，中华书局1986年影印本，第9、10册，第820—821、479页。康熙五十六年（1717），明正土妇工喀病故，无人袭替。其女桑结嫁予董卜土司雍仲七立。时七立已故，桑结遂护理董卜印务，兼管明正事务。雍正三年（1725），桑结亡于打箭炉（今康定）地震，无人承袭，乃以桑结之子董卜土司坚参达结兼管明正印务。雍正十年（1732），坚参达结病故，有两子。长子坚参康囊董卜土司之职，由土妇王氏护理。次子坚参德昌袭明正土司职，由明正土司正妻喇章护理。参见（清）曹抡彬、曹抡翰纂辑乾隆《雅州府志》卷11《土司》，台北成文出版社1969年影印本，第272—273页。

[3]　《清高宗实录》卷101、105、113、133，乾隆四年九月下、乾隆四年十一月下、乾隆五年三月下、乾隆五年十二月下，中华书局1986年影印本，第533、580、667、939页。值得注意的是，这位革什咱土司正是迎请伏藏大师桑吉林巴及其苯教徒弟昆珠扎巴前往嘉绒地方的土司丹增诺尔布。参见本书第三章。

乾隆八年（1743）色勒奔细袭职后，大金川日益强盛，逐步取代金川寺（即小金川）的政治地位和角色，演变为嘉绒土司纷争的主要策源地。嘉绒地方政治格局再次发生转变。大金川本是金川寺族舍，即促浸然旦（ཚུ་ཆེན་རབ་བརྟན ）。金川寺土司坚藏利卜（རྒྱལ་མཚན་ལེགས་པ)生二子。长曰吉儿卜细，袭土司职，居占固官寨（即布朗郭宗）。次子为汉王八泽，分居刮耳崖官寨，为土舍。八泽有三子，长子色勒奔，次子色勒奔细，幼子丢日吉。起初大金川势弱，所居之地"四围高山中多沃野，实为丰穰之区，而其四境之交界，皆属土司。各土司之羡其腴美，已非一日"[1]。色勒奔继承土舍位后，乘刮耳崖旁七小部落内斗争衅之机，袭取吞并，渐致众庶。因金川寺土司汤鹏为抗衡杂谷等土司，大多以大金川为后援，需借助其力，故凡事多顺遂大金川之意。雍正元年（1723）大金川土舍色勒奔（即莎罗奔）被封授安抚司职衔，品级与金川寺等同，大金川之势自此渐盛。为稳固关系，汤鹏令其子泽旺迎娶色勒奔之弟丢日吉女阿扣为妻，居于占固，汤鹏居于美诺。不料阿扣暗中与泽旺之弟良儿吉私通。泽旺闻知，羞忿不已，不愿与阿扣为夫妻。汤鹏在世时尚能勉力维系与大金川之间的姻亲之谊。1745年汤鹏去世后，泽旺袭金川寺土司职。大金川色勒奔细令其与阿扣和好，泽旺不肯，反而为其二子求婚于杂谷，以

---

[1] 《奏查年羹尧请颁给川省大金川土司印信号纸一案》，雍正元年，台北故宫博物院图书文献处藏《军机处档折件》，资料号：402019171。

之牵制大金川势力。不久孙克宗雅南多事件发生，小金川与大金川之间脆弱的联盟关系彻底断绝。

孙克宗（又作"僧格宗"）为金川寺所辖土目，地方三百余里，界于大金川与金川寺之间。康熙间孙克宗时常侵扰金川寺。之后土舍雅南纳投靠于汤鹏，居留金川寺官寨内。其弟雅南多驻守孙克宗。汤鹏纳雅南纳之妹庚格安聪为小妻。后雅南多据孙克宗以叛。孙克宗距汤鹏所居的美诺官寨仅三里，依山为险，竖碉设兵，易守难攻。汤鹏攻围不下，与雅南多媾和，协议岁纳粮于汤鹏，并遣子为质。由于金川寺索役无度，雅南多复以民怨叛。杂谷、沃日乘势说和雅南多，令其为内应，杂谷、梭磨、沃日与革什咱为外援，内外夹攻金川寺。事未遂，汤鹏与大金川攻孙克宗。雅南多又转投大金川，岁输盐，为依附"部落"。汤鹏去世后，泽旺以庚格安聪为中间人，与雅南多修好。雅南多又背弃大金川，不输盐。泽旺听从安聪之计，欲以安聪所生女同明正土妇喇章之子联姻，以为后援。大金川色勒奔细猜怒愈甚，阿扣与良儿吉为内应，乾隆十年（1745）大金川突然袭取金川寺占固、美诺二官寨，泽旺被擒。金川寺终为大金川控制。良儿吉取代泽旺，断绝与杂谷土司的往来，又遣兵攻杀雅南多，占据孙克宗。[1]

大金川既控制金川寺，吞并孙克宗，又以侄女阿纳嫁

---

[1]　（清）吴羹梅修、周祚峄纂：同治《理番厅志》卷4《边防志七·夷事》，同治五年刻本。

予同杂谷有隙的绰斯甲土司策丁丙朱，以另一侄女嫁巴旺土司之弟，同绰斯甲、巴旺联姻，以为羽翼，其势更盛。于是，以大金川与杂谷为首的南北两大势力集团的对峙局面形成。嘉绒地方各方势力均卷入这两大对立阵营之内，绰斯甲、巴旺、小金川与大金川为盟，革什咱、明正、沃日、瓦寺、梭磨、穆坪同杂谷为伍。乾隆九年（1744）巴旺土司境内屡遭灾疫。因驻于巴旺的巴底安抚司喇嘛纳旺之弟是大金川之婿，大金川遣人夫运送赈济物资，为其婿抚恤百姓。驻于巴底的土舍汪扎为纳旺之叔，也是革什咱土司之甥。汪扎怀疑大金川以运送赏物为名，实为觊觎巴旺，遂调兵堵御。纳旺又疑心其叔要劫夺馈饷，也派人抵御，并向大金川借兵。革什咱土司唯恐对汪扎不利，派兵来援，相互争杀。大金川与革什咱之间原已有旧怨，事起于1737年大金川土司色勒奔强占革什咱土司盖古交等四寨。革什咱土司丹津诺尔布欲借此乘隙报复。起初双方各自袒护其亲，继则别怀异见，相持仇杀，竟置纳旺、汪扎之事于旁，在巴旺恣意攻围。此后土司纳旺病故，其弟为护印土舍，仍与大金川和好。杂谷土司因屡与大金川构衅相斗，大金川邻封革什咱、明正、沃日则同杂谷和亲。色勒奔细怨于诸邻，在乾隆十二年（1747）联合金川寺孙克宗、绰斯甲、巴旺等先袭据革什咱正地土舍，占据其地，又分兵南攻明正土司下属鲁密土舍，渡鲁河至打箭炉以北的毛牛，又以金川寺兵攻沃日，攻破色耳底各寨，围困热笼、达怀官寨，由热笼寨分兵翻过奔拉山，侵入瓦寺，又合绰斯甲兵北攻杂谷土司属下党坝、见那达土舍，连同结隆冲土司，西攻霍尔章谷土司。清朝四川巡抚纪山极力主剿，遂有第一次金川之役。[1]

因受制于人口规模和地理环境，嘉绒各方势力的冲突往往规模较小、时间短暂。战事常发生在春夏两季。随着大金川的强势崛起和扩张，同以杂谷为首的势力集团的矛盾日趋白热化。两者关系脆弱而敏感，因琐事而起纷争，战事一触即发。当武力冲突爆发时，大金川常联结其同盟者，四处出击，与对方互攻，战事范围不可避免的波及整个嘉绒地区。各方势力常怀新怨旧恨，与邻封攘夺相斗，或各自为战，或邀盟争斗。战事常常因寒冬的到来而断断续续，却旷日持久，延续时间较长。故而进入18世纪中期，嘉绒各方势力的纠纷冲突局势已有别于以往局部性、个体性和时限短暂的状态，显现出新的特点，即逐渐呈现出扩大化、集团化和长期化的态势。战火有时甚至会蔓延到嘉绒之外。不过，受嘉绒统合裂变式传统政治模式的推动，经历明清之际激烈的兼并混乱局面，加之清王朝对嘉绒控制力度的强化，及各方政治力量的逐步均衡，无论是户众地广的杂谷，还是强悍勇斗的大小金川均意识到，为协调各方势力

---

[1]　《清高宗实录》卷219、223、279、284、286，乾隆九年六月下、乾隆九年八月下、乾隆十一年十一月下、乾隆十二年二月上、乾隆十二年三月上，中华书局1986年影印本，第825、885、647—648、708、734页。（清）吴羹梅修、周祚峄纂：同治《理番厅志》卷4《边防志七·夷事》，同治五年刻本。（清）方略馆纂：《平定金川方略》，全国图书馆文献缩微复制中心1991年版，第30页。

利益关系，获取更多短缺的资源（粮、盐等），单纯依靠个体政治力量，已难实现。邀约结盟（包括对等关系和质子、经济盘剥等形式的不对等关系）成为嘉绒各土司构筑和延续相互关系，在乱局中求得一席之地的主要生存策略。而与14—16世纪不同，宗教信仰与拟血缘关系的族姓之别在明清之际的嘉绒政治纷争中已渐渐失去整合关系的功效。从嘉绒土司关系的演变来看，政治联姻渐成主导此时期各土司建构权力关系网络的关键性因素。

第四节　嘉绒藏族土司的联姻关系

联姻是全面、集中展现18世纪以降嘉绒藏族土司之间动态关系最为直观、具体的方面。通过土司间盘根错节的联姻关系分析，我们可看到各土司对通婚对象的抉择是如何受到嘉绒地方传统社会文化制约和影响的，又怎样意图以政治联姻拓展和建立权力关系网络。事实也表明政治联姻犹如一把双刃剑。联姻关系使土司陷入复杂的关系旋涡中，潜移默化地影响着土司具体的政治行为，在利弊之间做出抉择。政治联姻也突显出联姻个体的形象和表现，在权力纷争中展现出个体的角色和作用。

一　传统社会文化场景中土司的婚姻抉择

有关嘉绒土司通婚关系的藏汉文献记载残缺而简略。因清朝对嘉绒事务的关注，特别是金川之役的促使，丰富的汉文文献资料或多或少揭示出嘉绒土司的婚姻关系面貌。结合民族志资料，我们可以复原和推衍出清代嘉绒土司通婚关系中的某些重要信息，乃至基本规律和原则，并涉及嘉绒土司的权力架构、继嗣原则等问题。

　　土司对婚姻对象的选择及其通婚范围同嘉绒藏族传统的社会文化习俗密不可分。民族志资料显示，嘉绒藏族属于较为典型的家屋型社会结构。[1]家屋是嘉绒藏族传统社会组织的基本单位。每一家屋均有专门名称，通常被称作房名（或屋名、家名）。围绕房名而衍生出的物质与非物质的社会意涵所构成的房名制度，涉及嘉绒藏族的婚姻、家庭组织、继嗣制度、血缘关系和居住形态等诸多方面，是深入了解和认识嘉绒藏族社会结构的重要环节。房名的传承预示着继承者将获取附属于房名之下的房屋、财产、土地等。房名的传承即家屋的继承。房名也可以显示个体的家屋归属，以便使外人通过房名知晓某人归属于某一家屋，

----

　　[1]　家庭社会模式最早是由法国人类学家列维·斯特劳斯（Levi Strauss）提出的，旨在解决结构松弛的社会中亲属与社会建构之间的关系。家屋社会属于"一种处于转变中、混合的社会形态，介于亲属基础（Kin-based）与阶序基础（Class Based）的形态之间，同时可见于复杂社会与无文字社会之中"。参见高怡萍《亲属和社会群体的建构》，《广西民族学院学报》2000年第1期。研究中国西南少数民族家屋社会的学者，不止局限于亲属研究的范畴，而将之扩展至家屋的象征意义领域。参见何翠萍《人与家屋：从中国西南几个族群的例子谈起》，"仪式、亲属与社群"小型学术研讨会会议论文集，中研院民族所与清华大学人类所主办，2000年。

体现出个体的社会地位和家庭境况。[1]嘉绒传统社会中的房名具有鲜明的阶层分化特点。20世纪40年代人类学家林耀华的实地调查显示，嘉绒传统社会大致可划分为三个阶层：土司土舍、大小头人和百姓。各阶层普遍拥有房名。由房名亦可看出家屋所有者的社会地位。土司或头人的房名还可扩大到代表整个辖区沟域村寨的称谓。比如梭磨、卓克基、松冈等寨名，"为土司的住所与名号，但也扩大代表土司所统治的范围，实际上土司有权支配全土的土地财产"[2]。因而对嘉绒土司婚姻关系的分析，需置于嘉绒传统的阶层化社会结构中来考察。

就横向通婚范围而言，清代嘉绒土司大多采取"就近"选择的方式，或在嘉绒土司之间，或同霍尔[3]、阿坝草地等邻近土司联姻，形成一种默认约定的世代通婚关系。这一关系的持久性和复杂性可由绰斯甲土司议婚之事体现出来。乾隆三十年（1765），绰斯甲土舍工噶诺尔布为其应袭土司之位的子侄择婚。依照传统惯例，倘若"旧系姻亲，番

---

[1]　[美]巴伯若·尼姆里·阿吉兹：《藏边人家——关于三代定日人的真实记述》，翟胜德译，西藏人民出版社1987年版，第147页；邹立波：《嘉绒藏族房名初探——以雅安市硗碛藏族乡嘎日村为例》，《藏学学刊》2010年第5辑。

[2]　林耀华：《川康嘉戎的家族与婚姻》，载《民族学研究》，中国社会科学出版社1985年版，第414页。

[3]　大金川、绰斯甲与霍尔麻书土司属亲戚关系，革布什咱、德尔格、上中瞻对与霍尔孔撒土司又属亲戚关系。参见《清高宗实录》卷495，乾隆二十年八月下，中华书局1986年影印本，第223页。

俗应得联婚"。应袭土司子侄之母是大金川土司郎卡之姊。郎卡与绰斯甲年幼的应袭土司"谊属郎舅"关系。若依旧制，择婚对象应从大金川土司郎卡后嗣中选择。但是时值九土司环攻大金川之际，工噶诺尔布向清朝地方官府禀称："近年彼此结怨，现复会攻，难与联姻。至小金川亦系世代姻亲，现在无女可配。惟明正土司有女，系小金川之甥女。按番俗甥女与亲女无异，求与明正土司为婚。"明正土司对婚媾提议迟疑不决，回复道："伊系阐内土司，深知内地法令。绰斯甲僻处番境，夷性靡常。若遇结亲，恐日后受累。且婚姻之事，须两家情愿，俟与绰斯甲互相择看男女，如可定婚，即禀明办理。"[1] 绰斯甲固然感受到来自王朝权威的政治压力，灵活变通的避让与大金川婚媾之嫌，却仍遵循"番俗"旧例，尽力保持旧有的世代联姻传统。而明正土司的顾虑则表明由于受王朝政治熏染的差异性，嘉绒土司之间的认同感业已出现"文"与"野"的分化。但是世代联姻惯例依然是影响嘉绒土司通婚抉择的主要因素。第二次金川之役前大金川土司索诺木之母、妻是布拉克底（即巴底）土舍安多尔之姊、女。安多尔又娶索诺木之姑，世为婚姻。绰斯甲土司娶索诺木之妹。丹坝（即党坝）土舍迎娶索诺木之姊。小金川僧格桑之妻为索诺木之妹。索诺木的两位

[1]　《奏闻绰斯甲土司工噶诺尔布与明正土司议婚之处缘事与金川有关事》，乾隆三十年十月二十一日，台北故宫博物院藏《宫中档奏折·乾隆朝》，资料号：403021682。

妻子，一位来自卓克基，一是布拉克底的女儿。[1] 因而嘉绒土司之间的通婚通常是长期和定向的，由此交织起一张复杂的世代联姻关系网，形成世代为婚、代代叠加的姻亲关系，如明正与木坪、鱼通土司，大金川与绰斯甲、四土等。

那么，嘉绒土司在具体选择通婚对象时，又怎样受到嘉绒藏族传统社会文化影响呢？20世纪40年代林耀华对嘉绒藏族婚姻与家庭的调查研究表明，在土司统治体制下的嘉绒藏族婚姻具有六大基本原则：其一，禁止血缘内婚，也就是近亲禁婚。即同一家户名号（即房名）之下的家庭成员是绝对禁止通婚的。其二，流行姑舅表婚，在堂兄妹、姨表兄弟姊妹之间也可通婚。通婚对象既无族内外之别，也没有辈分上的限制。其三，收继婚普遍存在，即兄死弟娶其嫂，或弟故兄娶弟妇的婚姻形态。其四，夫姊妹婚。其五，严格的阶级内婚。土司自为一特殊阶层，历代土司之间大多在阶层内部相互联姻，或同土舍阶层通婚。至近代，因土司权势衰落，头人势力崛起，土司与头人阶层乃至普通百姓通婚者逐渐增多。其六，通婚对象抉择并不注重族属，跨族联姻较多。[2] 林氏对嘉绒传统社会婚姻特征的归纳，主要依据实地田野调查，辅助大量汉文文献资料。关注的侧重点主要是嘉绒社会的土司阶层。因而林氏的研究观点

---

[1] 冯明珠、庄吉发编：《金川档》，台北故宫博物院2007年版，第528、531页。

[2] 林耀华：《川康嘉戎的家族与婚姻》，《民族学研究》，中国社会科学出版社1985年版。

颇能反映出清代至 20 世纪 40 年代嘉绒藏族社会传统婚姻惯例的延续性。阶层内婚、收继婚等特点可视作约制清代嘉绒土司婚姻抉择的主要原则之一。

嘉绒土司之间实行严格的阶层内婚。因严格强调"根根"观念，即血缘纯正、出身高贵，土司和土舍阶层是土司通婚的主要对象。以清代小金川土司的通婚圈为例（参见图示 4-2[1]）。土司浪各王折娶杂谷土司良儿吉之女阿思妈。浪各王折亡故后，其弟汤鹏继娶阿思妈。此为收继婚，生一子泽旺。汤鹏又娶沃日土司呢嘛乾参之妹阿妈桑，生良儿吉、小朗素二子，续娶孙克宗土舍雅南纳之妹庚格安聪，仅生一子，又以雅南纳之弟雅南多女葱旺错为小妻。汤鹏之姊丢日原嫁于卓克基土舍阿吉，后为杂谷土司板第儿吉所娶。由于汤鹏与杂谷土司有嫌隙，汤鹏乃与大金川色勒奔结盟，以色勒奔之弟丢日吉女阿扣，嫁与汤鹏之子泽旺。[2]

可以看出，清代嘉绒土司婚姻关系存在一夫多妻制婚姻形态，且是较为普遍的现象，又有夫姊妹婚。土司或土舍亡故后，遗妇可续赘夫，或改嫁其他土司或土舍。乾隆《保县志》亦载，"婚姻自土司、土目、土舍各以相匹者为偶，酋长承袭即妻其所承之人之妻，纳后母，娶嫠嫂，不以为非，

---

[1]　图示箭头代表通婚关系。

[2]　（清）吴羹梅修、周祚峄纂：同治《理番厅志》卷 4《边防志七·夷事》，同治五年刻本。

而贵贱不可紊"[1]。故而个体子嗣常以通婚的方式，流动于土司或土舍阶层之中。而土舍阶层往往是为土司联姻提供可待嫁娶的个体。

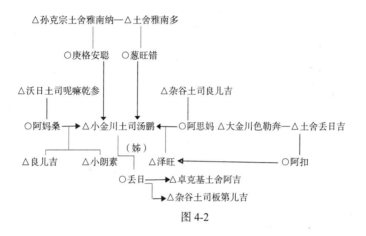

图 4-2

嘉绒土司之间因联姻而结为复杂的亲属关系，是否存在基于血缘远近关系而形成的禁婚惯例呢？林耀华先生依据实地调查所得，指出同一房名之下的家庭成员是绝对禁止通婚的，即禁止血缘内婚，情况是否如此呢？同治《理番厅志》记载了一条重要史料：清初，沃日土司哈儿吉之妹泽尔吉善抚御番众，诸事皆由其主理。哈儿吉先娶必色满土舍纳尔吉之女，亡故后又续娶木坪土司之女朗金初。未及半年，哈儿吉病故，以故庶兄丢日吉遗子纳尔吉承袭土职。因泽尔吉意图继续掌持沃日大权，曾愿纳赘夫。时

[1] （清）陈克绳：乾隆《保县志》卷8《边防志》，载张羽新《中国西藏及甘青川滇藏区方志汇编》，第39册，学苑出版社2003年版，第383页。

梭磨土舍勒儿悟获悉后，愿以其弟朗松赘于沃日。朗金初之母木坪土妇王夭夭认为其女应袭夫职。沃日土目则称当以纳尔吉承袭叔职，遂起纷争。川省地方官府介入，屡次剖结未果。泽尔吉在呈递给地方官府的禀文中宣称："朗金初外人也，不可信。沃日亲枝叶，惟纳儿吉与泽儿吉姑侄，邑令固父母，我者尔女，年长矣。而沃日目众谓其能理事，不令出嫁他姓，父母曷为尔女商终身，以侄纳儿吉赏之为夫，令其相夫以主沃，词甚迫切。"[1] 以此知，泽尔吉与纳尔吉同出一脉，为姑侄关系。泽尔吉虽可能同纳尔吉之父丢日吉是同父异母，然泽尔吉并没有出嫁。依照房名制度，在女子出家之前，依然属于父母辈的房名之下成员。所以与纳尔吉确为同一房名之下的直系近亲。泽尔吉主政沃日期间深得人心，"知赏罚，善抚恤，民皆用命"[2]。故沃日目众竟提出以泽尔吉许配于纳尔吉，并未顾及两者之间的近亲血缘关系。因而在围绕土司继承等世俗权力问题上，婚姻的抉择又并不全然受制于嘉绒传统的社会文化习惯。

　　沃日的事例并非孤证。小金川土司泽旺因嫌恶大金川土司色勒奔之女阿扣同其庶弟良儿吉私通，虽经其父汤鹏的劝解及大金川的胁迫，泽旺始终不愿理会阿扣，终致大小金川嫌隙渐深。泽旺为摆脱大金川，暗中同杂谷来往，

---

　　[1]　（清）吴羹梅修、周祚峄纂：同治《理番厅志》卷4《边防志七·夷事》，同治五年刻本。

　　[2]　（清）陈克绳：乾隆《保县志》卷8《边防志》，载张羽新《中国西藏及甘青川滇藏区方志汇编》，第39册，学苑出版社2003年版，第386页。

又接受庚格安聪的主意,援引"夷例",续娶汤鹏之小妻葱旺错。安聪为多结外援,劝告泽旺以安聪所生女嫁与明正土妇喇章之子。喇章为汤鹏之女,是泽旺之妹。喇章起初并不愿结亲,理由是"此姊妹也,可为姑妇乎?"因泽旺强求,遂允准。[1] 汤鹏之女与喇章之子属于姑侄关系。这一关系同沃日泽尔吉与其侄纳尔吉的关系相似。不过,喇章之子属于明正土司世系的成员,而非小金川土司世系之内,故两者即便是通婚,也应是不同房名之间的联姻。但喇章以血缘近亲为由,试图拒绝,亦可看出跨辈分的近亲通婚在嘉绒土司之间还是存在的。

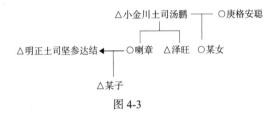

图 4-3

在藏族传统社会中,对亲属关系的界定,即对"亲"的认定,主要是通过"骨系"。"骨"是一种特殊的遗传物质,可从父系或母系追溯,作为确定亲属关系的依据。"骨系"的另一重要社会功能是规范和限定通婚范围,以"骨系"为标准来明确禁婚的范围,"骨系传承的主要功能并不是认同亲属关系范围,而是规定通婚范围和非婚两性关系范围。

---

[1] （清）吴羹梅修、周祚峄纂：同治《理番厅志》卷4《边防志七·夷事》,同治五年刻本。

186

也就是说，同属一个骨系的男女严禁结婚和发生非婚两性关系"[1]。来自同一"骨系"的男女在禁婚之列。[2] 在藏区的不同区域，人们对"骨系"的认识和理解有所不同。因而通过"骨系"规定的禁婚范围也有差别。依据调查者的研究表明，嘉绒藏区存在"父骨母肉"的说法。父系血缘在其中起到决定性的作用。由父之"骨"追溯，出自于同一"骨头"的人，属于"亲"之列。相互之间形成较为严格的血亲禁婚。父系血缘三代以后，"骨头"换过，可在第四代通婚。若为亲姊妹，因女性出嫁后换过"骨头"，故在第三代即可通婚，而且是最佳通婚对象。但是如果是兄妹或姐弟之间，只要有一方"骨头"传自男性，则属于禁婚范围。[3] 所以按照"骨系"禁婚的原则，嘉绒民间应是禁行姑舅表婚的，这同林耀华在民国时期的调查所得相异。

林氏曾列举了三个例子来说明嘉绒盛行堂兄妹婚、姨表兄妹婚和姑舅表婚：一是沃日土司杨全忠仅有一女，同杨的三弟之子杨春辅通婚。杨全忠去世后，杨春辅以赘婿

---

[1]　包智明、万德卡尔：《藏北牧民亲属结构——对藏北牧区社会的实地调查》，载《西藏社会发展研究》，中国藏学出版社 1997 年版，第 359 页。

[2]　有关藏区"骨系"的研究，参见南希·列维妮著，格勒、赵湘宁、胡鸿保译：《"骨系"（rus）与亲属、继嗣、身份和地位——尼泊尔尼巴（nyinba）藏族的"骨系"理论》，《中国藏学》1991 年第 1 期；格勒：《藏北牧民》，中国藏学出版社 2004 年版；扎洛：《卓仓藏人的骨系等级婚制及其渊源初探》，《民族研究》2002 年第 4 期。

[3]　李锦：《父亲的"骨"和母亲的"肉"——嘉绒藏族的身体观与亲属关系的实践》，《广西民族大学学报》2010 年第 3 期。

的地位承袭土司之位；一是卓克基地方的普通民户之子，新娶母妹之女为妻；一是黑水头人苏永和同头人高羊平为姑舅表兄弟，苏娶高姊，高娶苏姊。[1]除第二事例外，其他两案例皆来自于嘉绒地方的权力阶层。而且第二案例实际上遵循了"父骨母肉"的禁婚规范。由此嘉绒地方的权力阶层与民间社会的通婚习俗有一定差异。清代大金川土司的通婚范围已说明土司之间比较流行姑舅表婚。索诺木之母、妻为布拉克底土舍安多尔之姊、女。安多尔又娶索诺木之姑。而且，索诺木之姑嫁给布拉克底土舍，布拉克底土舍之姊又嫁给索诺木之父土司郎卡，又具有换亲因素，使两者之间的联姻关系更为紧密。因而无论是"骨系"规范的禁婚原则，还是近亲血缘禁婚的规定，在嘉绒土司、土舍、头人等权力阶层的通婚实践中并不起实质性约制功能。在传统的嘉绒社会文化场景中，决定通婚关系抉择的原则，明显带有阶层化的特征，土司等权力阶层同嘉绒民间社会有别。

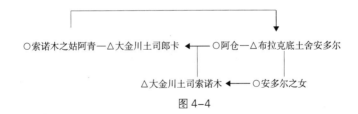

图 4-4

---

[1]　林耀华：《川康嘉戎的家族与婚姻》，载《民族学研究》，中国社会科学出版社 1985 年版。

二　土司通婚抉择中的政治因素

土司权力阶层有悖于嘉绒地方民间社会文化中的通婚原则，应同土司的继嗣问题直接有关。依照嘉绒传统惯例，土司继嗣采取双系继承制度。无论男性或女性，土司子嗣皆有继承土司之位的权力。若土司子嗣中多子多女，通常是由男性承继土司。其余子嗣或入赘，或出家。女子则出嫁。若皆为女性，一女承继土司，或招赘婿，由赘夫继承土司职位。从清代顺治初年，清朝开始制定法令，试图规范西南边疆土司的承袭制度。康熙十一年（1672）的新规定更是将土司的承袭者严格限定为单向的父系继嗣，且为嫡系长子。而将其他子嗣排斥在继嗣者的考虑之外。[1] 但是这些规定对嘉绒土司的冲击并不大，女性依然在政治生活中充当着不容忽视的角色。她们常常作为年幼土司的监护者，或直接执掌印信，延揽土司大权。即便是嘉绒土司倾向于以男性子嗣继承土司之位，也并非如同清朝规定，一律采取嫡长子继承的方式。以然旦版苯教大藏经中记载的大金川土司王统世系第27—45代土司为例：

27. 扎嘉阿欧（ གྲགས་རྒྱལ་ཨ་འང，四兄弟之长）；28. 雍

第四章　明清时期嘉绒藏族土司的政治关系

---

[1]　John E.Herman, "Empire in the Southwest: Early Qing Reforms to the Native Chieftain System",*The Journal of Asian Studies*,Vol.56, No.1,1997. 中译文参见于晓燕译《帝国势力深入西南：清初对土司制度的改革》，载陆韧主编《现代西方学术视野中的中国西南边疆史》，云南大学出版社 2007 年版，第 178—216 页。

仲崩（ གཙུང་རྡུང་འབུམ， 三兄弟排行第二）；29. 南嘉扎巴
（ རྣམ་རྒྱལ་གྲགས་པ）；30. 绰沃杰波（ ཆོ་བོ་རྒྱལ་པོ，三兄弟排行第二）；
31. 才旺顿珠（ ཚེ་དབང་དོན་གྲུབ）；32. 阿仲（ ཨ་རྡུང）；33. 扎嘉
（ གྲགས་རྒྱལ，五兄弟排行第二）；34. 多杰嘉（ རྡོ་རྗེ་རྒྱལ，五兄
弟排行第二）；35. 达瓦（ ཟླ་བ）；36. 仲嘉（ འབྲུང་རྒྱལ，两兄
弟之长）；37. 阿绰（ ཨ་ཆོ，四兄弟排行第二）；38. 拉崩
（ ལྷ་འབུམ，三兄弟排行第三）；39. 多杰杰波（ རྡོ་རྗེ་རྒྱལ་པོ，
两兄弟排行第二）；40. 拉崩（ ལྷ་འབུམ，两兄弟排行第二）；
41. 丁松（ ཏི་སུང）；42. 拉旺多杰（ ལྷ་དབང་རྡོ་རྗེ，五个孩子排
行第二）；43. 多杰嘉（ རྡོ་རྗེ་རྒྱལ，五个孩子排行第二）；
44. 南卡杰波（ ནམ་མཁའ་རྒྱལ་པོ，五个孩子之长）；45. 索南
旺嘉（ བསོད་ནམས་དབང་རྒྱལ，五兄弟排行第三，其他是贡达杰
波 གོང་ཏ་རྒྱལ་པོ，鲁旺甲措 ཀླུ་དབང་རྒྱ་མཚོ，扎嘉 གྲགས་རྒྱལ和顿巴杰
སྟོན་པ་རྗེ）。[1]

  在大金川然旦土司的王统世系表中，男性子嗣继承土
司之位，并没有严格的嫡庶长幼之分，具体由何人承袭土
司职位，也没有固定规律可循。当由选定的男性子嗣继承
土司职位后，其余子嗣除入赘者或分作土舍外，大多选择
出家。故史载嘉绒地方"俗信佛，喜度僧，惟以一子桃曰

---

[1] Samten G.Karmay, *Feast of the Morning Light: the Eighteen Century Wood-engraving of Shenrabs' Life-storied and the Bon Canon from Gyalrong,* Osaka: National Musem of Ethnology,2005,pp.51-52.

血人"[1]。祧，承继先代之意。以一子娶妻生子，承担起延续土司世系血脉的责任。譬如大金川土司索诺木兄弟五人，除索诺木外，皆冠以莎罗奔（）头衔，均是出家之人。所以嘉绒土司世系后裔子嗣繁衍往往无多。到清代后期，松冈、梭磨、卓克基等土司世系甚至出现绝嗣的现象，不得不从其他土司或土屯守备的子嗣中选择合适成员继承土司职位（可参见本书附录）。嘉绒土司世系成员数量有限，加之土司、土舍阶层在整个嘉绒传统社会中居于少数。这就使得嘉绒土司选择通婚对象时，面临着可选择余地有限的困境。倘若严格按照嘉绒民间社会的通婚原则，如近亲禁婚或禁姑舅表婚，则将使各土司普遍面临绝嗣的严重态势。这应是嘉绒土司在选择通婚对象时，较嘉绒民间通婚原则更为灵活、宽松和多样的原因之一。

那么，嘉绒土司对通婚对象的抉择，是否只是置于嘉绒传统社会文化场景中就能够全面理解了呢？汉文文献对嘉绒土司的联姻关系及其对土司关系的潜在影响力有一段颇具典型性的史料记载：

> 杂谷酋良儿吉能以智谋驭众，诸部皆拱手听命，而金川、沃日、绰斯甲更以子婿尽小事大之理。传至

---

[1]　（清）李锡书纂述：嘉庆《汶志纪略》，嘉庆乙丑夏五月新镌，药石山房藏版。但是汉文史料记载，"历来各土司承袭，皆系土司平日指定嫡出之子"，"番地旧例，既应嫡子袭职，土司在日即行指定"。参见（清）方略馆纂《平定两金川方略》，全国图书馆文献缩微复制中心1991年版，第1043—1044页。

板弟儿吉，以逐金川寺汤鹏姊，绝世好，然畏杂谷，不敢
与抗。苍旺袭，三易其妻，绰斯甲、瓦寺之好俱绝，大金
川色勒奔细乘间与结盟誓，定婚姻，杂谷于是孤立。[1]

杂谷土司良儿吉能够在短期内掌控嘉绒北部，一方面源
于其出众的政治才干，能使各土司服属听命；另一方面则得
益于同金川、沃日、绰斯甲等势力较强者的联姻。联姻是当
时嘉绒土司之间在纷争攘夺的社会环境中，求得生存和发展
的重要手段。土司以姻亲关系同周边各方政教势力结为牢固
的同盟，获取各方势力的协助和支持，寻求自身势力的巩固
和扩展，并由此对抗与之为敌的强邻。如小金川土司汤鹏与
杂谷土司板第儿吉存有嫌隙。为得到大金川的武力支持，汤
鹏与大金川色勒奔联姻结盟。色勒奔以其弟丢日吉之女阿扣
嫁汤鹏之子泽旺。泽旺因阿扣私通其弟良儿吉，深以为恶，
与大金川关系疏离，为对抗大金川，反为其二子求婚于大金
川之宿敌杂谷土司。

在试图处理和协调嘉绒各方势力时，清朝也意识到
联姻对于各土司协力对抗大金川的重要意义。在第一次
金川之役的善后事宜中，四川总督策楞就强烈建议朝廷
应将杂谷、革布什咱、沃日、小金川四土司联为一气。
小金川、沃日合纵的方式就是婚媾。以沃日土女泽尔吉

---

[1]　（清）吴羹梅修、周祚峄纂：同治《理番厅志》卷4《边防志七·夷
事》，同治五年刻本。

嫁予小金川土司泽旺，令两者协守疆域。[1]联姻俨然是嘉绒各土司之间合纵连横关系实现的主要途径之一，而被赋予政治的意涵。

通婚是将两个不同的土司世系紧密联结起来的最为有效、深入的方式，特别是世代通婚。在土司纷争中，通婚的意义从社会层面被提升到政治关系层面。土司之间关系的融洽与否，常常以联姻关系是否牢固作为评判的主要依据。当联姻关系破裂时，土司之间以联姻为纽带维系起来的政治关系亦随之被改变。杂谷土司苍旺的事例最具代表性。苍旺之兄色丹增去世后，苍旺以收继婚的方式，续娶其嫂绰斯甲女雍中丹增。不久嫌弃其嫂，另娶瓦寺土司桑郎温恺之女阿孟。阿孟病故后，苍旺又娶阿孟之妹扣思满。时董卜土妇王夭夭之女朗金初娇慧有声，先嫁予沃日土司哈儿吉。哈儿吉病殁后，朗金初与哈儿吉之妹泽尔吉为土司继承问题发生争执。苍旺闻其事，艳羡朗金初，竟将瓦寺土司之女扣思满送归母家，而往娶朗金初。苍旺三易其妻，与绰斯甲、瓦寺交恶，婚姻关系的破裂导致苍旺的权力关系网络消解，助推了苍旺的最终灭亡。[2]

因而对于意识到政治联姻意义的各土司而言，联姻无

---

[1]　《清高宗实录》卷336，乾隆十四年三月上，中华书局1986年影印本，第13册，第631—632页。

[2]　曾穷石：《清代嘉绒地区土司的婚姻初探》，《西藏大学学报》2004年第4期。

疑是拓展其同其他土司之间权力关系网络的法宝，进而衍生为强势土司意图控御乃至侵吞弱小土司，同其他强势土司结盟，以为声援的手段。到大小金川相继崛起之后，联姻关系和结亲的破裂时常是分化各土司和造成土司纷争的主要缘由。第二次金川之役期间，被俘的大金川头人丹巴沃杂尔在回忆乾隆三十六年（1771）金川战事导火索——大金川侵并革布什咱事件时称，"因革布什咱与金川做了亲，将他女儿退回来了，土司心上恨他，渐渐发兵去攻打"[1]。革布什咱土司索诺木多布丹同金川之女土妇失和的原因，是因土司与其表妹霍尔章谷土司之女私通生子，引起土妇的不满。争执之下，土司竟试图驱逐土妇。土妇无故暴毙后，陪嫁头人疑心土司暗害，愈加忿恨。因土司对下属素来苛虐，土舍朗卡瓦尔佳暗中与大金川往来。索诺木以女嫁之，令其为内应，遂有大金川突袭戕杀革布什咱土司之事。

在第一次金川之役后，由清朝授意和直接督促下，大金川周邻九土司曾先后围攻大金川长达近10年。大金川郎卡最终瓦解九土司合纵关系的突破口同样是联姻。郎卡先同绰斯甲土司通婚，后又与小金川联姻。到第二次金川之役爆发前，大金川土司已同周边的小金川、巴底、绰斯甲、党坝、松冈、卓克基、革布什咱等土司或土舍结为交错的联姻关系网络（见图4-4所示）。大金川势力借此得

---

[1]　冯明珠、庄吉发编：《金川档》，台北故宫博物院2007年版，第4465页。

以扩展，并在同其他敌对土司的对抗和冲突中寻求声援。因而第二次金川之役期间跟随定边副将军温福赴金川军营的王昶曾在日记中写道，清军以绰斯甲为围攻大金川一路，"因是时绰斯甲心怀两端，不肯指出此路，专引官兵由甲索而进，以致阻滞"。至于党坝一路，"必经由梭磨、卓克基、松冈之境"，"三土司内惟梭磨土妇恭顺知法"。实因梭磨土妇卓尔玛是革布什咱土司之女。大金川灭革布什咱，卓尔玛有切齿之仇。"其卓克基、松冈二土司情同首鼠，而松冈尤与金川朋比"，也是由于松冈与金川联姻，松冈土司纳穆尔佳"初娶绰斯甲女，弃之，复娶金川女。"[1]

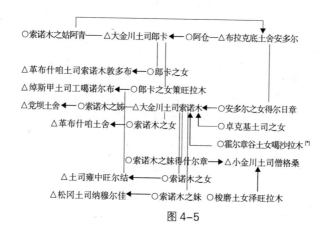

图 4-5

[1]　（清）王昶：《蜀徼纪闻》，张羽新校注，《中国西藏及甘青滇藏区方志汇编》，第 43 册，学苑出版社 2003 年版，第 342、343 页。

注 [*] 又作扎什纳木，霍尔章谷土女原为革什咱土司色楞敦多布之妻，其子为诺尔布湛都尔。乾隆三十六年（1771）革什咱土司被大金川袭杀后，章谷土女被掳，索诺木纳为"小女人"，"众人称为阿什密，饮食衣服，均与索诺木大女人德尔什尔拉木相同"。参见（清）方略馆纂《平定两金川方略》，全国图书馆文献缩微复制中心 1991 年版，第 1447、1463 页。

联姻之所以使土司之间形成亲密关系，还源于联姻过程中出现的人员流动。土司子女或赘或嫁于其他土司家中。生活际遇随情势不同而有别，或主事政务，身兼大权，或遭摈弃、丧偶而归还娘家。但是若应袭土司年幼，按照"外番习俗，地方事务半由土妇主持"[1]。因甥舅关系，土司及其下属的头人、百姓也会在心理和行为上对联姻土司怀有亲近感或顾虑，无形中深刻影响土司之间的关系。依据汉文史料记载，当土司之女嫁给其他土司时，土女的随嫁者即同土女常住于嫁入地。这些随嫁者的人员构成复杂，从头人到普通百姓，数量不等，身份有别，后来逐渐成为入嫁土司的属下，融入当地的社会生活中。据称为明正土司主管服饰的充布错锅庄主，是随绰斯甲土司女嫁来明正地方的，保留了原来信奉的宗教信仰——崇奉充窝大神。[2] 第二次金川之役期间一位被俘番人称，"小的年四十七岁，原

[1] 《奏闻绰斯甲土司工噶诺尔布与明正土司议婚之处缘事与金川有关事》，乾隆三十年，台北故宫博物院图书文献处藏《宫中档奏折·乾隆朝》，资料号：403021682。

[2] 邓廷良：《明正土司考察记》，载李绍明、童恩正《雅砻江上游考察报告》，中国西南民族研究学会、甘孜藏族自治州人民政府编印 1985 年版，第 43 页。

系梭磨人，从前跟土女泽旺拉木随嫁到儳拉去。后来泽旺拉木被僧格桑毒死了，把我们安在底木达。三十七年官兵打进来，小的逃到促浸，在库尔纳住，将库尔纳番妇蒙章，年三十七岁，配与小的"[1]。另一位参与战事的小金川被俘番人也供称："卡子上带兵的头人有两个，俱是金川陪嫁过来的。一个名字叫郎布，一个不知道叫什么。"[2] 而且，此类随嫁者因兼具两种身份，跨越在嫁出土司与嫁入土司之间，常充当两者之间的信息传递者，是联姻后两土司进行沟通交往的媒介群体之一。第二次金川之役期间被俘的番人班达斯甲布曾供称，"我听见绰斯甲布土司与金川时常通信，传信的人是金川赔嫁到绰斯甲布的桑格底。这话是金川头目策楞索诺木拥肿告诉我的，至于他信内的话，我不知详细"[3]。可知，各土司之间联姻关系进一步的紧密与延续，正是通过随嫁者的来往流动实现的。

概言之，清代嘉绒藏族土司之间的联姻关系具有两个较为突出的特点：其一，土司间的通婚对象抉择，的确受制于嘉绒传统社会文化习俗的规约，却因土司阶层内婚的

---

[1] 中国第一历史档案馆、鄂温克族自治旗民族古籍整理办公室编：《清宫珍藏海兰察满汉文奏折汇编》，辽宁民族出版社 2008 年版，第 377 页。

[2]《奏为奴才现留宋元俊筹办西山梁占据甲尔本事宜据实覆奏》附二《拿获小金川贼犯供单》，乾隆三十七年，台北故宫博物院藏《军机处档折件》，资料号：017572。

[3] 冯明珠、庄吉发编：《金川档》，台湾故宫博物院 2007 年版，第 1874 页。

局限性，而导致可供土司通婚选择的对象范围有限。因而土司的通婚选择又并非是完全拘泥于嘉绒的传统习俗，具有阶层化差异的特点。其二，土司对政治因素的考量影响着对通婚对象的选择过程。各土司通过联姻的方式联结为错综复杂的权力关系网络。

第五章　中央王朝治边方略对嘉绒藏族土司关系的影响

　　明清时期是中央王朝在西南边疆大力开拓和经营的重要阶段。通过重建和完善元代以来推行的土司制度等，明清两代竭力将西南边疆纳入中央王朝统治体系之中，逐步实现对西南边疆的掌控。在此过程中，面对族类繁杂、文化多样的西南边疆，明清两代依据区域和时代的差异性，实施颇为灵活、多元的治边方略，不断调整中央王朝与边疆土司之间的相互关系。但是土司并非一味被动，而是具有一定的主动权。边疆各土司也依照自身的政治逻辑同变动的中央王朝治边方略发生碰撞、冲突和调适。缘于中央王朝治边力度的持续深入和强化，边疆各土司有意或无意的倾向于将中央王朝的政治影响力视作一种不可忽视的潜在权力资源，加以利用。当引入中央王朝的政治权威后，新的规制和法则开始逐渐的约制、影响和改变各土司之间的关系。各土司盘根错节的关系，也迫使中央王朝需调整其治边方略。本章试图将明清时期嘉绒藏族土司关系的新变化，置于中央王朝治边方略变动背景下土司与中央王朝关系的框架内加以考察，但仍然着重于嘉绒地方视野，而将中央王朝的治边影响作为重要的外部动力。

第一节　王朝权威初入嘉绒后的土司政治

王朝权威初入嘉绒地方始于元代。1253 年忽必烈实施斡腹攻宋战略，兵分三路经川西高原远征大理。西、中、东三路均曾路过嘉绒地方。其中，中路军自北而南经今马尔康、丹巴等地纵穿嘉绒。[1] 蒙古铁骑悍勇、强暴的形象给当地民众留下难以磨灭的历史记忆。"霍尔"（ཧོར）一称充斥于当地藏文的预言中，成为突然而至的大浩劫的代名词。在藏文文献的语境中，嘉绒地方常常被描述为英勇抗击蒙古游牧部落的"秘境"（སྦས་ཡུལ）。[2] 元朝建立后，在藏区建政立制，将整个青藏高原划分为乌斯藏、吐蕃等处和吐蕃等路三大宣慰司管辖。碉门鱼通黎雅长河西宁远等处军民安抚司、六番招讨使司、天全招讨使司及长河西里管军招讨使司等由吐蕃等路宣慰司管理，其辖境涵盖嘉绒地方的东南

---

[1]　石坚军：《忽必烈征大理路线新考》，《中国历史地理论丛》2009 年第 1 期。

[2]　Karmay, S.G. *Feast of the Morning Light: The Eighteenth Century Wood-engravings of Shenrab's Life-stories and the Bon Canon from Gyalrong*, Osaka: National Museum of Ethnology , 2005,p.2.

部和南部部分地区，尚未延伸入嘉绒腹地。[1] 至明初，明朝因循而治，屡遣行人前往招抚，沿用归附土官。洪武六年（1373）置天全六番招讨司，以土官高英为正招讨使，以杨藏卜为副招讨使。到洪武十六年（1383），西番打箭炉长河西土官故元右丞剌瓦蒙（一作"故元左丞剌瓦蒙藏卜"）遣使来朝，授长河西等处军民安抚司安抚使衔。经过多番接触交往乃至兵戎相见[2]，天全、长河西一带的土酋番目首先基于对明朝政权认识的加深及贸贩乌茶的需求等，屡番遣使纳贡。但是王朝权威开始深入嘉绒地方，且为嘉绒各方政教势力逐渐接纳，实则始于永乐年间。

元明更迭之际，在明朝的招抚、劝谕下，川甘青藏区沿边的蒙古官吏大多归诚、纳降，被封授职衔。部分蒙古部落则拒绝归降，同退居塞外的北元势力互通声息，不时

---

[1] 碉门鱼通黎雅长河西宁远等处军民安抚司，设置时间不详，可能在1298年划归吐蕃等处宣慰司管辖，并升为宣抚司，治所在碉门（今天全境内）；六番招讨司，辖治雅州以西，碉门以内的宝兴、芦山、名山及雅安四县境；天全招讨司，辖治雅江、乾宁以东地区，下辖鱼通路万户府、碉门鱼通等处管军守镇万户府、长河西管军万户府；长河西里管军招讨使司，治所在今康定。参见张云《元代吐蕃地方行政体制研究》，中国社会科学出版社1998年版，第226—235页；任乃强、泽旺夺吉《"朵甘思"考略》，《中国藏学》1989年第1期。

[2] 洪武二十三年（1390），岩州、杂道蛮人攻围大渡河千户所，明军讨平之，枭土官副使观著等，俘其男女数千人。洪武十年（1377），设岩州长官司、杂道长官司。洪武二十五年（1392），打煎炉长河西土酋曾与反叛明朝的建昌卫指挥使月鲁帖木儿暗中往来。参见《明太祖实录》卷200、卷251，洪武二十三年二月、洪武三十年三月，台北"中研院"历史语言研究所1962年校印本，第2996、3630页。

南下侵扰。嘉绒北部地区北接甘青，是西北连通西南地区的重要通道，也时常受到蒙古残存势力的袭扰。面对南下蒙古诸部的威胁，部分嘉绒政教势力选择抵抗。永乐五年（1407）杂谷土酋曩申受封安抚司安抚，达思蛮僧其卜受封长官司副长官司，俱受印及冠带、袭衣。《天下郡国利病书》载，杂谷、达思蛮之所以受封，因"国初有阿漂者，以捍虏功，授敕印，为杂谷安抚同知，岁输入薄粮于维州番仓，三年一贡……岁终番兵万余，备粮械，入碉防守，至次年除夕更班，保边敉宁，以杂谷为之保障也。……达思蛮长官司，在杂谷西五十里，其先严泰与阿漂同功，给印信，授为长官"[1]。同样因此而受封职衔的还有金川演化禅师。"虏"当指蒙古部落。杂谷和达思蛮、金川演化禅师的事例，部分地反映出嘉绒北部政教势力夹杂在蒙古游牧势力和新兴的明朝力量之间的生存样态和抉择。抵御蒙古部落是嘉绒各势力出于抗击外侮的作为，而并不单纯是受明朝的笼络所致，实则同明朝结为互惠关系。各势力把守重要关隘地方，为谋自保之策，亦需得到明朝扶持，一旦跻身土司之列，即获得强有力的政治支撑。明朝则借其力抗拒蒙古诸部，每届进剿蒙古时，先招抚各番部。因番部不满于蒙古诸部的侵夺，有意同明朝合作。故而，王朝权威初入嘉绒地方，同北方蒙古势力南下进入川西高原有

---

[1] （明）顾炎武：《天下郡国利病书》第20册《蜀中边防记·川西》，《四库全书存目丛书》，史部，第172册，齐鲁书社1996年版，第132页。

着密不可分的关联。嘉绒各方势力对王朝权威的初步接纳，是建基于两者共同的政治需求，构结为一种互惠共存的协作型关系。

另一方面，王朝权威初入嘉绒地方还应得益于宗教因素的助推。在很长一段时间内，嘉绒地方苯教教权往往凌驾于世俗权威之上。大量史实证明，早期嘉绒各土司的社会身份大多脱胎于苯教上师，并将这种政教传统关系延续到近代。[1] 自永乐起，明朝对待藏区宗教的态度恰好同嘉绒地方的政教关系现状契合起来。早在明代初年招抚藏区的策略和活动中，明太祖已逐步意识到僧人在向藏区各方政教势力劝告和传布王朝权威过程中的重要性，迫使他不得不求助于宗教的力量。到永乐时代，曾长期驻守燕代之地的明成祖朱棣受到蒙元崇奉藏传佛教传统的影响，依从蒙古的宗教实践，也为证明其统治的合法性，开始对藏传佛教倍加推崇。第五世噶玛巴得银协巴（ དེ་བཞིན་གཤེགས་པ ）被隆重地迎请往南京，受封"大宝法王"的尊号。永乐时代见证

---

[1]　近代西方探险家 J.H. 埃德加在有关嘉绒地方的描述中曾提到，在一些王国（kingdom）内，喇嘛为统治者。参见 J.H. 埃德加《曼兹的旅程》，伦敦：摩根与司各特，1908 年，第 59 页，转引自皮德罗·卡拉斯科《西藏的土地与政体》，陈永国译，周秋有校，西藏社会科学院西藏学汉文文献编辑室编印 1985 年版，第 162 页。1906 至 1907 年间曾在嘉绒旅行的英国探险家 J.W. 布鲁克（Brooke）也提到，"有一个喇嘛有可能在不远的将来继承女土司的职位。喇嘛们已经控制了几个土司王国，此刻正在瞄准更大的目标"。参见 W.W. 福格森《青康藏区的冒险生涯》，张文武译、张皓校，西藏人民出版社 2003 年版，第 136 页。

了明朝皇室对待藏传佛教态度的重要转变，[1]也深刻影响到明朝在处理藏区政教关系方面的策略和方式。依据明代官方文献的记载，从15世纪早期到17世纪中叶，嘉绒地方加入朝贡使团的参与者主要是苯教高僧身份。这一朝贡模式的转变开始于永乐时代。若对比朝贡使者的身份，可以发现，洪武时代少量来自嘉绒地方东南部的朝贡者均为土官千户等。进入永乐年间，朝贡使者的身份大多已转变为高僧。永乐八年（1410）明朝先后在长河西鱼通宁远等处设僧纲司、道纪司。同年以掌巴监藏（འཇམ་པ་རྒྱལ་མཚན，又作"长河西剌麻长巴监藏"）为净慈妙智国师，赐诰、印、图书，给护敕，寺院田地、山场等禁诸人毋侵扰。掌巴监藏应为沃日土司之祖。雍正《四川通志》载，"阿日灌顶净慈妙智国师哈儿吉，其先于前明世袭土职"[2]。永乐十三年（1416）设董卜韩胡宣慰司之时，同时设董卜韩胡道纪司。明朝借助宗教的传播力量宣扬王朝权威的做法，符合嘉绒藏区政教关系状态。基于因其俗而治的原则，明朝对待藏区政教采取一视同仁的态度，通过政教封授、定期朝贡等途径，明朝逐渐将王朝权威推广至嘉绒地方。嘉绒各方势力渐渐

---

[1] Hoog Teik Toh,*Tibetan Buddhism in Ming China*, Harvard University,Ph. D.,2004.

[2] （清）黄廷桂等监修、张晋生等编纂: 雍正《四川通志》卷19《土司》，《景印文渊阁四库全书》第560册《史部三一八·地理类》，台北商务印书馆1986年版，第91页。Roger Greatrex, "Tribute Missions from the Sichuan Borderlands to the Imperial Court"，*Acta Orientalia*,Vol.58,1997.

接纳和认可王朝权威是一种不可或缺的政治资源，将王朝权威纳入处理相互关系的政治生活中。

一 土司职衔对嘉绒藏族土司的政治意义

明清两代土司职衔品级大致相仿，分作文职、武职两种。嘉绒土司均属武职。土司武职职衔依次为宣慰司、宣抚司、安抚司、招讨司、长官司，从三品至正六品。清代多沿明制，但将明代卫所系统中的指挥使司列入土司职衔，为正三品，又依照绿营建制封授土酋弁职，为土弁制，皆属世袭职衔。[1]明代在嘉绒地方设有宣慰司二、安抚司三、招讨司一、长官司三，余皆为宗教职衔（参见表5-1）。土司职衔品级界定前，明朝先遣官勘察其地方及邻封，验核土酋世系。土司职衔品级大抵能够反映出嘉绒各方势力强弱、辖境大小，实际将嘉绒各方势力在制度上等级化。嘉绒地方势力深知职衔品级高低的政治意义，在归诚后的品级界定上，倾向寻求较高级别的职衔，以此压服邻封。如麻儿匝簇喇嘛著八让卜同八郎安抚司[2]不睦，时常阻挠八郎安抚司朝贡。后经招抚，宣德二年（1427），著八让卜遣使向化，称"其地广民众，过于八郎，请置宣抚司以辖之。上不许，命置

---

[1] 吴玉章：《中国土司制度渊源于发展史》，四川民族出版社1988年版，第159—161、213—216页。

[2] 有的认为八郎安抚司设于永乐八年（1410），在今九寨沟。参见龚荫《中国土司制度》，云南民族出版社1992年版，第182—183页。

安抚司，以著八让卜为安抚"[1]。著八让卜要求品级高于八郎安抚司的意图表明，早在明代初期，被封授的土司俨然已视职衔品级为一种重要的政治资源，具有区辨各方势力政治地位的意义。

表 5-1 　　　　　　明代在嘉绒地方封授土司职衔一览表

土司职衔名称	封授时间	备注
董卜韩胡宣慰司	永乐十三年(1415)	正统七年（1442）授镇国将军都指挥同知衔；天顺元年（1457）升秩为都指挥使，世袭
长河西鱼通宁远宣慰司	洪武十六年(1383)	洪武十六年授长河西等处军民安抚司衔；洪武三十年（1397）授长河西鱼通宁远宣慰司衔
杂谷安抚司	永乐五年（1407）	授安抚司同知衔
麻儿匝安抚司	宣德二年（1427）	以喇嘛著巴让卜为安抚，今马尔康
别思寨安抚司	宣德十年（1435）	今小金
天全六番招讨司	洪武五年（1374）	设正、副招讨
达思蛮长官司	永乐五年（1407）	今理县西
杂道长官司	洪武十年（1377）	今泸定察玛
嵓州长官司	洪武十一年(1377)	今泸定岚安

---

[1] 《明宣宗实录》卷26，宣德二年三月，台北"中研院"历史语言研究所1962年校印本，第674页。

资料来源：主要依据《明实录》、《明史》、《蜀中广记》，并参酌龚荫《中国土司制度》，云南民族出版社1992年版。明代在嘉绒地方授予的宗教职衔：洪武二年（1369）瓦部哈工等寺都纲院院抚司、永乐初金川演化禅师、永乐八年（1410）净慈妙智国师、洪熙元年（1425）以前伽木隆妙智通悟国师、正统九年（1444）哲兀窝寺净修崇善国师、正统十一年（1446）加渴瓦寺崇教翊善国师等。有关杂道、嵩（即岩）州地望，参见任乃强《泸定考察记》，《任乃强藏学文集》（中册），中国藏学出版社2009年版，第273—280页。

　　土司职衔品级对于嘉绒土司关系一度具有实质性的政治含义，较高职衔品级土司有时统辖较低品级土司。《名山藏》的记载颇为明确：董卜韩胡"部落曰别思寨安抚司、加渴瓦寺，附董卜韩胡来贡。弘治中，始专达"。杂道长官司为"长河西部落"，始附于长河西鱼通宁远等处宣慰司，"成化十六年，始专达"。[1]以职衔品级衡定和规范土司隶属关系是明清两代承继传统的"以夷制夷"策略的具体表现。到清初，清朝仍沿用此制。雍正《四川通志》载，明正长河西宣慰使司专辖巴底安抚司、单东革什咱安抚司、绰斯甲安抚司及瞻对安抚司等雅砻江以东众多土司和土弁。[2]不过，与明代董卜韩胡依附落部有别，对于势力较强的土司而言，明正土司的专辖权可能仅具有象征性的权力

　　[1]（明）何乔远：《名山藏·王享记五》，张德信、商传、王熹点校，福建人民出版社2010年版，第3113、3114页。

　　[2]（清）黄廷桂等监修、张晋生等编纂：雍正《四川通志》卷19《土司》，《景印文渊阁四库全书》第560册《史部三一八·地理类》，台北商务印书馆1986年版，第105—106页。

意义。到乾隆中叶平定两金川之役后，巴底、革什咱和
绰斯甲职衔品级提升为宣慰司或宣抚司，同明正土司名
义上的隶属关系也被取消。[1]嘉庆《四川通志》已将明
正土司与三土司并列载录。透过职衔品级寓涵的政治意
义及其实质影响，王朝权威逐步渗透到边地统治阶层的
权力观念中，变得日趋重要。明朝四夷馆辑录的《西番
馆来文》中存有一份董卜韩胡宣慰使司的奏文：

> 董卜韩胡宣慰使司舍人藏卜奏：先年赴京替职进
> 贡，蒙朝廷给予赏赐回还，今奏有我西番人民言说，"我
> 不曾换名字"。人每不恳信服，贼盗不听劝化，因此，
> 如今换名字，进贡珊瑚树一株，盔甲共二十副。望朝
> 廷可怜见，乞换名字便宜。[2]

藏卜即《明实录》、《明史》所载的日墨札思巴旺丹巴
藏卜（ཉི་འཁྱིལ་པ་དང་ཕྱུག་དཔལ་འབར）。弘治二年（1489）八月藏卜
遣国师、禅师、头目、番僧等进珊瑚树、盔甲、氆氇等物，
奏请袭职。《来文》应系此事。藏卜从宣慰使司舍人向宣
慰使的身份过渡，需获取辖境"西番人民"的信服和认可，

---

[1] 邓廷良：《明正土司考察记》，载李绍明、童恩正《雅砻江上游考
察报告》，中国西南民族研究学会、甘孜藏族自治州人民政府编印1985年版，
第43页。

[2] 吴均：《从〈西番馆来文〉看明朝对藏区的管理》，载《藏族学术
讨论会论文集》，西藏人民出版社1984年版，第115页。

否则将难以稳固其政治地位。而明朝颁授诰命、敕书，完成"换名字"的仪式程序，是藏卜实现政治身份转换，获得"西番人民"公认的政治权力的重要前提。土司的政治权威和统治合法性，亟须以中央王朝权威作为有力的支撑和后盾。

到清代前期，土司职衔的封授被当作土司政治和社会生活中的重大事件，往往以隆重的仪式活动迎请新授土司印信，并加以庆祝，同嘉绒地方社会的民俗文化联系起来。乾隆二十八年（1758）四川总督阿尔泰描述了大金川新任土司郎卡接取印信的场景："三月初六日，至该酋交界地方，土司郎卡带领大小头人百姓约五百余人，焚香跪道叩接，并排列旗伞鼓乐，焚香抬请新印至官寨。土司郎卡三跪九叩头领受新印，请在经堂佛龛上供奉，又望东三跪九叩头谢圣恩。"[1] 乾隆十六年（1751）杂谷土司苍旺（即泽旺扎嘉 ᠊ᡠᠨᠠᠩ་ﾏᠠᠱᠢ）因从征金川有功，从安抚司升任宣慰司。为示庆祝，苍旺组织戏班，以《格东特传》为基础编演祭祀"长寿六仙"的《泽让兰芝》，并在祭年大典"斯格仁真"上表演。到乾隆十八年（1753），杂谷事件后，党坝由杂谷分出，正式被封授长官司职衔。为此，土司泽旺斯旦真举

---

[1] 第一历史档案馆藏宫中朱批奏折民族类，10006 卷 8 号件，转引自刘源《从清代档案看清政府对金川土司的政策》，《中国藏学》1993 年第 4 期。

行长达十三天的"斯格仁真"庆典，编排嘉绒藏戏等演出。[1]

"斯格仁真"原是嘉绒地方祭年的一种庆祝活动，融宗教、民俗表演于一体。举行时间定在旧年即将结束之时。后来该活动逐渐被各土司改定在受封职衔时，演变为庆祝土司受封职衔的活动。[2] 由此，作为一种外部力量，中央王朝权威已透过仪式展演内化为嘉绒地方政治与社会生活的重要组成部分，逐渐被引入土司本土的政治运作和当地人群的权力观念中。

王朝权威对土司政治地位和身份的承认直接体现为颁授的印章、诰敕或号纸等。这些信物凭证是土司统摄部属的权力象征。明清两代土司印章皆为铜质。铜印大小厚薄依品级不同而有别。据现存的乾隆十九年（1754）铜质"沃日安抚司印"来看，土司印章印文为篆体，附以满文，刊刻有土司职衔品级、颁印

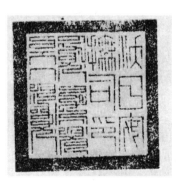

图 5-1 沃日安抚司印文

[1] 刘志群：《嘉绒藏戏》，载《四川省嘉绒地区藏戏问题研讨会资料汇编》，四川省民族事务委员会、《中国戏曲志·四川卷》编辑部编印 1993年版。

[2] 张昌富：《嘉绒地区的斯格仁真》，载阿坝藏族羌族自治州马尔康县旅游文化体育局、阿坝藏族羌族自治州马尔康县文化馆《绚丽多彩的嘉绒藏族文化》，四川民族出版社 2003 年版。

时间、印章编号及制印官署等信息。[1] 当颁授新印章时，需呈缴旧印。印章是中央王朝对土司政治权力与身份地位予以承认的重要信物，遂成为象征土司政治权力的具体代表物。对内和对外的重要文书需盖土司印章，有的兼盖土司私章。掌管印章是掌控实权的表现，对于土司政治权威的树立尤为重要。土司之位悬空或土司年幼期间遂有"护印舍人"或"护印土舍"之说。待土司及冠之年，方由成年的土司视印。光绪十六年（1890）松岗土妇的藏文呈袭奏折中就声称，"泽旺龙珠土司因年幼不能掌管土司印章，故由老土妇索郎卓玛代管土司印章，泽旺龙珠成年后，由其管理土司印章"[2]。这种情况曾多次出现。大金川促浸土司甚至专设"扎勒达克"，为掌印信之职，由掌握政治实权者担任。所以大金川呈递清朝的禀文中有"莎罗奔及扎勒达克并我等二人"之说，将掌印信者同土司并列。莎罗奔直接自称"掌印土司"。[3] 土司阶层内部的权力争夺中，印章常具有重要价值。例如清代初期沃日纳儿吉、泽儿吉与朗金初围绕土职继承问题发生纷争时，纳儿吉之姑泽儿吉长期把持印章，"每有文书必白于泽，可行则请印，印

[1] 张孝忠、毛万良：《金川发现清乾隆年间土司印章》，《四川文物》1987 年第 4 期。

[2] 《松岗土妇呈报土司世系及辖区官民情况之折子》，原件存于阿坝州阿坝县卓格寺，内容由红音译，赞拉·阿旺措成、新巴·达娃扎西审校。

[3] 《清高宗实录》卷 904、905、925，乾隆三十七年三月上、乾隆三十七年三月下、乾隆三十八年正月下，中华书局 1986 年影印本，第 76、102—103、435 页。

扃于庙中，泽掌其钥"，握有实权。[1] 印章既被土司阶层恭敬地供奉于"庙中"，足证印章在其观念中的神圣性和重要性。

土司之间竞逐与侵吞时，印章同土地、人口一同成为各方势力争夺的重要对象。明代董卜韩胡与杂谷土司在杂谷脑河流域对峙期间，董卜趁杂谷内乱之机侵夺其境土，并将印信夺去。之后迫于明朝屡次施压，董卜表面上将杂谷印信归还给杂谷故土司安抚鼎日斯结弟观吹达尔掌管，实则暗中操纵掌控，声称印信已由番僧喇嘛新济带往鱼通宁远宣慰司地方，尚未带回。[2] 土司重视印章权力象征的事例又以小金川土司颇具代表性。乾隆三十七年（1772）清军初定小金川，连接攻克僧格宗、美诺、底木达、布郎郭宗等官寨。在美诺官寨，清军查获印记三颗，一系美诺官寨收藏物件图记，一系美独喇嘛寺图记，一系妙悟广善国师印，上镌刻正德四年（1509）铸造。清军又在布郎郭宗获铜印三枚：一镌崈州长官司印，洪武十一年（1378）造；一镌杨塘安抚司印，永乐四年（1406）造；一镌别思寨安抚司印，宣德十年（1435）造，另有铜铁图记八方，据称系土司自造分给头人掌管夷务的图记。据访询铜印由来得知，小金川地方原系五土司之地，后被小金川吞并，得其

---

[1] （清）吴羹梅修、周祚峄纂：同治《理番厅志》卷 4《边防志七·夷事》，同治五年刻本。

[2] （明）于谦：《忠肃集》卷 4《南征记》，《文渊阁四库全书》第 1244 册《集部—八三·别集类》，台北商务印书馆 1986 年版，第 122 页。

印信。康熙五年（1666）颁授的金川演化禅师印信则于底木达官寨查获。[1]别思寨在今小金、嵩州长官司在今泸定，毗邻小金川，尚可能为其所获。杨塘安抚司实距小金川僻远。《明实录》载，永乐四年（1406）设镇道、杨塘二安抚司，时间恰同印信吻合。但此二土司隶属云南都司所辖，"其地属西蕃与丽江府接境。先是丽江通事禾节等往谕招还，其土酋阿密末吉等与俱来朝，故设二安抚司，以阿密末吉等为安抚，给以印章"[2]。小金川土司藏于官寨之内的杨塘安抚司印应是史料所言"给以印章"的铜印。杨塘安抚司在今云南香格里拉县。其印章缘何会辗转落入小金川土司之手，尚不得而知。但是铜印原属于小金川地方五土司的说法，显然是讹误之谈。然小金川土司毅然存藏此铜印，应是其深谙中央王朝颁授印章背后的权力寓意所致。对于小金川土司而言，掌握多枚土司印章是获取和转移各土司政治权力的一种象征性手段，也是吞并其他土司后，对其辖境进行合法性统治的权力依据。

---

[1] 《清高宗实录》卷 923，乾隆三十七年十二月下，中华书局 1986年影印本，第 404 页；庄吉发：《清高宗十全武功研究》，中华书局 1987年版，第 148 页。据载，别思满共有五寨，"地在鄂克什、三杂谷、小金川之间，与维州协所属屯练界址相联。（乾隆）十三年金川事竣后，岳钟琪任意办理，将该土舍地方径行赏给小金川。小金川因非同类，派累独重"。参见（清）方略馆纂《平定两金川方略》，全国图书馆文献缩微复制中心 1991 年版，第 676 页。

[2] 《明太宗实录》卷 50，永乐四年正月，台北"中研院"历史语言研究所 1962 年校印本，第 746 页。

二 嘉绒藏族土司关系中王朝权威的仲裁角色

王朝权威逐步被嘉绒各方势力接纳和认可，也影响着嘉绒土司错综复杂的纷争纠葛。面对激烈的博弈乱局，嘉绒土司逐渐意识到王朝权威的潜在影响力，开始主动引入和利用王朝权威来调整同其他土司的关系。这种意识奠定于明代。在明代，各方政治力量的敌对纷争交织成为嘉绒地方的区域史。当冲突一旦威胁内地边沿，就会引起中央王朝的关注。[1] 正统、景泰年间，董卜韩胡不断向北扩张，引起明朝中枢的高度关注，一度视之为川蜀边地"切近之灾"，[2] 时时警惕防范。明初治藏政策以唐代吐蕃之患为鉴，重在守御、镇抚。自永乐年间，对于与内地毗邻的东部藏区事务，明朝采取与南征交趾（今越南北部）、北伐蒙古不同的策略，尽量以调解、抚谕的方式消弭争端，遵循"治蛮夷宜简易，静以镇之，自然顺服"[3] 的原则。对于各方政教势力的纷争，明朝往往以抚循为意，不事挞伐，因而对董卜韩胡的扩张行为，主要持重在防范的宽缓方针。即便

---

[1] Roger Greatrex, "Tribute Missions from the Sichuan Borderlands to the Imperial Court", *Acta Orientalia*, Vol.58, 1997.

[2] （明）章潢：《图书编》卷40，《景印文渊阁四库全书》第969册《子部二七五·类书类》，台北商务印书馆1986年版，第836页。

[3] 《明宣宗实录》卷36，宣德三年二月，台北"中研院"历史语言研究所1962年校印本，第902页。

如此，董卜韩胡土司已清楚地意识到要想在嘉绒各方势力对峙互竞中取得主动权，难以忽略和绕开王朝权威的支持。

正统七年（1442），深知职衔重要性的克罗俄监粲曾向明朝遣使索封王爵，意图在职衔品级上超越邻封各土司，进一步扩大政治影响力，最终迫使明朝升其为都指挥使同知。与此同时，出于政治和经济利益的考虑，董卜韩胡每年频繁的向明朝朝贡。进贡人员从宣慰司署官员到地方头目、普通喇嘛，人员驳杂，皆愿以朝贡之名从明朝获取政治、经济资源。董卜韩胡对王朝权威的重视程度的典型事例当属别思寨安抚司饶蛤事件。正统十年（1445）董卜韩胡土司擅自拘禁别思寨安抚司安抚饶蛤，依"番例"剜去双目。饶蛤事件是当时董卜韩胡与杂谷两土司争夺渐趋激化的缩影。董卜韩胡的处理是基于嘉绒地方政治传统和习惯，即所谓"番例"。但是董卜韩胡并未忽视王朝权威，而是主动向明朝呈禀事件的来龙去脉及依"番例"废黜安抚饶蛤之事，将既成事实的裁决权归于明朝。明朝不愿事态扩大化，最后同意以董卜韩胡头目远丹藏卜（ཡོན་ཏན་བཟང་པོ）取代饶蛤之位，接任别思寨安抚司安抚之职。实际上，明朝裁决和调解角色时常穿插出现在董卜韩胡与杂谷土司的纷争过程中。当冲突激化时，两土司往往会借遣使朝贡等时机，向明朝控诉对方的恶劣行径，为己辩解。明朝则以边地秩序安危为重，游移于各方势力之间，力图维持各土司的势力均衡。土司与中央王朝皆有各自的政治考量。但不可否认的是，明代王朝权威在嘉绒土司关系的演变中已扮演着难容忽略的角色。

到清代初期，王朝权威在嘉绒土司纷争场合中的作用变得愈加显著。嘉绒地方传统的习惯性冲突随着时间的推移蔓延开来。土司纷争愈演愈烈，均试图寻求更多外部力量的支持。时值清朝致力于重建藏东边地土司政治秩序之际，各土司延续了明代以来认同王朝权威的历史传统。清朝日益深入的政治权威越来越受到各土司的重视。土司之间较大规模的冲突常由川省地方官员化诲和仲裁，拟定可接纳的和解协定。如小金川、沃日争界案中双方争执不下，遂于雍正初年赴省质审，将裁决权交由川省地方官府。又如必色满一案，金川寺与杂谷争讼不已，金川土目统兵万余攻围必色满寨落。杂谷土司板第儿吉一面派部属前往解救，一面向川省官署报明，希冀川省地方官府介入，阻遏金川的攻势。双方相持不下，声言川省所派差官，难以剖断此事，遂情愿各差大头人赴省听断，由"制府提会城亲鞠之"，裁定必色满归属。[1]

然而，土司对官府裁定的和解方案常持阴奉阳违、首鼠两端的态度。在雍正三年（1725）小金川、沃日争界案中，雍正帝将之归罪于已获罪失宠的年羹尧，相信岳钟琪所奏

---

[1]（清）吴羹梅修、周祚峄纂：同治《理番厅志》卷4《边防志七·夷事》，同治五年刻本；中国第一历史档案馆编：《雍正朝汉文朱批奏折汇编》，第21册，江苏古籍出版社1991年版，第829页。

涉案土司"已悦服，彼此和辑"。实际上此案皆因小金川背信侵地而起。最终小金川诈许议和，竟未退还尺寸之地。[1] 乾隆四年（1739）七月，杂谷、梭磨集众攻击大小金川。川省派遣建南、松茂道协化海。汤鹏向前来的官员诡称，退必色满之地与纳尔吉之子杂金，实暗中据之。川省官府奏言各土司皆遵剖断罢兵了事。[2]小金川的做法并非个案现象。清初的嘉绒土司在面对王朝权威与内部纷争时普遍显现出两种截然不同的态度：当寻求外部力量支持或慑于王朝权威时，尽量展现出对王朝权威的认同和效忠，表面遵从官府的审断决议。一旦面向内部纠纷，往往以嘉绒传统惯例，即所谓"夷例"或"番例"为行事准则，弃置王朝权威于一旁。王朝权威常被嘉绒土司作为一种政治资源加以利用，或者仅仅将之视作调解纠纷者的角色来对待。土司纷争却并未化解，真正决定嘉绒政治格局走势的依然是统合裂变式的传统政治模式。而且，土司大多持王朝权威与土司纷争不相违背的政治心态。明代董卜韩胡趁势侵夺杂谷、达思蛮境土。明朝屡次敕谕其退还。景泰三年（1452），董卜韩胡土司克罗俄监粲

---

[1]　《清世宗实录》卷33，雍正三年六月，中华书局1986年影印本，第498—499页；（清）吴羹梅修、周祚峄纂：同治《理番厅志》卷4《边防志七·夷事》，同治五年刻本。

[2]　《清高宗实录》卷97、101、105、133，乾隆四年七月下、乾隆四年九月下、乾隆四年十一月下、乾隆五年十二月下，中华书局1986年影印本，第479、533、580、939页；（清）吴羹梅修、周祚峄纂：同治《理番厅志》卷4《边防志七·夷事》，同治五年刻本。

在呈禀中回奏道：

> 旧维州地方没拳头大，有他杂谷家砌累碉房城子，差人把守，阻我马路，有本职开路，到于旧维州，在杂谷家手里抢得，不在汉人上抢得。这个是我每西番体例，你每不管。他的是近蒙劄付到来，你每差官军守把。有这等钧旨，我九日九夜，梦也梦不出来，你每差军把守，也是朝廷的本职，差人把守也是上位的。我把时，与保县寒水一方人民护持。我不把时，往往被他大姓野蛮抢杀。军民有你上司，想怕我反。这旧维州小去处，你每不要行取时，我十分害怕了。若听小人口时，这一称仇杀，一千年也不尽，不要寻取，寻取了时久后，这一边地方不得宁息，那时，不干我事。[1]

禀文是董卜韩胡土司如何看待王朝权威与嘉绒地方政治关系的极好诠释。王朝权威在嘉绒地方政治生活中的存在是既定事实。谙熟汉文化的董卜韩胡，被时人誉为"吐番诸部中之慕义文教者"[2]，对王朝权威政治影响力了然于胸。因而他将明朝地方卫所派军驻防的行径称作"朝廷的本职"，明确表示理解与服从。但是克罗俄监粲在禀文中

---

[1]　（明）于谦：《忠肃集》卷9《杂行类》，《文渊阁四库全书》第1244册《集部一八三·别集类》，台北商务印书馆1986年版，第305—306页。

[2]　（明）何乔远：《名山藏·王享记五》，张德信、商传、王熹点校，福建人民出版社2010年版，第3113页。

想要强调的是，嘉绒地方政治生活的具体运作应以"我每西番体例"为准则。王朝权威不应过度干涉嘉绒地方内部事务，将王朝与土司的关系对立化，否则一旦事态恶化，地方不得宁息，是"不干我事"的。

明代宽缓的治边策略助长了土司对王朝权威角色认知局限。明朝对藏东边地土司激烈的冲突攻杀基本持安抚观望态度，多数情况下仅以仲裁者身份调解，而不过问嘉绒土司内部事务，但求息事宁人，维系土司与朝廷的隶属关系。此种策略对嘉绒传统政治模式并未造成实质性的影响，纷争相夺一如往常。尤其是明代中叶以后，治边失驭，纲纪废弛，土司纷争之事已非明朝所能控制。某些明朝封授的受职土司甚至沦为各方势力冲突纷争的牺牲品，被其他较强土司兼并。因而，明代土司制度在嘉绒地方的具体实践，侧重规范中央王朝与土司地方的关系，相对较为忽视约制土司之间关系和土司内部事务。到清代，在嘉绒传统政治模式惯性的助推下，各土司延续了土司纷争同王朝权威之间可相安无事的政治心态。乾隆三十七年（1772）九月，小金川土司泽旺的"番禀"就颇能反映出这种心态：

> 我小金川自古以来在万岁爷底下是狠忠心本分的人。如今沃日与我两家闹出事来，并不是我大土司要遭踏小土司，皆因沃日土司起不好的心，咒我父子两个。我儿子生的一个儿子被他咒死，把我们后代的根子都断了。我想只要我在万岁爷跟前忠心，这一件

事没有我的罪。我又漫漫的想，不好的土司在暗地里敢骂我，难道我在明地里打不得他么？万岁爷是不怪我的，死到阴间里去也没有我的罪。我才还仇打他了。[1]

与克罗俄监祭类似，泽旺既强调小金川土司与中央王朝（"万岁爷"为其象征）之间长久的政治隶属关系，认同王朝权威，又辩称小金川侵扰沃日有理有据，因循"西番体例"，同土司对"万岁爷"的"忠心"并不冲突。但是这种政治心态及其行为与清代初期重建藏东政举措之间的矛盾逐步升级，终致乾隆间平定两金川战事的发生。

第二节 清初土司政治秩序在嘉绒地方的重建及其影响

自"三藩之乱"后，清朝开始在西南边疆大力推行以土司承袭、儒家教化为核心的土司政治秩序重建政策，试图从制度层面完善和规范土司的政治行为。[2] 到雍正年间，

---

[1] 《奏闻金川送出带禀兵丁林奇并酌办各情形（附件：译出金川番禀）》，乾隆三十七年十月初七日，台北故宫博物院藏《军机处档折件》，资料号：018337 附件。

[2] John E.Herman, "Empire in the Southwest: Early Qing Reforms to the Native Chieftain System", The *Journal of Asian Studies*, Vol.56, No.1,1997. 中译文参见车晓燕译《帝国势力深入西南：清初对土司制度的改革》，陆韧主编《现代西方学术视野中的中国西南边疆史》，云南大学出版社 2007 年版。

清朝的西南治边策略发生戏剧性的调整,一面在云贵等地实施大规模的改土归流,一面却在与川省毗邻的藏东地方大量封授新土司。因关系西藏事务,清朝以分治划界、理清权属的方式,重塑藏东的政治版图和统治秩序。在封授土司同时,清朝一改明代安抚为主的治边策略,借鉴云贵治边经验,从制度层面加大对藏东边地土司的控制力度。各土司也依照自身的政治逻辑同变动的中央王朝治边方略发生碰撞、冲突和调适。清初经营藏东边地面临的问题,不仅是有效保障连接内地与西藏之间的川藏线通道畅通,也需要协调王朝权威深入边地后中央王朝与土司之间的新型关系。基于此,对乾隆年间金川之役缘起的解读应放在中央王朝与嘉绒土司关系的长时段演变中重新思考,并综合考虑嘉绒传统的政治模式、藏东边地的特殊性及地方官员的治边角色等因素。[1]

一 清初土司政治秩序在嘉绒地方的重建

嘉绒各政教势力同清朝政治关系的初步建立始于顺治九年(1652)。当时,瓦寺、天全、董卜、金川等毗邻内地者首先主动归诚,各缴前朝饬印。因时值明清更迭

第五章　中央王朝治边方略对嘉绒藏族土司关系的影响

---

[1] 有关清朝如何从制度层面试图强化控制西南边疆土司及其长远影响,尤其是康雍乾三朝边疆政策设计上的连续性和差异性,清朝在黔东南和藏东具体治边策略不同,以及金川之役爆发的深层次原因,可参见美国学者 John Herman 的精彩论述。在他的博士论文及此后发表的论著中,John Herman 展现出在拓展与深化中国西南土司制度研究方面的建树。本节内容的某些观点和认识亦深受其研究成果的启示。

之际战事未息，清朝尚无暇顾及西南边事，故"乃仍明制，凡来归者悉授原官"[1]。到康熙三十九年（1700），西炉之役将清朝势力拓展至雅砻江流域，揭开清朝此后长达二百余年经营藏东的序幕。[2] 此役在藏东边地引发不小的震动。绰斯甲、革什咱、巴底等藏东土司先后归诚，从行动上表明对清朝承继明朝王朝权威的认可，受到清朝授职册封。明清易代之际，嘉绒各方政教势力承认清朝接续明朝王朝权威基本上是平稳进行的。清朝最初因循明代旧制，凡未归者悉授原职。土司制度的延续性有利保障了王朝权威的过渡和转移（参见表 5-2[3]）。

表 5-2　　　　　清代在嘉绒地方封授土司职衔一览表

土司职衔名称	封授时间	备注
瓦寺宣慰司	顺治九年（1652）	顺治九年投诚，授安抚司。嘉庆七年（1802）颁授宣慰司印信、号纸，治所在汶川县玉龙乡涂禹山
鄂克什安抚司	顺治十五年（1658）	顺治十五年投诚，颁灌顶净慈妙智国师印信。乾隆二十二年（1757），改颁授安抚司印信、号纸，治所在小金县沃日乡

[1]　（清）陈克绳：乾隆《保县志》卷 8《边防志》，载张羽新《中国西藏及甘青川滇藏区方志汇编》，第 39 册，学苑出版社 2003 年版，第 376 页。

[2]　有关西炉之役，参见曾现江《胡系民族与藏彝走廊》，四川人民出版社 2008 年版。

[3]　彭陟焱：《乾隆朝大小金川之役研究》，民族出版社 2010 年版，第 19 页。

土司职衔名称	封授时间	备注
金川寺演化禅师	顺治七年（1650）	顺治七年投诚，康熙五年（1666）颁授演化禅师印，治所在小金县美兴镇
金川安抚司	雍正元年（1723）	雍正元年授安抚司，治所在金川县勒乌乡
绰斯甲布宣抚司	康熙四十一年（1702）	康熙四十一年授安抚司印信、号纸。乾隆四十一年(1776)颁授宣抚司印信、号纸，治所在金川县观音镇
革布什咱安抚司	康熙四十年（1701）	康熙四十年授安抚司，治所在丹巴县革什扎乡
布拉克底宣慰司	康熙四十一年（1702）	康熙四十一年投诚授安抚司，治所在丹巴县巴底乡
巴旺宣慰司	乾隆三十九年（1774）	乾隆三十九年颁授宣慰司印信、号纸，治所在丹巴县巴旺乡
杂谷宣慰司	康熙十九年（1680）	康熙十九年归诚，袭原职。乾隆十四年（1749）授宣慰司印信、号纸，治所在理县杂谷脑镇
梭磨宣慰司	雍正元年（1723）	雍正元年颁授副长官司印信、号纸。乾隆十五年（1749）换给安抚司印信、号纸。乾隆三十六年（1771年）换给宣慰司印信、号纸，治所在马尔康县梭磨乡
卓克基长官司	乾隆十五年（1750）	乾隆十五年颁授安抚司印信、号纸，治所在马尔康县卓克基乡

第五章　中央王朝治边方略对嘉绒藏族土司关系的影响

明
清
时
期
嘉
绒
藏
族
土
司
关
系
研
究

土司职衔名称	封授时间	备注
党坝长官司	乾隆二十四年（1759）	乾隆二十四年颁授长官司印信、号纸，治所在马尔康县党坝乡
松岗长官司	乾隆十五年（1750）	乾隆十五年颁授长官司印信、号纸，治所在马尔康县松岗乡
穆坪宣慰司	康熙十九年（1680）	康熙元年（1661）归诚；康熙十九年颁授宣慰司印信；雍正三年（1725）颁给号纸，治所在雅安宝兴县
明正土司	康熙五年（1666）	康熙五年投诚，颁授宣慰司印信、号纸，治所在康定县
天全六番招讨司	顺治九年（1652）	顺治九年归诚，颁授招讨司印信、号纸。雍正七年（1729）改土归流，治所在雅安天全县
沈边长官司	康熙四十九年（1710）	顺治九年（1652）投诚，授长官司衔，未颁印信。康熙四十九年归诚颁授长官司印信、号纸，治所在泸定县兴隆乡
冷边长官司	康熙五十年（1711）	康熙五十年归诚，颁授长官司印信、号纸，治所在泸定县冷碛镇
鱼通长官司	道光十三年（1833）	道光十三年颁授长官司衔，治所在康定县鱼通

资料来源：龚荫《中国土司制度》，云南民族出版社1992年版。

224

嘉绒各方政治力量接纳清朝政治权威和职衔封授的同时，依然竞相角逐、较量，纷纷加入混乱复杂的纷争中。但是康熙末年驱逐入侵西藏的准噶尔后，清朝始终关注西北蒙古觊觎藏区的举动。因格鲁派在北方和西北蒙古部落中宗教影响力日益扩大，清朝治藏以蒙古为出发点，秉持"兴黄教，即所以安众蒙古"的原则，作为清朝治理蒙藏地区的基本方针和策略。[1] 紧邻西藏的四川自然成为清朝治藏的"后院"。[2] 作为连接西藏与内地交通的孔道，川藏线的战略价值不断突显，极大提升了藏东边地在西南地缘政治格局中的地位。因而康熙、雍正两代均有意赞同和支持川省官员大力经营藏东边地的计划。清朝援引云贵地区治边经验，开始在藏东边地强力推行土司政治新举措，重点在于规范各土司之间的关系，将之纳入新的边地政治秩序中。嘉绒地方土司政治秩序的重建显得尤为瞩目，主要表现为：

其一，推行分袭之法，改变嘉绒土司内部原有的权力关系，以职衔品级将各土司置于等级化的关系网络中。雍正元年（1723），川陕总督年羹尧奏陈川省事宜，涉及藏东边地诸事，内称："川省土司多有人众地广之处，理宜分立支派，互相钤束。如大金川土司之土舍色勒奔者，曾因出兵羊峒，著有勤劳，应请给以安抚司职衔，以分

[1] 石硕：《清朝前期治藏特点及相关问题》，《西藏研究》1996 年第 1 期。

[2] 张秋雯：《清代雍乾两朝之用兵川边瞻对》，《"中研院"近代史研究所集刊》1992 年第 21 期。

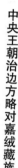

第五章　中央王朝治边方略对嘉绒藏族土司关系的影响

小金川土司之势，小金川实为强横故也。"[1] 年羹尧多年经营甘、青、川藏东边地军政事务，对当地族群多样性和政治多元化引发的周而复始的纷争攘夺状态颇为了解。要防范边地政教势力的过分膨胀，年羹尧以为唯有分其势力，将其限制在特定的区域和权力范围内。分其势的重要举措就是将职衔颁授给土司属下较具实力、且有功于清朝的政教领袖。

图 5-2　清代嘉绒土司分布示意图

---

[1] 季永海、李盘胜、谢志宁翻译点校：《年羹尧满汉奏折汇编》，天津古籍出版社1995年版，第238页。分袭法并非年羹尧首创，早在明末任职贵州的巡抚朱燮元针对边地土司地大势强易叛的境况，已提出并推行"裂疆域，众建诸蛮"的策略，从体制层面分化土司势力，使土司力分制约。参见吴永章《中国土司制度渊源于发展史》，四川民族出版社1988年版，第203—204页。

雍正三年（1725），年氏遭罢黜。分袭法继续得到新任川陕总督岳钟琪的支持。岳氏向朝廷建议缩短土司承袭程序的年限，以便减少土司内部纷争和抑制官员贪腐，同时明确奏称："土司有外支循谨能治事者，许土官详督抚给职衔，分辖其地，多三分之一，少五分之一，使势相维，情相安。"[1] "外支循谨能治事者"主要指土舍阶层。雍正帝对分袭法深以为然，认为众建以分其势是治边善策。所以在将土司承袭审核年限制度化后，清朝将分袭法载入典章事例中，规定：

> 土官之许其承袭者，原因其祖父向化归诚，著有劳绩，故世其官，以昭激劝。今土官嫡长子孙，虽得承袭本职，此外支庶，更无他途可以进身。嗣后各处土官支庶子弟，有驯谨能办事者，许本土官详报督抚，具题请旨，酌量给予职衔，令其分管地方事务，其所授职衔，视土官各降二等……武职本土官系指挥使，则所分者给指挥佥事衔。系指挥佥事，则所分者给正千户衔，照例颁给敕印号纸。其分管地方，视本土官多不过三之一，少五之一。此后再有子孙可分者，亦许其详报督抚，具题请旨，照例分管。再降一等，给予职衔印信号纸。[2]

---

[1] 赵尔巽等：《清史稿》卷296《岳钟琪传》，中华书局1977年点校本，第10370页。

[2] （清）托津等：《钦定大清会典事例（嘉庆朝）》卷469《兵部·土司·土司袭职》，沈云龙主编《近代中国史料丛刊三编》，第673册，台北文海出版社1992年版，第1979—1981页。

这一法令将土司境土析分给土司子嗣，旨在分化和弱化土司势力。嘉绒土司子嗣通常由土司分地安置，以土舍的身份世守分地。土司和土舍之间构成从属的政治关系。但是雍正初年的规定使清朝的任命权向下延伸到土司内部的土舍阶层。被授予职衔的土舍往往是随清军赴各地征战有功者。土舍在接受印信、号纸后，政治地位得到清朝的承认和扶持，政治身份也相应变化，转而同清朝形成政治隶属关系。这一做法逐步破坏和置换了土司和土舍原有的从属关系，[1] 加速了土舍和土司之间的离心倾向。

其二，通过"化诲剖断"、驻兵防护等举措，维护受印土司的政治权益，抑制土司之间的纷争冲突，增强对土司政治举动的监控力度。"化诲剖断"是清朝约束或缓和土司之间攘夺纷争的主要手段之一。定期化诲土司的举措最先源于贵州巡抚赵廷臣1659年的《抚苗疏》。赵氏建议地方官员应每年召集土司举行集会，以教诲的方式监管土司，确保其服从朝廷的谕令。[2] 藏东边地纳入版图后，化诲的方式被引入川省地方官员管控土司的常规化策略中。川藏线沿途的化诲集会通常在每年八九月间邻近土司的塘汛附近举行，集中处

---

[1]　John E. Herman, *National Integration and Regional Hegemony: The Political and Cultural Dynamics of Qing State Expansion,1650-1750*, University of Washington, Ph.D., 1993. pp.43-47,136-144.

[2]　Ibid.,pp.47-74.

理土司继嗣问题及土司间的争端事宜。[1]嘉绒地方缺乏年度性的化海集会。化海一般是在地方官员剖断具体边事时一并实施的。当土司之间纷争局势日趋紧张时，地方官府会随事斟酌办理，以调解者和仲裁者的角色，阻止纠纷事态的恶化。

与明代相比，清朝在藏东边地具有更强的控御边地政治局势的能力，也更为关注受印土司间的关系。一旦被授予印信、号纸，受封土司即被赋予合法的政治身份和地位，常被称作"受印土司"或"内地土司"，得到清朝的政治承认。受印土司的继承者嗣位，须由清朝颁换新号纸。号纸是土司承袭的凭证和依据。颁授号纸要经过一系列的程序。开具祖宗三代清册、亲供及邻封土司的具结，是重要步骤之一。[2]清朝设计的土司承袭程序使新任土司获得内部权力阶层及周边土司的政治承认，令各土司意识到同为受印土司、隶属清朝的政治身份。受印土司的背后是王朝权威，以此杜绝土司之间相互兼并的现象。例如雍正年间，杂谷与小金川互争必色满，川省官府多方派员化海劝导无效。川省总督黄廷桂奏称，"必色满一隅，若断给金川，在杂谷势有不甘。若分归杂谷，则金川亦未肖倾狠搆争，必至无已。似应将必色满土目所管界址、户口查明，量给土百户职衔，

---

[1]　John E. Herman, *National Integration and Regional Hegemony: The Political and Cultural Dynamics of Qing State Expansion, 1650-1750*, University of Washington, Ph.D., 1993. pp.102-105.

[2]　余贻泽：《中国土司制度》，正中书局 1947 年版，第 40 页。

归隶天朝，与各土司一体听调，出兵效力。如此不特金川、杂谷两得其平，即必色满土民亦得仰仗天朝德威，安心耕牧，而两大强邻，不敢恣意侵凌，似属均便"[1]。黄廷桂的奏请很快得到雍正帝的批准。在清朝的治边视野下，边地政教势力若受朝廷封号，应遵约束，作为清朝在边地统治的政治代理人管理辖境及属民。治边者未便任由土司相互兼并，导致土司势力过强，渐成边地隐患。故协助受印土司自守，防范土司间的冲突兼并，时常成为地方官府处理边地事务的重要职守。

为控制边地政局的发展态势，限制土司间的侵并行为，川省常调派微弁末员或绿营弁兵常驻土司境内。到第一次金川之役后，驻兵护防演变为清朝监控土司政治行为的惯用手段。例如麻书、孔撒两土司争产恃兵。大金川、绰斯甲、革布什咱、德尔格、松冈、梭磨、卓克基等土司卷入纷争中。清朝在派员化诲公断后，以麻书土司丹津旺薄年幼，派弁兵十一员名，由千总温钦守护，又在革布什咱境内连接金川、绰斯甲赴打箭炉要路的角落寺（又作"角洛汛"，今道孚县葛卡乡觉洛寺）驻防把总一员、兵丁十名。[2] 护防兵弁为

---

[1] 中国第一历史档案馆编：《雍正朝汉文朱批奏折汇编》，江苏古籍出版社 1991 年版，第 829 页。

[2]《清高宗实录》卷 493、495、499，乾隆二十年七月下、乾隆二十年八月下、乾隆二十年十月下，中华书局 1986 年影印本，第 197—198、216、223、274—275 页。雍正四年（1726 年），清朝曾在角洛汛设把总一名，率兵镇守，防范郭罗克（今青海果洛）的袭扰。参见刘赞廷《民国道孚县图志》，《中国地方志集成·四川府县志辑》，第 67 册，巴蜀书社 1992 年版，第 653 页。

数虽少，却同清朝在康区构筑的整个绿营塘汛体系联系起来，成为清朝内地驿传和绿营军制系统向藏区的延伸。藏东边地由此被纳入全国的讯息和军事网络中。[1]驻兵防护犹如利剑楔入各土司之间，起到监控和抑制土司的弹压作用。与明代有别，清代的王朝权威已不再只是象征性的，而是作为一股重要的政治力量直接参与到边地的政治事务中。

再次，尽力固定化各土司辖境，参与决断土司间的划界问题，限制和阻断土司的肆意扩张和相互兼并趋势。清初嘉绒土司之间纷争不断，主要是为争夺更多的土地和人口资源，这是嘉绒传统政治关系的延续。当嘉绒土司之间发生纷争冲突时，争夺的境土是清朝地方官员"化诲剖断"的主要内容。地方官府派员实地勘察，作为剖断划界的依据，或者断令退还侵地，或者照旧立界。对于累年争夺起衅之地，官府派专差弁员立界分剖。参与争地的各土司纷纷申诉占地理由，境土归属的仲裁权由地方官员权衡掌控。

川省地方官府为息事宁边，时常草率决断，土司互不服属，边衅由此而起，这引起清朝中枢的强烈不满。乾隆三十七年（1772），乾隆帝斥责四川总督阿尔泰擅自将鄂克什地方断归小金川的乖谬往事，言道，"至土司境壤，各有专属，尺寸不容假借，况阿尔泰因小金川欺凌鄂克什率众攻围，亲临弹压，何得转将鄂克什所有之地转行断给逆

[1] 有关清代康区的塘汛设置及作用，参见邹立波《清代前期康区塘汛的设置及其作用与影响》，《西藏研究》2009年第3期。

酉"[1]。以此可知，清朝意图尽力抑制嘉绒土司之间侵吞邻封的兼并趋势，示意土司应分疆列守，划地为界。

清代土司承袭须开具清册，内详列承袭土司信息，特别须列出辖境四至里数。[2] 所以，早在清初官府已对嘉绒土司的辖境范围有较为粗略的认识。乾隆十三年（1748）成书的《保县志》专列"夷疆"条，描述各土司、土舍辖域，如梭磨土司"东距西四百里，南距北六百里，东界杂谷及茂州叠溪，南界小金川，西界竹克箕"[3]。到纂修嘉庆《四川通志》时，嘉绒土司辖境已更为明确清晰，如梭磨土司"东至右营三百五十里，交秋底界，由秋底至维州右营九十里，右营至维州六十里，维州至松潘镇五百二十里，南至新疆二百一十里，交攒拉界，西至卓克基六十里，交麻迷桥界，北至茂州叠溪营三百六十里，交三溪寨界，四至共九百八十里"[4]。这表明经历第二次金川之役后，在清朝的屡次规范和监督下，嘉绒土司辖境已趋于固定化。而这一趋势可上溯到清初对藏东边地土司政治秩序的重建。

清初嘉绒地方的土司政治秩序重建基本上是以非军事

[1] 冯明珠、庄吉发编：《金川档》，台北故宫博物院 2007 年版，第500 页。

[2] 余贻泽：《中国土司制度》，正中书局 1947 年版，第 41 页。

[3] （清）陈克绳：乾隆《保县志》卷 8《边防志》，载张羽新《中国西藏及甘青川滇藏区方志汇编》，第 39 册，学苑出版社 2003 年版，第 379 页。

[4] （清）常明等修、杨芳芳等纂：嘉庆《四川通志》卷 96，巴蜀书社1984 年版，第 3068 页。

化的手段，从制度层面对土司实施常规性控制，主要侧重规范土司关系。但是土司政治秩序重建后的中央王朝与土司新型关系，显然同嘉绒历史上固有的政治传统相悖。当新的土司政治秩序在深入嘉绒地方后，各土司开始立足于传统的政治逻辑来接纳或抵制，不断适应变动中的政治形势。

二　嘉绒藏族土司对清初土司政治新秩序的回应 ——金川之役缘起的再审视

有关金川之役爆发原因，学界论者颇多，观点不一。[1] 若梳理前人研究观点，可归纳出四个考虑面向：其一，普遍认识到嘉绒地方的本土政治因素，即所谓"蛮触"相争。土司之间的内部争斗与相互兼并是起因，不可避免的同清朝发生冲突。[2] 其二，着眼于乾隆初年藏东边地政治形势，意识到瞻对之役对第一次金川之役爆发的潜在影响。瞻对之役是"前奏和诱因"。征剿瞻对、金川是为保障进藏道路沿途地区的安定。[3] 其三，重视探讨乾隆帝治理藏东边地的意图和方式。因瞻对之役与金川边事始终紧密相关，乾隆帝对藏东边地局势的考量实有"绥靖川边"的战略目的，

————————

[1]　徐法言：《乾隆朝金川战役研究评述》，《清史研究》2011 年第 4 期。

[2]　萧一山：《清代通史》（中卷），中华书局 1925 年版；戴逸、华立：《一场得不偿失的战争——论乾隆朝金川之役》，《历史研究》1993 年第 3 期；庄吉发：《清高宗两定金川始末》，《大陆杂志》1973 年第 1 期；李鸿彬、白杰：《评乾隆朝金川之役》，《清史研究》1998 年第 2 期。

[3]　戴逸：《乾隆皇帝及其时代》，中国人民大学出版社 1992 年版。

借此树立和巩固清朝在藏东边地的王朝权威。[1]其四，注意到地方官员在战事爆发过程中的推动作用。川省地方官府贪图兵事厚利，擅启边衅，是引发金川之役的重要原因。[2]当然，研究者对金川之役爆发原因的思考往往综合各因素，试图从宏大的历史场景中为战役爆发描绘出广阔而多面向的时代背景。彭陟炎《乾隆朝大小金川之役研究》和徐法言《乾隆朝金川战役研究》是其中的典型代表。前者试图糅合前人的主要观点，对17世纪末至18世纪后期藏区形势给予充分的关注；后者则将金川之役置于清初内外形势及乾隆帝统治风格转型的动态历史过程中考察，探讨征讨金川的动机和目的，从清朝决策层面细致的探讨金川之役同治藏政策的内在关联。[3]前贤的研究无疑为深入认知金川之役的深层次原因拓展出多渠道和宏观的阐释面向。

不过，现有研究存在一个普遍的特点和缺陷，即考察金川之役源起仅拘泥于乾隆时代，缺乏长时段的历史考察。美国学者 John Herman 的研究恰好弥补这一点。其博士论文揭示出清初从制度层面试图强化控制西南边疆土司的倾

---

[1] 徐法言：《第一次金川之役起因初探——乾隆帝绥靖川边的努力》，《四川大学学报》2012年第5期；刘源：《从清代档案看清政府对金川土司的政策》，《中国藏学》1993年第4期；雀丹：《评乾隆两度平定金川的实质》，《西藏研究》1989年第2期；陈力：《〈金川纪略〉及其相关问题》，《四川大学学报》1992年第3期。

[2] 张婷：《试析第一次金川战争爆发的直接原因》，《四川大学学报》增刊2004年第5期。

[3] 彭陟焱：《乾隆朝大小金川之役研究》，民族出版社2010年版；徐法言：《乾隆朝金川战役研究》，博士学位论文，四川大学，2013年。

向及其长远影响，特别是注意到康雍乾三朝在土司制度具体政策实施上的连续性和差异性，清朝边疆政策设计、地方官员的角色及边疆人群如何最终影响政策制定等问题，指出金川之役的原因可追溯到顺治、康熙、雍正年间对西南边疆土司制度的革新，很大程度上是康熙、雍正时期边疆政策执行的结果。[1]John Herman 的研究为我们进一步探讨金川之役爆发的原因指明了新的思考方向。通过长时段的纵向对比研究与边疆政策细化的结构性分析，重新理解和阐释金川之役反映的中央王朝与边疆错综复杂的关系具有重要的学术意义。遗憾的是，John Herman 的研究主要侧重中央王朝的治边层面，对清初土司政治秩序重建后藏东边地人群的回应着墨不多。

经过清初土司政治秩序重建举措的实施，嘉绒土司熟知的王朝权威已悄然发生转变。清朝希冀削弱土司之势，维持土司之间均衡态势，使之相互牵制，以防尾大之虞。土司的政治行为被纳入清朝规划的边地政治轨道中。但是嘉绒土司受传统政治观念惯性思维的影响，所作所为往往违背清朝的政治意愿。

作为金川之役的肇祸者之一，大金川土司崛起于雍正末乾隆初年。其土司政治地位的确立，即是清初藏东边地土司政治秩序重建过程中的产物。但是大金川土司领取印信、号纸的过程颇费一番周折。雍正元年（1723），经川

---

[1]　John E. Herman, *National Integration and Regional Hegemony: The Political and Cultural Dynamics of Qing State Expansion,1650-1750*, University of Washington, Ph.D., 1993.

督年羹尧建议，为分小金川之势，授予大金川土舍色勒奔安抚司职衔。按照土司承袭程序，大金川须呈供宗图、甘结、户口等，经川省官府层层报部。色勒奔差遣土目到省守候，因天气炎热，亡故数人。待返归后，色勒奔竟抗拒不出，屡经川省专差化海，毫不遵从，不许官府差衙人境。之后川督黄廷桂令瓦寺土司选派土目，前往大金川详加劝解。色勒奔才在雍正七年（1729）输心遵差。[1] 封授事件表明，曾经跟随岳钟琪征讨羊峒的色勒奔似乎对封授土司职衔背后的政治意义并不熟稔和重视。清朝向大金川宣示王朝权威还须通过与之有姻亲关系的瓦寺土司来实现。

历经元明两代大力推行土司制度，中央王朝的政治权威已首先深植于毗邻内地的沿边土司政治观念中。乾隆十四年（1749），当经略大学士傅恒亲临嘉绒地方后发现，"小金川番人迎接时，其恭顺不及瓦寺、沃日"。对此，乾隆帝的解释颇为中肯："瓦寺、沃日与内地切近，向化是其本心；小金川较远，原属化外，盖亦天然界限"[2]。单纯从迎接方式来看，所谓"恭敬"的表现即指遵礼。因而第一次金川之役归降时，大金川土司莎罗奔专门请求差官先行前往官寨，"教以迎接叩见之礼"[3]，而非誓于佛前的

---

[1] 中国第一历史档案馆编：《雍正朝汉文朱批奏折汇编》，第18册，江苏古籍出版社1991年版，第235页。

[2] 《清高宗实录》卷332，乾隆十四年正月上，中华书局1986年影印本，第537页。

[3] （清）方略馆纂：《平定金川方略》，全国图书馆文献缩微复制中心1992年版，第414页。

"番礼"。"遵礼"被清朝官员视为土司尊奉和服属王朝权威的直观体现。所以在清初，从邻近内地的沿边土司向嘉绒腹地延伸，存在着王朝权威逐步弱化的趋向。在第一次金川之役前，以大金川为代表的部分嘉绒土司对王朝权威的总体认知应显得较为模糊。

那么，嘉绒土司如何理解王朝权威及其在土司关系中的作用，又如何回应清朝推行的土司政治秩序重建举措呢？嘉绒土司之间纷争的原初动力是在资源短缺的生存环境中争夺尽可能多的土地和人口资源。纷争往往是短暂、小规模且相当频繁的。土司统治体制的结构性缺陷，即分权式的政治结构，易于导致区域性的土司一统政权复陷于分裂，重蹈纷争兼并的旧路。以大金川为例，大金川辖境绵亘一沟，南北不及三百里，东部不到两百里，户数四千余。主要官寨有两处，一在促浸水上游的勒乌围（ལེ་འུར་，今金川县勒乌乡），一在下游的噶拉依（ཀ་ལའི་，今金川县安宁乡）。据乾隆三十七年（1772）被俘番人的供词：

> 那勒歪（即勒乌围——引者注）所管的寨子都是囊素管着的，一切地方上事情都是囊素办理，粮米等项也是囊素征收，索诺木并不来管。只遇着派兵的事是索诺木的说话，方才派出的。那勒歪一带有五六十寨，每寨多的有一二百户，少的有二三十户，土司索诺木常住在刮耳崖，每年到勒歪走一两遭，过几天就去，是不常住的。[1]

---

[1]　冯明珠、庄吉发编：《金川档》，台北故宫博物院 2007 年版，第524 页。

　　大金川政治架构的基本模式是在权力阶层内部的分权式统治。以囊素为首的宗教权力集团统辖勒乌围为中心的北部，拥有极大的自主统治权力。世俗权力集团则管辖以噶拉依为中心的南部，再由土司索诺木统一掌管兵权等重要权力。第一次金川之役前，大金川南北分权式的统治模式应已存在。大金川土司莎罗奔与其兄就日吉（即丢日吉）父子"同恶相济"，"莎罗奔居于勒歪寨，就日吉父子居于刮耳崖（即噶拉依）"。[1]

　　在嘉绒土司传统的政治结构中，土舍或大头人往往握有统治地方的较大权力。土司若要牢固的掌控统治辖境，赢得权力阶层乃至属民的拥护，不仅需有土司"根根"的高贵血统、声望、财富、武装和宗教地位，也需要拥有较强的统治才能和抚恤属下的才干。乾隆初年，任职保县（今理县）的陈克绳曾评价嘉绒各土司之优劣称，杂谷素号众庶，然土司不恤部众，"是以人退缩，无战志"。大金川色勒奔"善抚绥，甘苦与民，共出兵，酋长为助粮，死者厚给其家，伤者养于官所，无事射猎，较勇得禽兽分界于众，故上下同心，战辄胜"。[2]当土司年幼无法视事时，土司权力由权力阶层强权人物共同分担。据大金川被俘番人供词，大金川土司索诺木年纪幼小，诸事不能做

―――――――――――

[1]　（清）方略馆纂：《平定金川方略》，全国图书馆文献复制中心1992年版，第57页。

[2]　（清）陈克绳：乾隆《保县志》卷8《边防志》，载张羽新《中国西藏及甘青川滇藏区方志汇编》，第39册，学苑出版社2003年版，第385—386页。

主，皆是由其姑阿青及兄莎罗奔们，同大头人丹巴沃杂尔等在勒乌围商量停当后才通知索诺木办理。[1] 如果土司无驭众之才，且贪暴无德，属民怨声鼎沸，手握大权的土舍或大头人会谋划更立新土司或引入外部力量抗衡土司，纷争遂起。乾隆三十六年（1771）因革布什咱土司索诺木多布丹（བསོད་ནམས་སྟོབ་ཆེན་）索行苛虐，土舍朗卡瓦尔佳（ནམ་མཁའ་དབང་རྒྱས་）暗中联络大金川，共袭杀索诺木多布丹于热水塘。[2] 所以在嘉绒土司内部传统的政治架构中，土司固然居于权力金字塔的顶端，对权力的实际掌控程度却受制于多重因素，由上而下经过层层分化。分权式的政治结构导致土司须依照传统惯例让渡部分权力于土舍或大头人。由土舍或大头人掌握地方实权，再共同尊奉土司，形成隶属关系。

而且，土舍或大头人的职权是世袭制的，而非任命制。这使得土舍或大头人同辖地之间形成一种传统的历史关系。譬如小金川土舍七图安都尔的属地在别思满。而明代别思满安抚司是七图安都尔之祖。小金川兼并别思满后，依然给予其土司后裔较高的政治地位，并允准其继续管辖别思满，将之纳入小金川土司统治体系中。[3] 为维系和稳

---

[1] 冯明珠、庄吉发编：《金川档》，台北故宫博物院 2007 年版，第 4441 页。

[2] （清）王昶：《蜀徼纪闻》，张羽新校注，《中国西藏及甘青滇藏区方志汇编》，第 43 册，学苑出版社 2003 年版，第 328 页。

[3] 庄吉发：《清高宗十全武功研究》，中华书局 1987 年版，第 148 页。

固同握有地方实权的土舍或大头人之间的依附关系，土司往往采取相互联姻的方式，构建起一张错综复杂的权力关系网络，来驾驭和掌控整个统治区域。

传统分权式的权力模式深刻影响着嘉绒权力阶层的政治观念，可能进而反映在对王朝权威的具体看法上。自康熙末年，清朝鉴于四川在治藏格局中的战略价值，不断增强川省地方官员，特别是武官的权限，逐步培植起一批掌控地方军政大权的强权人物。[1] 归因于程穆衡《金川纪略》的记载，不少学者已意识到地方官员在金川之役爆发过程中的重要角色。纪山、庆复等川省封疆大吏垂涎觊觎滇、贵两省官员治番"所得精镠环宝、夷锦珍丽直万万以上"，遂"羡彼滇、黔二人（指贵督张广泗、云督张允随）所为，争以开夺番地，掠其畜聚为事"，而擅启金川之役兵端。[2] 章嘉国师若必多吉（ᛚᛁᛜᛝᛞᛟᛠᛡᛢ）长期随侍乾隆左右，其传记中也指出，"因附近一些汉人地方官吏敲诈欺压，故彼等（指大金川土司——引者注）倡乱反叛"[3]。与嘉绒土司接触最为频繁的正是川省的各级地

---

[1]　Yingcong Dai, *The Sichuan Frontier and Tibet : Imperial Strategy in the Early Qing*, Seattle and London: University of Washington Press, 2009, pp.151-158.

[2]　（清）程穆衡：《金川纪略》卷1，西藏社会科学院西藏学汉文文献编辑室编辑《西藏学汉文文献汇编》第3辑《金川案、金川六种》，1994年版，第255—256页。

[3]　土观·洛桑却吉尼玛：《章嘉国师若必多吉传》，陈庆英、马连龙译，中国藏学出版社2007年版，第263—264页。

方官员。

　　清代改变了明代土司周期性前往京师朝贡的定例，将土司贡赋或贡物改归地方军政事务运作经费。土司并不像明代的先辈那样有机会前往京师，去直接体验王朝权威的恢宏与威严。对于新附清朝不久的嘉绒土司，皇帝只是地方官员宣示王朝权威的终极符号，是被符号化的一种权力象征。许多土司可能是基于本土的政治权力逻辑来思考清朝皇帝与川省地方官员之间关系的。在嘉绒土司眼中，川省地方官府同清朝皇帝的关系同样处在分权式的政治架构中。《金川档》中保存了一份乾隆三十七年（1772）十一月四川提督董天弼给小金川土司泽旺的檄稿，附有藏文稿。川省督抚提镇衙门设有专门的译字房，负责翻译藏文文件。当时乾隆帝信赖的章嘉呼图克图若必多吉也参与藏文禀文的翻译和嘉绒地名的核对。[1] 在对译檄稿中，"大皇帝"对

─────────────

　　[1]　清廷翻译的嘉绒地名称谓混杂难辨，甚而一度出现过"瓦寺"和"瓦斯"并称的现象。实际上两者均指瓦寺土司。乾隆三十六年（1771）十二月乾隆帝指出："番地名字多系西番语音，如刮耳崖等名，其本音并不如此，皆系绿营字识信手妄书，遂至差之毫厘，谬以千里。方今一统同文，凡属旧部新藩地名，无不悉协本来音韵，岂有边徼诸番，转听其名译紊淆之理！此等西番字音，必当以清字对之，方能悉叶。此后应将番语译出清字，再由清字译出汉字，始不至如前此之鄙陋可笑。"因而乾隆三十七年正月，乾隆帝令章嘉呼图克图逐一核对，并用满文译出，逐步规范藏、满、汉文的对译。分别参见《清高宗实录》卷898、901，乾隆三十六年十二月上、乾隆三十七年正月下，中华书局1986年影印本，第19、20册，第1095—1096、19页。有关川省地方官府的译字房，参见庄吉发《清高宗十全武功研究》，中华书局1987年版，第112页。

应的藏文是 བདག་པོ་ཆེན་པོ་，[1] 直译为"大主人"。事实上，嘉绒土司是从宗教角度将清朝皇帝理解为文殊菩萨的代身，将之称为"文殊天命大皇帝"（ འཇམ་དབྱངས་གནམ་བསྐོས་གོང་མ་ཆེན་པོ），[2] 或者金川之役后嘉绒地方常用"大皇帝"的 གོང་མ་ཆེན་པོ，[3] 这样的翻译或许令土司进一步曲解了清朝的政治权力架构。无怪乎就在同一年，大金川土目呈递的书禀中尚有"官兵攻我，未识大皇帝知与不知？"的疑问。乾隆帝嘲讽道，"尔既为内地土司，当知中国法度，岂有不奉谕旨而调兵征讨之理？何得托辞故问大皇帝知与不知乎？"[4]

清初在藏东边地推行的土司政治秩序重建举措主要由川省官员献策、参与和具体执行，着眼于规范土司政治行为及其相互关系。但是事与愿违，并不是所有土司都能够接纳清朝规划的政治安排和边地秩序。陈克绳注意到，嘉绒"各土司自以大小强弱分先后序，相等者称兄弟，相悬者称父子，虽伯叔甥舅，皆没其称，而别以父子兄弟相

---

[1] 冯明珠、庄吉发编：《金川档》，台北故宫博物院 2007 年版，第707—717 页。

[2] 《大金川土司国师国主等致文殊天命大皇帝钦派大臣函（金川索诺木番字原禀）》，乾隆三十七年，台北故宫博物院藏《军机处档折件》，资料号：017725。

[3] Per Kvarne and Elliot Sperling, "Preliminary Study of an Inscription from Rgyal-rong", *Acta orientalia*, Vol.54,1993.

[4] （清）方略馆纂：《平定两金川方略》，全国图书馆文献缩微复制中心 1991 版，第 618、622 页。

呼"[1]。陈氏的认识未必完全符合嘉绒地方权力阶层的亲属称谓习惯，但是嘉绒土司之间以势力强弱评估和界定相互关系的作法是相当明确的。这明显同清朝封授土司职衔品级的标准相悖。清朝对嘉绒土司职衔品级的评定，以土司向清朝承担的义务和职责程度为依据。倘若守边失策或抵触忤逆清朝权威，职衔将会被降级。如梭磨土司因在雍正元年从征郭罗克有功，被授予郭罗克长官司职衔，雍正七年（1729）又因无法约束郭罗克，被降级为梭磨副长官司。[2]

嘉绒土司权力观念同清朝政治意图相悖的现象还可从土司僭用顶戴反映出来。依照清代定例，土司所配顶戴、朝服同职衔品级对等。嘉绒土司认同并接纳了清朝以服饰划分权力等级的观念，将之同印信一起视作政治权力的外在体现。乾隆四十一年（1776），革布什咱土舍头人曾禀称，"附近各土司均赏戴翎枝，独（新任土司——引者注）诺尔布湛都尔无翎，不足以弹压众人，请将大头人达尔结等打仗奋勇所得之翎挪给诺尔布湛都尔顶戴"。[3]故而嘉绒地方普遍存在土司僭越使用顶戴的现象。由于顶戴的颜饰、式样差异决定了权力等级的不同，"宣慰司始用亮蓝顶，乃

---

[1]　（清）陈克绳：乾隆《保县志》卷8《边防志》，载张羽新《中国西藏及甘青川滇藏区方志汇编》，第39册，学苑出版社2003年版，第383页。

[2]　同上书，第377页。

[3]　（清）方略馆纂：《平定两金川方略》，全国图书馆文献缩微复制中心1991年版，第1836页。

土司等罔知体制，辄皆僭用红顶，相沿已久"[1]。在土司眼中，既然顶戴用于评判职衔品级、权力等级的差异，标准应由传统观念中强弱之分来决定。

清朝政治意愿同嘉绒土司传统政治关系之间最为直接和激烈的冲突是抑制土司纷争和土司辖境的固定化。清朝多次强调作为受印土司或内地土司应同"化外蛮夷"有别，遵守约束，各守疆域，但是直到乾隆三十七年（1772）大金川索诺木仍然禀称，"革布什咱事，系头人勾结土舍发兵。土司被戕，土舍派头人暂管地方，并不敢违拒天朝，只恳恩将革布什咱赏给"[2]。大金川等强势土司一面仍持侵吞和统治弱小邻封的传统心态，一面又强调对清朝权威的服属，希冀清朝承认其传统政治行为的合法性。

与嘉绒土司类似，清朝中枢对嘉绒地方政治状态的认知也大多立足于自身的政治文化背景，或多或少存有严重的误识。乾隆三十八年（1773）正月，乾隆帝在致军机大臣的谕令中斥责大金川土司索诺木番字禀帖中公然"称其父郎卡为纳木喀济雅勒布，妄谈悖逆，更为覆载所不容。查纳木喀济雅勒布，即西番语之天汗。其意以为番语非中国所能通，自矜得意。岂知我国家中外一统，西北辟地二万余里，累译皆通。而西藏喇嘛久隶天朝，凡西番字语，

---

[1]　（清）方略馆纂：《平定两金川方略》，全国图书馆文献缩微复制中心1991年版，第513页。

[2]　《清高宗实录》卷900，乾隆三十七年正月上，中华书局1986年影印本，第17页。

内地素所通晓。此等鬼蜮伎俩其将谁欺？"[1] "纳木喀济雅勒布"实为藏文ནམ་མཁའ་རྒྱལ་པོ译，译作"天汗"。从嘉绒本土语境中理解郎卡（ནམ་མཁའ）的称谓，与王朝权威并不冲突，但是乾隆帝的理解显然脱离了嘉绒的本土语境。早在第一次金川之役前，乾隆帝已轻信和谴责大金川土司莎罗奔"辄敢自称为王，大肆猖獗"的行径。所以金川之役及其过程中充斥着清朝与嘉绒土司之间对各自政治策略和文化的诸多误读。

从较长时段的历史视角审视，明清时期土司制度在藏东边地的具体实践呈现出逐步强化监控和约制土司之间关系的趋势。这一趋势的转折点正是清初藏东边地土司政治秩序的重建。重建举措固然因袭了以往云贵等地土司制度实践的旧制或旧习。但是具体到藏东边地，清初采取和实施的举措革新和完善这一区域的土司制度实践，且加以制度化，避免或革除了明代的不少积弊，进一步规范和约制土司政治行为及其关系。因而清朝比前代更多的介入和干预藏东边地土司之间的纷争和内部事务，意图依照其政治意愿维护边地秩序。

然而，嘉绒土司对革新实践的回应表明，土司遵从服属王朝权威政治传统，意识到其重要政治意义。土司在处理相互关系时却依然遵循传统的政治逻辑和惯例，而不像

[1] 《清高宗实录》卷 925，乾隆三十八年正月下，中华书局 1986 年影印本，第 434 页。

处理同中央王朝的关系那样符合清朝的政治规划。两者之间存有明显的嫌隙和误识。作为互通信息的媒介，川省地方官员对边地事态的刻意夸大和掩饰推诿，加剧了清朝中央与土司地方之间的嫌隙和矛盾。事实上，两金川土司的一系列政治举动深受传统政治习惯的影响，目的并不是乾隆帝想象和宣称的挑战王朝权威。传统政治习惯相沿已久，主要面向土司关系及内部事务。而明代"静以镇之"的宽松治边政策，在土司纷争关系中时常造成王朝权威"不在场"的错觉。随着清初重建藏东边地政治秩序的推进，中央王朝的政治控制力量渗入土司地方事务中。"突然到场"的王朝权威对土司关系的约束和调控，实际上进一步压缩了土司的政治自主权。这引发中央王朝与土司地方之间的矛盾和冲突。可以说，金川之役的缘起是多重因素综合作用的结果。清初藏东边地土司政治秩序的重建无疑是不容忽视的重要时代背景。清朝中央与土司地方的双重视角则有利于弥补全面探讨金川之役缘起的某些缺失。

第六章　金川之役前后的嘉绒
藏族土司关系

　　为维护在嘉绒地方的政治权威和稳固当地的政治秩序，乾隆十二年（1747）至十四年（1749），乾隆三十六年（1771）至四十一年（1775年），清王朝先后两次发动金川之役。乾隆帝不惜费帑币九千余万两，投入兵力超过二十万，历时五年，倾举国之力将两金川平定。故金川之役被公认为乾隆帝"十全武功"中费时最久、耗费最大的战事。金川之役前后恰值乾隆盛世，是清王朝调整治藏政策、抚定西北政局的关键时期，也是嘉绒藏区政治与宗教格局发生转型的重要阶段。金川之役存留下的大量汉文文献记载弥补了藏文文献有关嘉绒土司关系及其变化的缺失，使我们更为直观、全面地考察王朝权威影响下土司关系的调适和演变。通过两次金川之役前后的一系列举措和善后事宜的推行，清王朝的权威进一步深入嘉绒腹地，改变了嘉绒地方原有的政治格局和土司传统政治关系模式的运作。

247

第一节 "以番治番"策略下的嘉绒藏族土司关系

嘉绒土司纷争引起清朝中枢的关注，首见于雍正初年杂谷、大小金川及沃日土司争界构衅案。到乾隆初年，乾隆帝不得不面对妥善处理控制藏东边地的诸多问题。短短20余年间，随着大金川土司势力的强势崛起，嘉绒土司纷争寻衅的态势愈演愈烈。这有违乾隆帝"绥靖川边"的意愿，最终引致清朝大张挞伐。从中枢到地方官府，清朝将嘉绒土司纷争简单地归结为"蛮触相争"、"同类操戈"，视之为嘉绒地方常态的政治现象。清帝和不少官员大多有意借此引导、操控土司和战，制衡各方势力，推行"以番治番"之策。[1]但是嘉绒土司传统政治关系的复杂性，实已超出清朝中枢和地方官府的认知程度和驾驭能力。

乾隆帝继承了康熙末年以来祖父辈重建藏东边地土司政治新秩序的政治遗产。但是犹如一改雍正帝严刑峻法的施政风格，乾隆帝在对待西南边疆问题上，不再主张推行雷厉风行的激进措施，转而采取了宽和缓济的仁政方针。即位之初，乾隆帝就向四川总督黄廷桂强调，"安

---

[1] 庄吉发：《清高宗十全武功研究》，中华书局1987年版，第110页。

抚番苗，使之乐业向化"，才是"封疆大臣之专责"。[1]
随后，乾隆帝蠲免了藏东边地各土司的各项供赋杂粮，
并严禁川省地方官员私派番民的陋习。乾隆三年（1738），
乾隆帝甚至打算听从章嘉呼图克图的建议，将划归川滇
两省治下的藏区部分重新改归达赖喇嘛管辖。川陕总督
大学士查郎阿雄辩地提醒乾隆帝川藏线对于治藏问题具
有重要的战略意义，建议以打箭炉商税弥补达赖喇嘛的
经济损失，得到乾隆帝的批准。乾隆帝治理藏东边地的
早期态度和策略，与雍正帝截然有别，故对待嘉绒土司
纷争事宜显得模棱两可。乾隆四年（1739）必色满一案
事起。川陕总督鄂弥达征求乾隆帝意见，询问是否应遣
汉土官兵弹压化海。乾隆帝含糊地回复："不可不使之
畏天朝兵威，亦不可但以兵威压服，而不修德化也。"[2]
事隔两个月后，四川巡抚方显的奏议得到乾隆帝的赞赏。
方显反对将强悍肇事的金川改土归流的主张，认为保留
土司制度，使土司之间彼此钳制，以之为守边藩篱，有
助于边地的稳定，因而朝廷"固不可任其争竞，亦不必
强其和协"[3]。乾隆帝深悉藏东边地有别于云贵地区，

————————

[1]　《清高宗实录》卷7，雍正十三年十一月下，中华书局1986年影印
本，第295页。

[2]　《清高宗实录》卷101，乾隆四年九月下，中华书局1986年影印本，
第523页。

[3]　《清高宗实录》卷105，乾隆四年十一月下，中华书局1986年影印
本，第580页。

难以推行儒家教化，遂赞同地方官府"俯顺夷情"的解决办法，意图以王朝权威调解和引导土司之间的和战关系，达到"以番治番"的目的。

就在乾隆帝拟定和执行治理藏东边地新政策时，嘉绒地方政局发生转变。大金川逐步取代小金川的地位。乾隆九年（1744），因援助受灾的巴旺，大金川与革什咱土司以旧怨积愤，不顾地方官员的"化诲剖断"，发生武装冲突。乾隆帝以之为琐事，只令地方官员妥协办理。事未平，瞻对劫掠返川汛兵之事发生。四川巡抚纪山、提督李质粹怂恿川陕总督庆复联名奏请出兵征剿瞻对。乾隆帝考虑到藏东边地先有郭罗克事件、金革二土司相斗之事，续有瞻对番民屡番劫掠事，认为或应示以兵威，加以惩戒，稳固清朝在藏东边地统治的权威。犹豫不决之下，乾隆帝又经川省官员的推促，称"不得已允督、抚等所奏"[1]，征剿瞻对之役爆发。[2]

瞻对之役最终以疆臣捏称土司班滚（ དཔལ་མགོན་ ）焚毙草草了事。乾隆十一年（1747），大金川土司劫夺小金川印信及操控土司泽旺之事引起地方官员的注意。熟悉边疆事务的庆复经瞻对一役已深知藏东边事难治，遂建

---

[1] 《清高宗实录》卷 242，乾隆十年六月上，中华书局 1986 年影印本，第 129 页。

[2] 有关瞻对之役，参见张秋雯《清代雍乾两朝之用兵川边瞻对》，《"中研院"近代史研究所集刊》1992 年第 21 期；刘源《乾隆时期的瞻对事件》，《中国藏学》2007 年第 3 期。

议若不遵剖断，亦惟有"以番御番"之法。原本主张对边事应持宽缓态度的乾隆帝深以为然。孰料次年，大金川土司莎罗奔又占革什咱地方。乾隆帝此时依然坚持试图以非对抗性的方式处理边事。但是时隔仅月余，大金川已攻至明正土司所属鲁密章谷，驻汛把总无法抵御，退守吕利。乾隆帝调派在贵省治苗颇有作为的张广泗莅川，以治苗之法治番，统筹进剿事宜，以图边地永远宁谧。乾隆帝态度的逆转应是同大金川逼近川藏要道，特别是瞻对土司班滚脱逃至大金川的传闻有关。《金川纪略》中声称，"班滚使人至大金川，说色勒奔细，使出兵扰打箭炉所属土司，以缀我师之后"[1]。大金川土司为策应班滚袭扰打箭炉所属土司之说，未必属实，应是当时嘉绒土司纷争关系的显现。但是考虑到昆珠扎巴传记中记载瞻对同嘉绒因宗教缘故而往来频繁的史实，经甲索一路，可通达绰斯甲、瞻对地方。班滚同大金川互通声息也是极有可能的。这一传闻促使乾隆帝想象和认为藏东边地各土司暗中联络，共同对抗王朝权威，严重威胁"绥靖"边地的战略，对封疆大吏治边失策颇为不满。

第一次金川之役伊始，乾隆帝已意识到应拆分和疏离大金川同其他嘉绒土司的关系，达到孤立大金川、各个击

---

[1]　（清）程穆衡：《金川纪略》卷1，《西藏学汉文文献汇编》第3辑《金川案、金川六种》，西藏社会科学院西藏学汉文文献编辑室编印1994年版，第259页。

破的目的。绰斯甲、瓦寺均同大金川有联姻之谊。绰斯甲因与杂谷素有嫌隙，曾同大金川合兵围攻杂谷。毗邻内地的瓦寺土司则与大金川暗通消息。鉴于此，清军在毗邻绰斯甲地方拨兵堵截隘口，以分金、绰二酋之势，又遣里塘土司汪结（དབང་འགྲུབ）前往绰斯甲化诲。绰斯甲土司派心腹头人雍中崩（གཡུང་དྲུང་འབུམ）求免前罪，情愿领兵出力。清军遂征召绰斯甲、瓦寺土兵随征，留意防范。同时，革布什咱、沃日、杂谷等与大金川不和的土司土兵也被征调，协同清军进剿。清军还派雇瓦寺、沃日、小金川、木坪、明正、革布什咱、巴底、巴旺、绰斯甲各土司所属蛮夫运粮，并酌量奖赏，激励各土司尽心出力。

乾隆十二年（1747）十月，大金川连降大雪月余。土司莎罗奔遵循嘉绒地方季节性战事的惯例，开始差头人赴清军军营乞降。而清军阻于大金川境内恶劣的自然环境及险地坚碉，伤亡惨重，战事陷于顿阻拖延。战事渐显不利之际，御史王显绪重提"以番治番"旧策：

> 川省土司与金川疆界毗连者不一，如果以番制番，不难灭此朝食。况番性贪悍，请交经略大学士将邻近金川之各土司，无论已未调赴军营，概行宣谕，令自统所部土兵以为前驱，官军惟大张声势，以为后援。有能破巢擒逆者，即以金川土地、人民赐之。伊等言语、衣服相同，侦探亦便。前驱之土兵一得路径，破其险要，大兵即可尾之而进。且金川贼众见附近土司

奋勇并力，自度难以瓦全，又闻有破格之赏，亦未必
不自思求生之道。纵不擒酋缚献军前，亦决不致如前
此之出死力以相拒矣！[1]

　　"以番治番"沿袭古人治理边地的传统理念，似富有
治边逻辑。但是以嘉绒土司相互牵制的想法，在具体的现
实关系中却不免流于空论和想象。嘉绒各地番人"言语、
衣服相同"的说法就属于典型的臆断猜测。据语言学家林
向荣的调查研究，嘉绒语可分为东部（又分作马尔康、理县、
金川、小金四个土语）、西北部（又分作马尔康茶堡土语
和四大坝土语）、西部（主要流行于金川观音桥、壤塘上寨、
马尔康松岗等地）三大方言区。方言之间的差异较大，相
互通话有一定困难。东部方言区与西北方言间彼此只能听
懂三分之一以上。东部方言与西部方言差异更大，彼此基
本上不能通话。[2]直到乾隆三十七年（1772）第二次金川之
役期间，清军将领才认识到嘉绒各地方言不同，称"三杂谷、
两金川、鄂克什、瓦寺一带之番语、番字，不特与西藏不同，
即与木坪、明正、绰斯甲布各土司语言字义，亦属彼此各
别"[3]。嘉绒各地土司属民的外貌装饰也略有差别。乾隆

第六章　金川之役前后的嘉绒藏族土司关系

────────────

　　[1]　《清高宗实录》卷319，乾隆十三年七月下，中华书局1986年影印本，
第250页。

　　[2]　林向荣：《嘉戎语研究》，四川民族出版社1993年版，第411—413页。

　　[3]　（清）方略馆纂：《平定两金川方略》，全国图书馆文献缩微复
制中心1991年版，第448页。

三十六年（1771）随同定边副将军温福赴金川军营效力的
王昶就在《蜀徼纪闻》中提到，"瓦寺、沃日人皆薙发作辫，
两金川则多黄发"[1]。因而清朝统治阶层对嘉绒地方社
会状态的了解相当肤浅和匮乏。有趣的是，乾隆帝将这
一原本由自己支持和倡导的策略戏称为"刍荛之说"、
乡野之谈。不久，张广泗的奏复道破了"以番治番"策
略在嘉绒地方推行和实施的困境：

> 以番攻番之法，言之似易为功，行之实难奏效，
> 金酋地险碉坚，非独官兵难以力克，即土兵亦莫能
> 遽破，伊等自相攻击，苟得一二小碉，即行踞守，
> 或遇难克之处，则旋进旋退，经年累月，构衅不已。
> 今官兵进剿，用张天讨，势在必克，若止令土兵前
> 驱，其心涣散，且土目必思各取其地界相连零星易
> 取之碉寨，以图占其土地，而于紧要之隘口，难攻
> 之贼碉，罕能致死用命。[2]

----

[1]　（清）王昶：《蜀徼纪闻》，张羽新校注，《中国西藏及甘青滇藏
区方志汇编》，学苑出版社 2003 年版，第 43 册，第 336 页。《皇清职贡图》载，
沃日"妇女辫发"。瓦寺"妇女挽髻，裹花巾"。小金川"番妇以黄牛毛续
发作辫盘之"。金川"番民椎髻，帽用羊皮染黄色，以红帛缘之"。参见（清）
傅恒等编纂《皇清职贡图》卷 6，日本早稻田大学图书馆藏乾隆十六年版。
所谓"多黄发"可能与上俗有关。

[2]　（清）方略馆纂：《平定金川方略》，全国图书馆文献缩微复制中
心 1991 年版，第 202 页。

经年余实地作战的观察和了解，谙熟边疆事务的张广泗对嘉绒土司之间短暂的、小规模的常规性纷争已了然于胸。嘉绒土司治下向来缺乏训练有素的常备军。军队皆由百姓自备枪械、粮饷等拼凑而成。传统的习惯严重影响土兵的战斗力。加上嘉绒地势险峻、山岭绵延，平均海拔在3000米以上。尺寸皆山，羊肠一线。这同嘉绒当地擅长游走山地的"放夹坝"之习相适应，故适合进行散兵式的高原山地作战，而难以胜任强攻坚碉的攻坚战。[1]况且，嘉绒各土司倾向于各自为战，或结为紧密而不稳固的同盟关系，对清朝征金川之事大多心怀观望，不事力战。瓦寺土司随征番兵与大金川兵对阵，甚而只放空枪。绰斯甲土司土兵对敌时不下枪子，又暗中馈助大金川粮糟弹药。在战事后期，绰斯甲直接充当大金川土司向清朝投诚乞降代言者的角色，屡次哀恳代禀请降。岳钟琪亲赴大金川勒乌围官寨招降大金川，也由绰斯甲土司策丁丙朱同莎罗奔、郎卡依照番礼誓于佛前。革布什咱、沃日实同大金川有仇，却兵少力弱。杂谷土兵虽多，人不用命。木坪、巴旺、巴底、明正等处则俱属怯弱，强悍不足。各土司缺乏协助清朝竭力围攻大金川的决心和实力。第一次金川之役苦战两年余，清军始终攻碉乏术，战事拖延。考虑到西北政局未定、国库帑币耗费殆尽、川蜀民生渐显疲敝之态、战事旷日持久及缅甸

[1] 石硕、杨嘉铭、邹立波等：《青藏高原碉楼研究》，中国社会科学出版社2012年版，第247—251页。

255

局势恶化等多重因素，乾隆帝权衡利弊，在大金川土司象征性的归附之后草草完结战事。

金川战事虽将清军拖入攻碉的困境中，暴露出清代中期绿营与吏治的日趋败坏、封疆大吏的勾心斗角和满汉官员关系紧张等种种弊端，令乾隆帝逐渐失去对封疆大吏的信任感，由此根本扭转了清初以来川省边疆强势人物操控地方和边地形势的局面。[1] 但是早在乾隆十三年（1748），清军攻碉屡屡失利，经略大学士讷亲和川陕总督张广泗在联名会奏中已提醒乾隆帝，金川战事即便因攻碉之困而呈骑虎难下之势，若轻言撤兵，势必对嘉绒地方的政治形势和土司关系造成极为不利的影响：

> 然进攻不可暂辍者，缘大金川侵虐邻封，窥犯炉地，诸土司皆仇恨逆酋，大兵声讨，皆恭顺效命，若一撤，则复从迫胁结好。各土司见天朝力不能制，群起相附，诸番地尽险隘，势益滋蔓。且瓦寺、杂谷、明正司等处皆近内地，窃恐不待数年，番民狡焉启衅，边患愈无已时，且何以震慑远塞！[2]

如何引导和协调嘉绒土司之间相互关系，以共抗强邻，防范边患再起，稳定边地政治秩序，成为第一次金川之役

---

[1] Yingcong Dai, *The Sichuan Frontier and Tibet : Imperial Strategy in the Early Qing*, Seattle and London:University of Washington Press, 2009,pp.159-161.

[2] 《清高宗实录》卷323，乾隆十八年三月下，中华书局1986年影印本，第327页。

后川省地方官府制定善后事宜时需重点考虑的问题。金川
战事奏捷之际，四川总督策楞奉命处置善后，已经意识到
藏东边地的纷争攘夺是当地社会的重要特征和民俗性格。
策楞指出，"番性难驯，睚眦启争，互相倾陷，或亲戚微嫌，
或疆场未析，仇杀攘夺，数十年不解"[1]。针对嘉绒地方的
社会特点，策楞建议应以防范为主。具体办法是：杂谷、
绰斯甲势强，尚可与大金川抗衡。由官方出面劝谕势孤力
弱的革布什咱、巴底、巴旺、小金川和沃日等土司和好，
联络声气，为合纵计，遏制大金川的窥伺之机，方可弭衅。

　　经第一次金川之役的重挫，乾隆帝赞同策楞的主张，
令各土司自为藩篱，由此又重新回到"以番治番"的策略上。
策楞的建议具体落实为善后事宜十二条，经清朝中枢修订
后颁布执行。这些举措对战后嘉绒地方政治格局及土司关
系影响最深者大抵有两方面：一是继续推行分袭之法，分
化土司的势力，包括分立巴底、巴旺两土千户，及加衔奖
励梭磨、卓克基和党坝各土司、土舍，以分杂谷之势。二
是撮合和推动各土司成合纵关系。"杂谷、革布什咱、沃
日、小金川四土司，宜联为一气"，令其依番例顶经盟誓，
结为同盟。沃日土女泽儿吉与小金川土司泽旺婚配，但各
管其政，共同协守疆域。[2] 清朝期望以此达到合众土司之力

---

　　[1]　《清高宗实录》卷334，乾隆十四年二月上，中华书局1986年影印本，
第594页。

　　[2]　《清高宗实录》卷336，乾隆十四年三月上，中华书局1986年影印本，
第631页。

对抗和制衡大金川的态势。善后事宜的制定和实施，是清朝依照治边意图安排和重组嘉绒土司政治关系的体现。土司关系的演变走势渐受制于王朝权威，对战后嘉绒地方政治格局的变化影响极深。

第二节　杂谷事件与嘉绒政治格局的转变

清朝中枢最初对四川总督策楞倡议分化杂谷之势的策略颇为踌躇和顾虑。杂谷从征大金川尚有功绩，转而无故被瓜分辖地，难免有失抚边机宜。但是仅过半年余，乾隆十四年（1749）十月，清朝以杂谷土司苍旺等兄弟三人随征金川之役有功为由，加授苍旺为杂谷宣慰司、勒尔悟为梭磨安抚司、娘尔吉为卓克基长官司。18 世纪中叶前往嘉绒的噶玛噶举派司徒班钦却吉迥乃的传记显示，在清朝正式封授梭磨、卓克基土司职衔前，嘉绒分权式政治模式已使梭磨、卓克基享有较高的独立治权。当时的藏人可能将梭磨、卓克基与杂谷土司等同视之，以རྒྱལ་པོ་称呼。[1] 清朝正式封授土司职衔，意在进一步疏离和制衡梭磨、卓克基同杂谷土司之间的关系。

杂谷土司苍旺受封宣慰使职衔后，渐形骄纵，因先后三次弃妻，与绰斯甲、瓦寺结怨成仇，逐渐孤立。乾隆

---

[1]　噶玛降译编：《司徒班钦文集》，四川民族出版社 2014 年版，第 211—217 页。

十六年（1751），梭磨与松潘镇所辖七布、峨眉喜土千户因窃劫起衅。川省饬令委员彻查。虽声称勒尔悟属"杂谷安抚司"，[1] 在整个事件处理过程中，地方官府却绕开杂谷土司，而同勒尔悟直接接触，将之视作独立的政治实体。受封后的梭磨、卓克基同杂谷之间的关系逐渐疏远。乾隆十七年（1752），苍旺杀害头人易沙，又同受封的梭磨、卓克基矛盾激化。杂谷不遵地方官府化诲调解，聚兵攻毁梭、卓所属土民番寨。梭磨土司勒尔悟逃往黑水地方。卓克基土司娘儿吉则困守官寨之内。四川总督策楞、提督岳钟琪借口苍旺"私造铁炮，潜蓄逆谋"，乘机调兵征剿，仅月余擒斩土司苍旺，史称"杂谷事件"。自明初受封的杂谷土司，历300余年而终。土司辖境被析分为两大部分：邻近内地的杂谷脑河流域被改土归屯，设下寨、杂谷脑、孟董、九子和龙窝五屯；远离内地的松岗官寨等地，以梭磨土司勒尔悟之弟根濯斯加为土司，承袭杂谷旧业，为松岗长官司，与梭磨、卓克基并称为"三杂谷"。藏文典籍称作察曲河流域被誉为佛教长城的察瓦三部落（ᚋᚈᚋᚈᚋᚈᚋᚈᚋᚈ），[2] 又与乾隆十八年（1753）受封的党坝土司并列为"四土"。

"杂谷事件"使地广人众的杂谷土司迅速分崩离析，从而引发嘉绒地方政治格局的转变，打破了嘉绒各土司之

---

[1]　《清高宗实录》卷386，乾隆十六年四月上，中华书局1986年影印本，第71页。

[2]　智贡巴·贡却乎丹巴绕吉：《安多政教史》，吴均、毛继祖、马世林译，甘肃民族出版社1989年版，第724页。

间原本维系的势力均衡态势。清初，杂谷与大小金川各具优势，分立于嘉绒南北，是当时左右嘉绒政局与土司关系的两大政治力量。早在雍正十一年（1733）四川总督黄廷桂已认识到嘉绒地方两大势力集团相互制衡对治理边地、拱卫川蜀内地的重要性，称"杂谷地广蛮稠，素非驯良之辈，且逼近松潘、保县，有此金川（指小金川——引者注）居其后路，恃为牵制，于内地实有裨益"[1]。熟知藏东边事的黄廷桂以为小金川、杂谷虽皆需防范，然均曾随清军征讨边地，尚显恭顺。边地事务繁杂，各方政教势力动辄相争，宜使其相互牵制，于边圉有益，方可成"以番治番"之策。乾隆四年（1739），四川巡抚布政使方显针对杂谷与小金川互争必色满一案，反对改土归流主张，坚持倡导"以番治番"的传统做法，得到乾隆帝的嘉许，其依据是：

> 惟查杂谷、梭磨，吐番后裔，其巢穴即李德裕既取复弃之维州，户口约十余万。金川紧接杂谷，户口不过数万。杂谷素惮金川之强，金川则畏杂谷之众，彼此箝制，边境颇宁，固不可任其竞争，亦不必强其和协也。况沿边多生番，留之可资捍卫。且从前川省有进剿之役，调取土兵，莫不如数遣发，著有微劳，又宜留之，以供调遣。[2]

---

[1] 中国第一历史档案馆编：《雍正朝汉文朱批奏折汇编》，江苏古籍出版社 1991 年版，第 546 页。

[2] 《清高宗实录》卷 105，乾隆四年十一月下，中华书局 1986 年影印本，第 580 页。

据方氏的分析，由于杂谷与金川（即小金川）势均力敌，钳制彼此，符合在嘉绒地方推行"以番治番"的策略条件，且"以番治番"不必虚耗朝廷的资源和精力。但"以番治番"之策的具体实施需富有弹性而灵活多变。随形势发展，朝廷可利用政治手段暗中操控。

第一次金川之役爆发后，杂谷因同大金川素有嫌隙，征调土兵从征，或遣派蛮夫运粮，颇为效力，得到清朝的赞赏。所以，在第一次金川战事刚刚落幕后不久，乾隆帝对川省封疆大吏操纵主导的"杂谷事件"备感不悦。杂谷战事前后仅耗时月余，花费军需银约万九千余两，调动四千余清军及部分土兵。就战事的耗费和结果而言，杂谷战事堪称高效、成功。乾隆帝却将之讥讽为"乘易邀功，伺间袭取"，"似此办理，将致他番闻风惊骇，妄生猜疑，甚非绥辑边圉之道"，[1] 屡番斥责其所为。乾隆帝之所以持此态度，一方面是由于对清初以来川省地方大吏操控边地政务、左右清朝中枢治边策略的做法深以为恶。川督策楞任职川省期间，在处理第一次金川之役善后及应对西藏珠尔默特那木扎勒事件中颇有政绩作为，然其同岳钟琪一并绕开清朝中枢而擅启边衅的做法，或多或少令乾隆帝感受到地方封疆大吏挑战中央权威的意味。杂谷战事如此迅捷的结束又对乾隆帝决策同意后陷入战事泥

第六章　金川之役前后的嘉绒藏族土司关系

---

[1] 《清高宗实录》卷432，乾隆十八年二月上，中华书局1986年影印本，第639页。

淖中的第一次金川之役构成嘲讽。因而乾隆帝曾质问道，"苍旺果有心滋事，岂毫不设备，竟如此之易灭耶？岳钟琪前带兵金川时，留驻党坝一年有余，何曾攻克一处？以此观之，必系土司自不相睦，汝等乘人之危耳！"乾隆帝还声称这一行径或使各土司间恐慌疑惧，对朝廷产生不信任感，同朝廷"绥靖"边陲的政治意图相违背。最后乾隆帝不悦地指出，"岳钟琪何足深责，策楞受恩深重，亦复如此轻举不晓事耶！所办殊与朕意不合"。[1]另一方面，处理金川事务时轻启边衅的挫败，令乾隆帝对待边事问题趋于谨慎和保守。他在致军机大臣的谕令中称，"川省地当边徼，番夷杂处，抚驭之道令怀德畏威，不可贪功启衅"[2]，方能绥靖番夷。可以看出，乾隆帝希冀回归即位之初对藏东边地"蛮夷相触"之事应采取非对抗性的策略。

杂谷事件不久，乾隆帝将策楞调离，改用早期提倡"以番治番"的旧臣、熟悉川情的黄廷桂为川督，以岳钟璜替代岳钟琪为四川提督，令其妥善办理。更为重要的是，清朝中枢可能已意识到，杂谷土司的瓦解对嘉绒政治格局的负面影响。嘉绒土司中最为桀骜不驯的大金川土司尚未被剿灭，一向忠顺的杂谷土司却被铲除。杂谷辖地被分化为各不统属、势力又相对弱小的众土司，已使嘉绒地方失去

---

[1] 《清高宗实录》卷424，乾隆十七年十月上，中华书局1986年影印本，第557页。

[2] 《清高宗实录》卷432，乾隆十八年二月上，中华书局1986年影印本，第639页。

堪同大金川抗衡的政治力量。从治边角度看，这并不明智，实属失策之举。[1] 而且杂谷土司与梭磨、卓克基的纷争是杂谷仍将梭磨、卓克基视为属部的表现。梭磨、卓克基土司权力的赋予和稳固很大程度上依赖清朝地方官府倡议和付诸实施的扶植举动。由杂谷土司引发的纷争，既未侵扰内地，也并非无故侵吞邻封境土，而同清朝推行的分袭法有关。

随着杂谷土司的土崩瓦解，嘉绒地方以杂谷、大金川为首的南北对峙的均衡态势被彻底打破。嘉绒各土司中已再无可同大金川土司匹敌的政治势力。第一次金川之役后，传统的纷合相争与小规模的区域性冲突的传统并没有被清朝的军事干涉中断和改变。[2] 经受战争洗礼的大金川土司在沉寂一段时间后，又与周边邻封构衅，其势较以往更彰。乾隆二十三年（1758），大金川与革布什咱土司纷争再起，清朝致力于在嘉绒地方推行"合纵弭衅"的策略，欲集合各土司势力，成合纵之势，围攻大金川土司。

第三节　九土司环攻大金川

长期的兵祸重创了大金川地方社会。围攻持续年余后，

---

[1] 李涛：《试论清代乾隆年间的杂谷事件》，《西藏研究》1992年第1期。

[2] Roger Greatrex, "A Brief Introduction to the First Jinchuan War (1747-1749)", *Tibetan Studies, Proceedings of the 6th Seminar of the International Association for Tibetan Studies*, 1992, Vol.1, ed. Per Kvaerne, Oslo: The Institute for Comparative Research in Human Culture, 1994.

"金川精壮贼番，原不过七八千人，自大兵进剿以来，已去其半。现在（指乾隆十三年三月——引者注）不过四千余人，日食不继，倘四五月间，正当刈麦之时，而官兵大至，则死无噍类，男女悲怨"[1]。人口锐减尤其是精壮丁口的严重损失，有待生衍繁蓄，生活秩序的重建需耗费大金川较长一段休养生息的时间。

但是，时隔不到十年，大金川故态重萌，乾隆二十三年（1758）二月，革布什咱土司所属丹多地方的番众暗通大金川袭取丹多。土司四朗多博登同赴援的小金川土司之子色刚桑（即僧格桑）被大金川围困于吉地官寨。大金川番兵也出现在小金川孙克宗一带活动。在蜀中任职两年余的总督开泰迅即分拨官兵往打箭炉及邻近革布什咱的章谷、泰宁等地驻扎弹压，复令与大金川有嫌隙且毗邻小金川的沃日、三杂谷各土司派土兵协助防范孙克宗，又一面劝令绰斯甲趁机捣虚邀击，对大金川形成合围夹攻之势。同时开泰深虑小金川兵力单弱，打算禀拨土练往驻。乾隆帝允准照此办理。但是仅月余后，乾隆帝重新通盘思考大金川事务，一改以往的沉默态度，认为治番应顺从番情，对于"番苗自相攻击，原可不必绳以内地官法"，并告诫地方官员边地事务绝非是单纯依赖武力就能解决的，即便以军事手段弹压地方，也不应倚重土兵。乾隆帝对开泰筹办各土司

---

[1]　（清）方略馆纂：《平定金川方略》，全国图书馆文献缩微复制中心 1991 年版，第 103 页。

围攻大金川之策颇为认可，以为"绰斯甲布现与小金川、沃日诸土司联络，其人众兵力不甚单弱。或传知该土目，果能自出其力，惩创金川，则所得地方人众，不妨量赏伊等，以示鼓励。以番攻番之策，亦属可行"[1]。大金川郎卡因联姻缘故，已有侵吞革布什咱的意图，又袭扰小金川、明正，继而侵扰绰斯甲地界，为众土司所恶，渐形孤立，仅布拉克底土舍德租（又作"丁足"）附和，协同攻扰。

至五月初，明正、绰斯甲布等土司联兵合力夺回被大金川侵占的革布什咱官寨。党坝等土目又协助绰斯甲土司五次袭攻大金川，互有杀伤。乾隆帝见大金川的行径已渐为嘉绒各土司不容，以各土司势力可达到制衡和削弱大金川之效，遂谕令地方官员如果化海不能遏制大金川侵扰扩张之势，可行"以番攻番"之策，借助各土司之力合力剿除大金川，"若众土司等能协力除之而分其地，于番境转可久远相安，正不必以滋衅不已为虑。第此等机宜自不便于明谕，宜密饬文武各员，微示其意于众土司，俾其知所从事"[2]。乾隆帝的策略目的在于以第一次金川之役为前鉴，官府可置身于土司纷争之外，给予合纵各土司政治和名义上的扶持，多加赏犒，以示奖励，乃至以分割大金川之地于众土司为诱，希冀借助其力剿灭"不可安"的大金

[1]《清高宗实录》卷560，乾隆二十三年四月上，中华书局1986年影印本，第99—100页。

[2]《清高宗实录》卷562，乾隆二十三年五月上，中华书局1986年影印本，第123—124页。

川土司。六月，革布什咱、巴旺土司以巴底土舍助虐，深以为恨，意图协力剪除。川省官府令章谷、木坪土兵应援，前后互攻两次，因地非可守，旋即撤回，以革布什咱修整卡隘，又令巴旺设法招抚巴底番民。此后，革布什咱同大金川战事仍有持续。寒冬来临后，各土司继续相持对峙。乾隆帝谕知川省官府可听其自然，亦不必强令其互攻，唯持"以番攻番"之策，相机办理。嘉绒地方政治格局的走势实则任由当地传统的政治关系来决定，官府只需坐待渔利。长达近十年的绰斯甲、沃日、小金川、党坝、瓦寺、梭磨、卓克基、松冈、巴旺等九土司[1]环攻大金川之事由此揭开序幕。

乾隆二十五年（1760），大金川土司莎罗奔病故。次年，莎罗奔之侄、大金川新任土司郎卡主动向川省官府投禀示好，声称"我本天朝土司，惟与众土司不和，众土司因将不法之事向内地官府前控告。如今止求作主剖断，情愿恪遵，丝毫不敢多事"。郎卡之意在于试图摆脱被众土司围堵两年余的困境，并求换给印信和赴藏熬茶的路票。四川总督开泰认为，郎卡之举是因不获逞其吞并之谋，数经挫败，禀求调解，或是大金川示弱服属的表现，"若仍令各土司驻防攻守，既不能克日奏功，转恐日久生懈"。因此开

---

[1] 《蜀徼纪闻》载，九土司为绰斯甲、巴底、巴旺、沃日、小金川、党坝、瓦寺及三杂谷（卓克基、松冈、梭磨），将巴底计入，显然有误。参见（清）王昶《蜀徼纪闻》，张羽新校注，《中国西藏及甘青滇藏区方志汇编》，第43册，学苑出版社2003年版，第338页。

泰决定遣员赴绰斯甲布、党坝、金川一带，会同各土司所遣大头人，谴责郎卡罪行，"将金川在丹坝界山所修碉卡押令拆毁，侵占丹坝山地全数退还，并差弁员前赴布拉克底，令将金川所助番兵悉回巢穴。然后传知各土司，将各处土兵及土练次第撤收"，仅留守少量武官驻于革布什咱、巴旺中间的章谷地方，以为声援，[1]算是将革布什咱夷务了结。

对于郎卡颁换印信的请求，开泰虽声称郎卡有罪无功，然又默许郎卡可依照规定，取具各土司印结，由地方官详报题请，换取新印。至于赴藏熬茶，开泰干脆以熬茶为善事，郎卡只需将遣员数量报知地方官转禀核办即可。开泰的举措误解了郎卡的意图，而使大金川获得喘息和树立权威的机会。郎卡的一系列请求一方面是对众土司环攻的策略性反应，还在于试探清朝的态度，强调大金川与王朝权威固有的关系。颁授新印信是赋予新任土司政治权力的凭证。开泰轻易允诺换颁印信，轻信郎卡的示弱，又不愿以此另启边衅。对郎卡而言，求得王朝权威的政治承认颇具意义。而且赴藏熬茶原非单纯的宗教行为，其中也暗含大金川寻求达赖喇嘛名义上的政治庇护。

乾隆二十七年（1762）二月，乾隆帝赞同开泰提出的建议：若令大金川取具甘结，反而为其提供同其他土司"通同附和"再度交好的机会，允准其毋庸取具土舍头人暨邻

---

[1]《清高宗实录》卷634，乾隆二十六年四月上，中华书局1986年影印本，第75页。

封土司的甘结。乾隆帝又顾虑大金川或因此而误认为朝廷
对其格外开恩，地方官府有意迁就，遂晓谕郎卡，称"竟
免其辗转取结，以示嘉惠之意。但袭职之后，如或妄恩滋
事，在邻境诸部断不能相安，而封疆大臣亦断不肯为此少
贷"[1]。乾隆帝的忧虑或有一定道理。郎卡可能错意清朝的
意图，以为王朝权威已做出让步。到十一月，大金川以背
叛党坝土司之头人引路，滋扰党坝。绰斯甲土司工噶诺尔
布等前往援助，将所侵儿麦让地方夺回。开泰欲遣员责查，
向大金川施压。乾隆帝对开泰、岳钟璜意存姑息的处置态
度颇为不悦，指出郎卡初为土司，即已垂涎党坝，仅凭责
查化诲难能奏效。考虑到"土司内如革布什咱、党坝等类，
其力之强弱虽殊，然皆可借此以为狼酋之敌。如果因其挟
仇攻击，竟将狼酋吞噬，岂非策之最善者！"故应仍侧重
"以番攻番"之法，"所有邻近各蛮土兵既集，或即协力剿
除，分有其地。止可听其各自为计，番境转可相安"。[2]到
乾隆二十八年（1763）三月，绰斯甲布、革布什咱、党坝、
小金川、巴旺、梭磨、卓克基、松冈等土司皆遣头人到省，
请求川省地方官府助剿大金川。

　　自五月以来，绰斯甲布等九土司续攻大金川，分路并进，
焚碉夺卡，抢获马匹器械，大金川屡遭重创。期间开泰多

---

　　[1]　（清）方略馆纂：《平定两金川方略》，全国图书馆文献缩微复制
中心1991年版，第115页。

　　[2]　《清高宗实录》卷675，乾隆二十七年十一月下，中华书局1986年
影印本，第546—547页。

次接见郎卡遣赴川省之人，加以慰抚，又暗中令绰斯甲布等攻击，不断遣放夹坝，使大金川疲于应对。郎卡屡遣人赴川，应是试探争取地方官府在土司纷争中立场。乾隆帝此前已对开泰处理巴塘喇嘛教唆番民一事的措施失当颇为不满。闻悉所为后，乾隆帝对开泰严加斥责，称鼠首两端的不耻行为"甚非天朝开示诚信驾驭番夷之道"，"既用谲以笼络郎卡，复隐为援助各土司，殊失控制大体"[1]，川省官府在九土司环攻大金川时应置身事外，不必官为应援，但是需要鲜明地表明扶助众土司围攻大金川的态度。为此，乾隆帝罢免开泰川督一职，代之以阿尔泰。

从九月到十二月，嘉绒各土司围攻大金川战事颇为密集，主要集中在大金川同绰斯甲、小金川、党坝和沃日等土司之间，或突袭，或聚众猛攻，或放夹坝。参战人数自百余至千余不等，每战伤亡人数有限，碉卡、山梁等少量地方互有夺据。新任川督阿尔泰颇领会乾隆帝的治番意图。上任伊始，上奏战况详情后，阿尔泰协同提督岳钟璜详查和分析了嘉绒地方政治形势，意识到大金川居各土司之中，地势险峻，土司郎卡向来逞强，滋扰邻境。与之毗邻的绰斯甲布、革布什咱、巴旺、小金川、党坝五土司同大金川结怨已久。而距大金川较远的沃日、松冈、梭磨、卓克基分别同绰斯甲等五土司邻境，非亲即族，呈唇齿相依之势。

[1] （清）方略馆纂：《平定两金川方略》，全国图书馆文献缩微复制中心 1991 年版，第 119 页。

但是除绰斯甲布势力稍强外，其余土司或兵力微弱，或土司庸愚，只能勉强防守。倘若联为一气，并力攻击，"此九土司共为合从之计，以遏郎卡窥伺之机"。于是阿尔泰饬委员谕令各土司称，川省地方官府鼓励九土司环攻大金川的举动，并严拒郎卡所遣投禀之人，以期永除后患。[1]

乾隆二十九年（1764）六月，阿尔泰赴京面议边事。工部尚书阿桂暂署理川督。阿桂见各土司时常心怀观望，不能并力进剿，遂"将金酋罪在不赦传谕各土司，以破其疑"。乾隆帝对此颇不以为然。其想法是在致各土司的谕令中应十分谨慎地注意措辞，以防土司误解朝廷的意思，"若如阿桂所云'金酋罪不可赦'，则似郎卡实已获罪天朝，于理即当声罪致讨，又岂应假手九土司，竟类常人，挑构取事者所为耶？至遣官前往晓谕绰酋新任总督钦命来川云云，又竟明示以出自朕旨，特令阿桂为总督，专办此事者然。无论有乖体制，且徒使酋目等因此惊惶骇听，又安足以颇其疑！"[2] 所以在处置嘉绒地方土司纷争事务时，地方官员应尽量以"旁观者"的姿态，把握处置番事的分寸，使王朝权威在嘉绒各土司错综复杂的关系中处于一种微妙而颇见效能的位置。乾隆帝的治番理念无形中增加了川省地方官员处理边务的难度，常令地方官员无所适从。

---

[1]《清高宗实录》卷695，乾隆二十八年九月下，中华书局1986年影印本，第798—799页。

[2]《清高宗实录》卷713，乾隆二十九年六月下，中华书局1986年影印本，第952—953页。

八月，阿桂在杂谷脑接见绰斯甲布等九土司所遣亲信土舍头目等。据头人等称，"我等土司，实欲殄灭金川，永除后患。若从此退兵，不过一二年，金川又将生事，我等再不得各安生理。惟是金川地险碉坚，急切未能攻破。而各土司内力量之强弱不同，地方之远近不等，两年以来，我等土兵口粮艰窘，尚求天朝加恩"[1]。各土司畏惧金川之强，或原与大金川有联姻之谊，因故中断往来，实有借助外部力量，剪除大金川的意愿。因而在反馈给阿桂奏折的谕令中，乾隆帝再次强调深信"以番攻番"为善策。若九土司观望迟疑，地方官员应只以钦差、总督的名义明谕：川省官府支持各土司剿灭大金川仇敌，析分其地，增开疆土。然郎卡多次遣使请降，为绰斯甲等土司所阻，或被地方官府所派驻扎委员拒之门外。在安抚疲于兵事、屡遭天灾的番众时，郎卡坚信各土司攻击无妨，如汉兵前来，另有筹谋，仍对清朝的态度有所臆测，未知确切用意。[2]

九月，阿桂、阿尔泰、岳钟璜会奏川省官府办理九土司会攻大金川的计划，指出"郎卡所恃，不过地险碉坚，然合计众土司之力较金川多至数倍，若果奋力攻击，必可成功。是以番攻番，实为镇静办理之善策"。这迎合和肯定了乾隆帝主张的"以番攻番"之策。接着他们又分析嘉绒地方各土司实力情势及其同大金川关系，决定先以毗邻

[1] （清）方略馆纂：《平定两金川方略》，全国图书馆文献缩微复制中心1991年版，第127页。

[2] 同上书，第128页。

大金川的金酋劲敌绰斯甲布、党坝，再加以小金川之众，围攻大金川。为使围攻之计持之以久，消耗大金川实力，川省官府也考虑到需妥善规划参与围攻各土司的职守，针对性地调动各土司攻守积极性和提升围攻的效率，因"愚番只顾目前，必在随时提掇，酌加赏恤，以鼓其奋往。并于每岁金番种植、收获时，四面环攻，使之顾彼失此；常时则惟相利而进，俾各土兵亦得休息，庶为有益"。川省官府还制定赏赐规定，以川省滞销的边茶变卖为赏项之费，待各土司参与围攻时，量给口食之费，"照现定赏格，或割获首级、耳记及阵亡带伤者，均予赏恤"。[1] 官府另派武官委员常驻于绰斯甲、党坝、小金川、巴旺各处，又遣杂谷脑屯兵、鲁密土兵驻扎协防于党坝、巴旺两地。

在川省官府大张旗鼓的扶持和鼓动下，九土司各自从其境土内分北、东、南三路分别攻击大金川，均有所斩获：绰斯甲进攻穆康寨、儒锡寨、日旁后山寨，攻克金川水磨九座，绰斯甲布兵亡失 30 名；丹坝同三杂谷土兵，抢金川凯立叶牛厂、博迪喇嘛寺等处，歼敌甚多，丹坝兵伤损 20 余名；小金川在鄂硕觉、木达关、多葛尔等处，捉获男妇数名并骡马牛只等项，土兵带伤五名；革布什咱进攻郭察地方，伤土目一名、土兵五名。[2] 乾隆三十年（1765）初，

---

[1] 《清高宗实录》卷 719，乾隆二十九年九月下，中华书局 1986 年影印本，第 1025—1026 页。

[2] （清）方略馆纂：《平定两金川方略》，全国图书馆文献缩微复制中心 1991 年版，第 133—134 页。

时值青黄不接之际，大金川、小金川和党坝境内遭遇天灾，多处欠收。各土司互通交易，粮食尚可接济。因川省地方官府督促各土司多年来封禁通大金川之路，毋令番人私行贸易茶盐等，又遇荒欠，大金川粮盐茶匮乏，疲于应付各处战事。番民穷苦乏食多有怨言。郎卡试图遣员向川省官府示好，差头人负荆请罪，当即遣送所掠党坝人口，拆毁穆尔津冈战碉五座。乾隆帝以为不应改弦易辙，唯有仍持前议，督促各土司会攻，对"以番攻番"之策给予极大的期望。

乾隆三十年（1765）十二月，因各土司仍不断围攻，大金川决议反击，先以势力较弱的土司为突破口，突袭占据党坝额碉，用炮轰击党坝格藏官寨，又会同布拉克底土司，以巴旺头人陆塔尔兄弟为内应，聚众围攻巴旺卡卡角。虽经绰斯甲布、松冈、革布什咱等拨兵援助，将大金川击退，却引发党坝等土司的恐慌。乾隆帝仍寄希望于"以番攻番"之策，以"边方小丑，不过自相残杀，并未敢稍侵内地"为由，拒绝遣兵申讨，并认为"以蛮攻蛮，止当用其力而不可使之知"，令川省官府"须坐镇运筹，不动声色，方合事机"。[1]乾隆帝模棱两可的心态使地方官府筹事不易拿捏。各土司屡次请求官兵应援无效。围攻数年后，大金川尚能绝地反击，令众土司惊恐不已。加之各土司百姓连年守卡进攻，又需

---

[1]　《清高宗实录》卷756，乾隆三十一年三月上，中华书局1986年影印本，第327页。

办运口粮，颇有怨言。大规模的人员与财力损耗并非土司
所愿。各土司忧虑万分，大多自守观望。乾隆三十一年（1766）
二月，川省地方官府继续以析分大金川之地为诱，鼓噪各
土司奋勇攻剿，却亦察觉到九土司环攻大金川策略的缺陷
及此时各土司对于围攻之事心态的微妙变化：

> 各土司中如从噶克、梭磨、卓克采、鄂克什距金
> 川稍远，或因事非切己，稍有迁延。而革布什咱兵众
> 无多，不能独力攻捣。绰斯甲布、小金川虽堪与金川
> 为敌，不过于连界地方，彼此抢杀，均未大有胜负。
> 惟丹坝、巴旺逼近金川，但怯懦瘠贫，非惟不能独力
> 进攻，即防守亦须伙助。[1]

川省官府只得征调维州土练及各处土兵协同防守。实
际上，此时各土司同大金川之间的关系已经开始发生巨大
变化。作为施主，郎卡迎请苯教大师昆珠扎巴，为了救赎"先
前时局的大冲突（指第一次金川之役——引者注），不由
自主地而且是不得以地造下了罪孽"，扩建大金川的苯教
寺院雍仲拉顶寺。为此大金川召集了嘉绒地方的十位土司，
包括了围攻大金川的九土司和明正土司。寺院的扩建奠基
仪式是在藏历火狗年（1766）的五月上旬举行。次年僧舍

---

[1] （清）方略馆纂：《平定两金川方略》，全国图书馆文献缩微复制
中心 1991 年版，第 143 页。

建成。藏历土鼠年（1768）扩建工程最终圆满完成。[1]大金川土司郎卡通过宗教手段和强势的政治力量，重新在嘉绒地方的复杂环境中树立起政治和宗教威信。

乾隆三十一年（1766）六月，乾隆帝不得不承认"土司等性多狡猾，以蛮攻蛮之计，似难责效"[2]，令阿尔泰、岳钟璜同往番地，传集九土司详悉晓谕，强调金川与各土司残杀之事，并未扰及内地，本与内地无涉。九土司情愿协力攻剿，只是为自保计，并不是朝廷欲借各土司之力剿灭大金川，希望能再次以围攻大金川的利害关系劝慰和调动各土司进剿的积极性。川督阿尔泰回奏，"现在各土司于本境设伏巡哨，尚为严密。及至催令进攻，则以为无路可进，必须潜由僻路，暗访夹坝，乃为有益无损。其实，夹坝杀掳无多，且均有金川守碉番众救应迎敌。各土兵诚恐截其归路，即回本境。是以攻袭多次，未能深入。而郎卡见各土司防守严密，日夜巡哨，亦不敢轻出滋事"[3]。阿尔泰之言道出九土司对大金川的数年围攻，业已令各土司疲敝不堪，围攻既未取得实质性成效，王朝权威又置身事外，而未直接派兵参与。各土司对围攻之议渐失信心，合纵策

[1]　恰嘎·旦正编著：《藏文碑文研究》，西藏人民出版社2012年版，第368—375页。

[2]《清高宗实录》卷763，乾隆三十一年六月下，中华书局1986年影印本，第382页。

[3]《清高宗实录》卷765，乾隆三十一年七月下，中华书局1986年影印本，第398—399页。

略逐步成解体之势。各土司转以防守为主。

八月，阿尔泰、岳钟璜奉乾隆帝之谕以巡边为名，出口查办郎卡事务。郎卡差遣大头人当噶尔拉等投禀。为摆脱频遭九土司围攻的孤立困境，郎卡试图采取"以退为进"的策略，通过拆除与党坝连界地方的碉楼，麻痹官府。郎卡又禀请令绰斯甲布与之联姻，划定双方疆界，劝令布拉克底退还侵地卡卡角，恳赏给新印，赏还自藏回川的喇嘛及开通赴成都及进西藏之路。阿尔泰等以郎卡所请与绰斯甲联姻，"系属尔土司私事，听尔等自为说合，不便官为办理"，又认定郎卡禀词恳切，在其退还碉卡后，"并取各土司收明退还地方印结，划清界址，各安住牧。郎卡既与各土司同听约束，将来差人赴省投禀贸易等事，似可准其与各土司一律遵行。其求还自藏回川之喇嘛，亦应给予。至金川土司印信，现贮司库，恐该酋反复靡常，拟俟察看数月，果属安静，明春再行发给"[1]。阿尔泰等的巡边措施被乾隆帝视为有将就了事之意，但也深知各土司不能并力进剿，"以番攻番"之策终难维持。乾隆帝无奈道，"如果郎卡实心畏惧输诚，而求退还额碉，不敢再行滋扰，或可察其惧忧，酌量筹办"[2]。十月，布拉克底与巴旺争界，大金川助兵。为向清朝显示畏罪输诚之心，郎卡主动遵从化诲调停，劝

---

[1] 《清高宗实录》卷768，乾隆三十一年九月上，中华书局1986年影印本，第435—436页。

[2] （清）方略馆纂：《平定两金川方略》，全国图书馆文献缩微复制中心1991年版，第147—148页。

令布拉克底退还侵地。布拉克底土舍安多，只得将地方退还巴旺，并盟誓和好。乾隆三十二年（1767）郎卡又将其女许配小金川土司泽旺之子僧格桑为妻。自此，大金川以计谋离间各土司关系，先同绰斯甲布土司通婚，解决双方的界务问题，接着同小金川联姻。九土司中势力最强的两土司均与大金川和解，以合纵之计结合而成的松散的九土司联盟自此瓦解。

九土司围攻大金川是在嘉绒地方传统政治关系模式同清朝王朝权威的双重支配和影响下进行的。清朝试图借助嘉绒自身的政治运作力量来引导和控制嘉绒地方的政治走势。但是事与愿违，乾隆帝和地方官员对嘉绒政治运作模式并不熟稔，过于简化嘉绒土司关系，并不清楚嘉绒地方在长期社会冲突中衍生出的散兵式高原山地作战模式，决定了各土司无法达到清朝预期的剿灭大金川、析分其地的政治臆想，也低估了大金川当时在整个嘉绒地方政治和宗教界的影响力。九土司环攻大金川在很大程度上减缓和遏制了大金川对外扩张的势头。[1] 各土司越来越倚重和借助王朝权威的政治影响力，希望清朝能够直接介入土司纷争，以之为依靠剿除大金川。但是清朝始终秉持"以番攻番"的策略，各土司渐趋失望和忧虑。而且诚如阿桂所言，"九土司各怀有利则进、无利则退之心"，合围共攻大金川的合纵关系本就脆弱，以致

---

[1] 徐法言：《乾隆朝金川战役研究》，博士学位论文，四川大学，2013年。

郎卡并不以之为惧，扬言"若止九土司之兵不怕"。[1]长期的合纵关系也并未因此消除九土司之间原已存在的分歧和冲突。而大金川土司郎卡正是利用对嘉绒土司传统关系的熟悉，以联姻和宗教的方式瓦解了各土司间的合纵联系。这不得不使我们需要重新评价和认识大金川土司郎卡在两次金川之役间歇期起到的重要过渡作用。

在以往的研究中，学者更为关注第一次金川之役期间的土司莎罗奔或第二次金川之役期间的索诺木，而对土司郎卡的政治和宗教作为缺乏深入的认识。郎卡，在藏文文献中又被称作郎卡杰布（ནས་མགནད་རྒྱལ་པོ）。18世纪后期拉卜楞寺的贡塘·丹贝准美曾对大金川土司在嘉绒藏族历史上的地位给予高度的评价："要想真实地了解和掌握整个藏区特别是多麦嘉绒的历史，就要从大金川饶丹杰布（大金川土司）的历史去追溯。"[2]饶丹杰布（རབ་བརྟན་རྒྱལ་པོ，即大金川土司）在藏文典籍中最具影响力和最为重要的当属郎卡杰布。至今嘉绒藏区尚存有藏文长条书《大金川郎卡杰布传》（རྒྱ་ཆེན་ནས་མགནད་རྒྱལ་པོའི་མོ་རྒྱུས）。[3]这不仅由于郎卡杰布弘扬苯教事业的突出贡献，也应同其在嘉绒藏族历史上的政教作为

---

[1]　《奏报亲至番地访询金川情形片》，年代不详，台北故宫博物院藏《宫中档奏折·乾隆朝》，资料号：403018421。

[2]　白湾·华尔登：《嘉绒藏族历史明镜》，刘建、谢芝编译，四川民族出版社2009年版，第3页。

[3]　可惜，笔者尚未找到这本藏文长条书。有关此书的信息，得自于白湾·华尔登《嘉绒藏族历史明镜》一书所列的书目。

有关。在九土司环攻大金川期间，郎卡杰布已展现出其在筹谋和协调同其他嘉绒土司关系中的政治智慧。总之，九土司环攻大金川的失败，既宣告清朝"以番攻番"策略的失败，也预示着嘉绒地方政治形势新变化的到来，为第二金川之役埋下了伏笔。

第四节 第二次金川之役前后的嘉绒藏族土司关系

乾隆三十三年（1768），新扩建的雍仲拉顶寺举行了盛大的开光仪式。渐入垂暮之年的朗卡开始投身于各类苯教法事活动中，并在苯教大师昆珠扎巴尊前受戒，正式出家为僧。到乾隆三十五年（1770），嘉绒各土司尚相安无事，直至小金川、鄂克什纷争事起。小金川与鄂克什（即沃日）原为姻亲关系。因小金川百姓逃往鄂克什境内。小金川土司索要，鄂克什拒还，遂生嫌隙。三月，鄂克什土司色达克拉信用邪术喇嘛，将小金川土司泽旺及其子僧格桑年庚，写在咒经上，埋藏地下，诅咒泽旺父子，致僧格桑之子夭天，年岁不登。当时泽旺年老多病，退居登达占固（即布郎郭宗）。僧格桑年少任性，皆由其主事。在头人怂恿下，僧格桑以鄂克什土司挟嫌诅咒、搜取咒经为名，发兵攻掠寨落牲畜，彼此抢杀。鄂克什力弱人少，恳求川省地方官府救援。明正、革布什咱各土司劝阻不听，反获罪于小金川。经委员前往化海弹压，小金川停止用兵，但是要求鄂克什土司按照番礼罚赔命价，将鄂克什三寨给予小金川耕获作抵。鄂克什先是无奈应允，割地以为禳解之资。待化海委员抵达鄂克什，土司色达克拉见有委员可恃，反悔赔地。小金川再次发兵围其官寨，攻袭其地。因鄂克什土司是瓦寺土司之婿，瓦寺土兵代其防守达木巴宗碉卡。小金川又集众攻围，为杂谷土练并力击退。小金川仍于达木巴宗附近山梁添修碉卡，欲长期围困。地方官府一面晓谕小金川退还侵地，一面调集三杂谷、明正、巴旺、瓦寺、木坪及土练等六千余，赴小金川交界地方屯驻。木坪等土司担忧小金川误以为偏向鄂克什，愿再次遣使劝令小金川退兵，若仍顽梗不从，即合兵并力进剿。迫于官府和各方压力，小金川退还侵地和掳掠人口。鄂克什土司则因地方官府不愿以官法治之，听凭各土司自行处理，愿让出旧寨及日耳地方，退居达围，以为赎谴。鄂克什诅咒事件以各方妥协告终。各土司间却嫌隙已深。

同年四月大金川土司郎卡病故。土司之职由郎卡年仅 19 岁的第四子索诺木承袭。实权掌握在郎卡的妹妹阿青和长子莎罗奔刚达克等手中。[1] 郎卡时代，大金川攻掠各土司，原是因"听见老人传说革布什咱、明正等处原是金川旧地方，后来才分做众土司的，想要恢复过来。

---

[1] 阿青为郎卡之妹，先嫁给巴底土司，后出家为觉姆（女性出家者）。郎卡死后，因索诺木年幼，大金川接阿青回来协助料理大金川事务。参见冯明珠、庄吉发编《金川档》，台北故宫博物院 2007 年版，第 1996—1997 页。

原是要开拓地土，得一处是一处"[1]。经过九土司长期围攻大金川，并汲取第一次金川之役的经验后，大金川土司权力阶层确信对周邻各土司的侵扰，应不会引起清朝派兵征讨。即便是派兵征讨，掌权的土舍及大头人也认为"想着我们金川地势险仄，碉楼坚固，天兵若打不进去，少不得要退兵"，"金川重山叠水，路径险仄，地势是从古有名难攻的地方，我们就是打仗不胜，不过守住各处险隘，兵马飞也飞不过来"，"一二年后或土司求饶，大皇帝的恩典饶了我们仍旧可以在那里做土司"。[2]故而郎卡去世后，阿青与索诺木诸兄及大头人们商议，决定"再去闹各土司"，"灭得一处占一处，只求多些百姓、粮食"。[3]

郎卡在世时，原想同革布什咱联姻。革布什咱土司因同大金川宿怨已深，将郎卡之女退回。郎卡怨恨在心，常发兵攻袭革布什咱境土。两者遂为世仇。索诺木继承土司之位[4]后，掌权的阿青和莎罗奔刚达克等静待时机，伺机

---

[1]　冯明珠、庄吉发编：《金川档》，台北故宫博物院 2007 年版，第 4475 页。

[2]　同上书，第 4471、4476、4445 页。

[3]　同上书，第 4475 页。

[4]　索诺木袭职后未得到清朝的正式封授。故索诺木的禀文中自称为"金川索诺木掌印土司"，而清军的回禀中则将其称作"金川应袭土舍索诺木"。参见《谕金川应袭土舍索诺木知悉要救小金川地方众人性命只该将僧格桑来献与本将军你们即可得大皇帝莫大的恩典由》，年代不详，台北故宫博物院藏《军机处档折件》，资料号：017708 号。

侵吞邻封，对旧怨革布什咱颇为觊觎。由于革布什咱土司索诺木多布丹（又名拉旺斯布登）对属下素行苛虐，头人等多有怨言，又与其表妹（霍尔章谷土司之女）私通生子，遂与土妇（金川土司之女）不和。土妇身故后，陪嫁头人怀疑土司暗害，愈加忿恨。革布什咱土舍朗卡瓦尔佳亦潜通大金川。索诺木与之联姻，以为内应。乾隆三十六年（1771）五月，革布什咱土司因病往浴热水塘。郎卡瓦尔佳同大金川暗通声息。大金川遣阿布策旺乘其不备，袭杀之，遂占据革布什咱，引发邻封明正土司惊恐。地方官府调集明正、木坪等土兵、土练，前赴弹压，意图依靠化海令大金川退兵。与革布什咱有姻亲关系的德尔格忒土司（即德格土司）也愿遣兵。革布什咱所属瓦述头人愿为内应，协同收复革布什咱。六月，大金川索诺木借口攻袭革布什咱是应革布什咱土司叔父敦珠布汪扎尔之请，恳请清朝同意将革布什咱地方百姓赏给大金川当差。乾隆帝谕令阿尔泰等严词拒绝，饬令其退兵，若"使彼得逞其欲，势必于附近土司渐图蚕食"[1]。

革布什咱事未平，小金川趁机借势与鄂克什再起争斗。清代番人向来有入内地佣工的传统习惯。川省地方官府以小金川僧格桑桀骜不羁，禁止其所属番人出境，"不许小金川的人往内地做买卖，又不许到西藏喇嘛那里去"。僧格

---

[1]《清高宗实录》卷887，乾隆三十六年六月下，中华书局1986年影印本，第884—885页。

桑怀疑是鄂克什土司色达拉（即色达克拉）暗中怂恿所致。[1]
七月，从鄂克什逃往木坪求援的番民雅玛、塔克结二人称，
小金川土舍僧格桑发兵将鄂克什达木巴宗、木耳宗、资哩
一带围困，又因瓦寺曾协助鄂克什守土，攻据瓦寺巴朗拉
一带。阿尔泰等认为小金川反复无常，置王朝权威于妄闻，
且地方官府前已选派把总带同土练协守鄂克什，小金川竟
置之不顾，仍攻袭。考虑到瓦寺、木坪及三杂谷皆人少兵弱，
小金川地势非若大金川险阻，提议调派官兵进剿。时值清
朝因征缅战事连遭重挫后不久，乾隆帝并不愿再对金川用
兵。但是面对嘉绒政局因大小金川纷扰之故陷入恐慌状态。
王朝权威将因之在边地严重受损，乾隆帝遂声称"小金川
又复效尤滋事，此而不加惩创，伊等将视内地大臣专务调
停和事，不复知所畏忌，于抚驭番夷之道，甚有关系"[2]，
同意阿尔泰派兵征剿小金川的决定。以先剿灭小金川僧格
桑，则大金川必惧而听命为两得之计。漫长的第二次金川
之役由此拉开帷幕。

　　在清朝决定派官兵征讨小金川后不久，僧格桑遣兵攻
取明正土司下辖的纳顶等寨。明正与小金川原为甥舅关系，

---

　　[1]　《奏报小金川旧土司泽旺等投送禀帖及檄谕泽旺等由》，乾隆
三十六年十一月二十五日，故宫博物院藏《军机处档折件》，资料号：
015356；（清）王昶：《蜀徼纪闻》，张羽新校注，《中国西藏及甘青滇藏
区方志汇编》，第 43 册，学苑出版社 2003 年版，第 328 页。

　　[2]　（清）方略馆纂：《平定两金川方略》，全国图书馆文献缩微复制
中心 1991 年版，第 164 页。

河西纳顶等寨落，插花式地分布在小金川界内，向来相安无事。因僧格桑发兵围攻鄂克什时，明正土司屡次劝告，因而反目成仇，乘隙发兵侵地。[1] 对此，在致地方官府的呈禀中，僧格桑解释道：

> 最近屡向川西川南汉官呈报，我赞拉自来效忠皇上，未曾丝毫违令……再者甲拉部落，不但甲拉王疏远百姓，百姓因支应汉人旅者乌拉繁忙，屡思投靠其他领主，彼等决定总觉不妥，吾等除基于保护王舅之外，并无其他图谋。[2]

明正地处川藏线要冲通衢，僧格桑之举坚定了乾隆帝征剿小金川的决心。开战在际，小金川围困鄂克什时，先后在与木坪及瓦寺卧龙关不远的巴朗拉（即巴郎山，又称"斑斓山"）等交界处添设碉卡。川省官府调动周邻土司土兵为引路前导。九月初，在清军将领的统一部署行动中，巴旺、布拉克底土司调征千五百余土兵协同收复明正纳顶等寨。起初，乾隆帝对调派土司土兵颇为踌躇，担心各土司畏惧而不肯向前，或致泄露机密。纳顶一役，巴旺、布拉克底土兵尚为出力。乾隆帝又改定主意，认为土司土兵尚可调用，唯在善于

---

[1]　（清）方略馆纂：《平定两金川方略》，全国图书馆文献缩微复制中心1991年版，第165页。

[2]　《藏文折件·致皇上栋梁将军大臣》，乾隆三十六年八月十二日，台北故宫博物院藏《宫中档奏折·杂档》，资料号：409000140。具奏人落款为泽旺和子格桑（ཚེ་དབང་དང་ཚེ་རྒྱས་སྐུ་མཆེད）。

驾驭，令其奋勉。故在地方官府对待土司态度问题上，乾隆帝曾降谕，"边徼诸番久服王化，各土司本无分别，自当一体抚绥，岂可以明正土司语言、礼貌稍于内地谙通，辄至轻信其言，与众显形厚薄?"嗣后对各土司俱应一律平等相待，不可丝毫畸轻畸重，"方足以帖群情而弭嫌隙"，"如有员弁等敢于收受土司礼物者，查出即行参处，勿稍庇纵"。[1]由此，清朝已作为重要的政治力量，直接介入嘉绒地方的政治纷争中。各土司皆先后由清朝地方官府调度和节制，派遣土兵随清军从征，或协助攻坚，或利用其熟悉当地地理环境之资以为向导。出力土司、土舍均由地方官员酌量奖赏，或授以职衔，若有俘番，则将俘获番众分予各土司。

乾隆三十六年（1771）十月，川省已调动汉土官兵万六千五百名。瓦寺、木坪、明正、巴旺、布拉克底等土司土兵随征，兵分三路。南路由约咱攻小金川僧格宗，中路自木坪甲金达救援沃日达木巴宗而至美诺，西路从瓦寺巴郎拉直捣小金川腹地。[2]起初，清军攻势进展顺利，收复明正、沃日失地，攻入小金川境内。小金川土司僧格桑窘迫，屡次遣使求大金川土司索诺木发兵，阻截清军粮道。因明正地方同大金川所占革布什咱连界处甚多，自喀勒塔尔以至茂纽、东谷、刚察、章谷一带，约三四日程，均为清军

---

[1]　《清高宗实录》卷893，乾隆三十六年九月下，中华书局1986年影印本，第986页。

[2]　（清）方略馆纂：《平定两金川方略》，全国图书馆文献缩微复制中心1991年版，第212页。

进攻约咱后路。副将宋元俊遂措辞译谕，索诺木始行撤兵。[1]
乾隆帝也颇疑虑小金川已同大金川暗通声息，多次谕令须
多加防范，晓谕大金川土司索诺木勿狼狈为奸，并截回索
诺木遣往藏内熬茶之人。僧格桑见清军攻势甚猛，多番投
禀纳降，为己擅攻鄂克什、明正土司辩解。十二月，清军西、
南两路略有斩获，渐次攻克达木巴宗、卡丫等地，围困沃
日要隘资哩和小金川达乌等地。

僧格桑先后三次求援于大金川。大金川权力阶层内部
对于是否发兵协助小金川一直争议不断。索诺木初时不允，
后因索诺木之母土妇阿仓疼爱女儿，僧格桑为其女婿，要
求发兵帮助。丹巴沃杂尔等大头人也以为，"僧格桑没儿
子，帮他占住了，将来也好得他的地方，调了几寨子的兵
帮他"[2]。最终大金川以九寨七百余人，由头人达尔三登、
日耳达什策什及纳木珙甲带领，前往约咱。索诺木训诫毋
与清军直接接触，毋协助小金川守碉，可屯于南山以为援，
如事态恶化则速往小金川美诺官寨，将其妹迎归即可。[3]之

---

[1] 《清高宗实录》卷897，乾隆三十六年十一月下，中华书局1986年
影印本，第1059页。

[2] 冯明珠、庄吉发编：《金川档》，台北故宫博物院2007年版，第
4466页。据称，小金川僧格桑与金川索诺木之妹原本并不和睦。为求救金川，
僧格桑才搬至美诺官寨，与索诺木之妹同住。参见《奏闻大金川投禀及檄谕
情形》，乾隆三十七年二月二十二日，台北故宫博物院藏《军机处档折件》，
资料号：016087。

[3] （清）王昶撰、张羽新校注：《蜀徼纪闻》，《中国西藏及甘青滇
藏区方志汇编》，第43册，学苑出版社2003年版，第437页。

后，索诺木一面多次遣使前往清军军营请安，试探清军的态度，一面声称事前已多次劝告小金川勿与鄂克什相争，并意图效仿前例，情愿充当调停者，"说和鄂克什、小金川的事"[1]。但是助兵小金川之事很快泄露。乾隆三十七年（1772）正月，总兵牛天畀在围攻资哩之役中拿获一名为沙拉的番人。据供称，此人系大金川勒乌围人，大金川已发兵七百余协同小金川防守。[2]三日后，南路军营桂林奏称，清军对阵番兵时，发现大半皆系大金川番众，并见有大金川头人额诺。[3]乾隆帝尚在犹豫是否进剿大金川，获知这一消息后，令檄谕索诺木撤兵并退还革布什咱侵地，同时密谕清军将领筹度攻剿大金川之策。

面对日益增多的清军出现在会攻小金川的战场上，周边各土司表现出的态度有所不同，或因畏大小金川，游移不定，观望静待；或密谋借清军之势消除后患。因当时清军主力集中于毗邻小金川的东、南两面，在嘉绒的南部屡遭大小金川侵扰的各土司颇奋勇从征，态度亦较其他土司坚定。乾隆三十七年（1772）三月南路军营桂林密遣守备陈定国赴巴旺、布拉克底等处侦探大金川番情，所获信息

[1]　《金川索诺木掌印土司禀鄂克什与小金川的事》，乾隆三十七年二月初二日，台北故宫博物院藏《军机处档折件》，资料号：017731。

[2]　（清）方略馆纂：《平定两金川方略》，全国图书馆文献缩微复制中心1991年版，第301页；《金川夷犯沙拉供单》，年代不详，台北故宫博物院藏《军机处档折件》，资料号：017715。

[3]　《清高宗实录》卷901，乾隆三十七年正月下，中华书局1986年影印本，第25页。

颇能反映当时周邻土司的心态。桂林奏称：

> （该守备）先到巴旺，复至布拉克底。据该土舍
> 称，我与金川虽属联姻，因屡次随天朝打仗，怀恨已深，
> 惟望一体剿除，以免后患。察其情词恳切，实非虚假。
> 守备随与该处头人等，托名贸易，同赴革布什咱交界
> 地方，详细查访。该处番民，畏惧金川强悍，已经投
> 顺者固多，而观望其间、欲图报复者，亦复不少，各
> 处要隘，多系金川与革布什咱番民，相杂防守。……
> 查甲尔垄坝与绰斯甲布连界，该土司本与金川世仇，
> 连年构隙，自金川侵入革布什咱以来，其地横直于中，
> 时相为难，以致绰斯甲布更深愤恨。前于正月初旬，
> 曾密遣头人绕路至宋元俊处，情愿派兵出力。[1]

布拉克底与绰斯甲虽均与大金川联姻，实各自另有所图。
布拉克底因姻亲之故，常受大金川要挟。而绰斯甲势稍强。
大金川曾指使松冈侵取其噶尔玛、木鲁宗等地方，又侵占
革布什咱与大金川毗连要隘甲尔垄坝。故两者对大金川深
为不满，久成仇隙。由于清军注重在嘉绒南部各土司中广
泛从事宣谕活动，各土司对官府意图了解和认识较深。而
在嘉绒北部各土司对清朝的军事举动尚不甚了然。乾隆
三十六年（1771）十二月，三杂谷土司曾声言愿派调土兵，

---

[1] （清）方略馆纂：《平定两金川方略》，全国图书馆文献缩微复制
中心 1991 年版，第 357—358 页。

随同助剿。清军也计划借此向小金川曾头沟进兵，新辟一路。[1]乾隆三十七年（1772）二月，小金川在各土司间散布谣言，制造清军意图侵吞各土司境土的恐慌，扬言"大兵由梭磨等境入曾头沟，实欲袭三土司"。梭磨等土司恐惧，借口连年荒欠，乞免出兵，并且阻止粮运进入梭磨境内，令头人在路卡、纳扎等处聚兵操演。经清军将小金川捏造煽惑及清军专剿缘由檄示各土司后，三杂谷土司才消除疑心。[2]嘉绒各土司固然对大小金川时常侵扰邻封的行径畏恨，对清朝官方的政治举动实际上亦存疑惧和观望的心态，往往鼠首两端，暗中不时同大小金川往来，乃至相互间暗中进行硫磺、铅丸、火药等军用物资的交易。

　　至三月，清军围攻资哩和达乌之势益猛。僧格桑与大金川暗中交往愈为紧密。时大金川管事大头人丹巴沃杂尔已至小金川美诺官寨议事。据大金川俘番彤锡称，小金川僧格桑为获取大金川更多的援助，不惜献地为饵，怂恿大金川助兵，"我虽有两个女人，并没有养儿子。我是无后的人，将来小金川地方无人承管，你打发一个兄弟来，就是你的地方了。我攻打鄂克什，也是为你占地方。现在官兵来打

---

[1]　（清）方略馆纂：《平定两金川方略》，全国图书馆文献缩微复制中心 1991 年版，第 244—245 页。

[2]　（清）方略馆纂：《平定两金川方略》，全国图书馆文献缩微复制中心 1991 年版，第 323 页；《清高宗实录》卷 902，乾隆三十七年二月上，中华书局 1986 年影印本，第 44 页；（清）王昶撰：《蜀徼纪闻》，张羽新校注，《中国西藏及甘青滇藏区方志汇编》，第 43 册，学苑出版社 2003 年版，第 338 页。

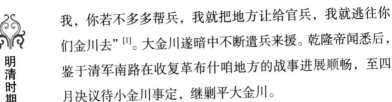

我，你若不多多帮兵，我就把地方让给官兵，我就逃往你们金川去"[1]。大金川遂暗中不断遣兵来援。乾隆帝闻悉后，鉴于清军南路在收复革布什咱地方的战事进展顺畅，至四月决议待小金川事定，继剿平大金川。

绰斯甲土司工噶诺尔布愿发兵堵截大金川来路。但是鉴于九土司环攻大金川的失利，工噶诺尔布声称虽与大金川有隙，究属姻亲，必须官兵同往，方才出兵。清军将领也意识到，大金川素来以强悍著称，各土司俱受其钳制，依附者日众，遂形恣肆。若要震慑其心，向毗邻大金川的绰斯甲、霍尔章谷、孔撒、麻书、德尔格忒等各土司传檄，令预拨番兵，听候调遣，无疑是打击大金川的极好办法。[2]四月，清军剿攻大小金川之势已决，革布什咱全境收复。绰斯甲土司调集土兵先与大金川相攻，夺取牛厂两座。此后都司李天佑统兵五百赴绰斯甲，筹划率领该土司兵练直剿金川，以掣其势。五月，三杂谷再次禀称请愿出兵，随同进剿小金川。桂林以该处为曾头沟正路，距小金川官寨布朗郭宗及底木达不远为由，可分其势，调派清军经绰斯甲前往三杂谷，会同土兵一并进剿。自此，各土司纷纷具禀恳请帮兵出力。乾隆帝以为这是进剿大小金川，重拾各

---

[1] 《奏报金川番人彤锡携带伊妻投诚及审讯情形》附一《金川投诚番人彤锡供单》，乾隆三十七年三月初十日，台北故宫博物院藏《军机处档折件》，资料号：016290 附 1。

[2] （清）方略馆纂：《平定两金川方略》，全国图书馆文献缩微复制中心 1991 年版，第 426 页。

土司对王朝权威信心的的时机。

自六月起丹坝土妇赫尔日噶为大金川所挟，屡屡投禀，请求清军进驻丹坝，协同进剿大金川。八月绰斯甲土司工噶诺尔布投禀坚称，"大金川历来欺负我，把我的百姓抢夺了许多去了，如今大金川、小金川这两家是要求万岁爷必定剿灭尽了他，替各土司除害"[1]。各土司也希望官府多遣官兵，表态势必剿灭大小金川的决心，以防重蹈第一次金川之役覆辙，因而在具体的助剿行动上显得较为谨慎。八月底，大金川强占丹坝官寨，绰斯甲应援往助。到九月，已调征土兵的绰斯甲土司尚有彷徨顾虑的心态，"必俟官兵前进，方肯多派土兵助剿"。而南路各土司在清军帮助下收复失地后，"又必俟绰斯甲协助，方能实力奋攻"。[2] 乾隆帝下定决心要将大金川一并进剿，将大金川势力驱逐出革布什咱，以此向周边土司表明态度。但收复失地的各土司对进剿大小金川尚心存顾虑和担忧，尤以第一次金川之役及九土司环攻大金川的败果为戒，忧心清军再次以大小金川纳降了事。而且各土司同大金川关系至为复杂、密切。在盘根错节的关系中，各土司协同清军进剿大金川的决心尚难坚定。加上各土司之间本已或多或少暗存嫌隙，相互掣肘，八月间便发生绰斯甲布番人劫掠霍尔章谷运送军粮

第六章　金川之役前后的嘉绒藏族土司关系

---

[1]　《绰斯甲布土司工噶罗尔布禀帖》，乾隆三十七年八月二十九日，台北故宫博物院藏《军机处档折件》，资料号：019200。

[2]　《清高宗实录》卷 916，乾隆三十七年九月上，中华书局 1986 年影印本，第 273 页。

乌拉的事件。大金川又擅长利用各土司之间的利害关系，导引和离间各土司关系，以为己用。

对此，乾隆帝和清军将领也有所察觉，唯以安抚调和为策，或借此作为鼓动各土司为朝廷效力的重要推促因素。因大金川怂恿，从噶克（即松岗）曾攻侵绰斯甲地土。在处理此问题时，官府先将绰斯甲土兵协同攻取的大金川巴朗索地方，"照旧归还自为顺理"。从噶克所占之地"或有境壤相错，俟平定两金川后彻底厘清。如巴朗索与从噶克有涉，原可于攻得金川地内酌量地界、人户与巴朗索相仿者另行赏给，但须奋力从征，或较此所得尚多，亦未可定"。[1] 界务之争是各土司纷争最为主要的问题之一，实则是对土地和人口资源的争夺。到清代，为限制土司势力膨胀，维系各土司势力均衡，疆界的划定常由王朝权威调解评判，这在第二次金川之役的特殊时期体现得尤为突出。乾隆三十九年（1774）四月，定西将军阿桂奏称：

> 查杂谷三土司向来行事均属相同，独于给照一事，前从噶克未经恳请。臣等揣度番情，盖因噶尔玛、鲁木宗、陡柔等处原系杂谷之地，前因土司苍旺治罪，策楞、岳钟琪已将噶尔玛、鲁木宗赏给绰斯甲布，陡柔赏给党坝，乃金川贼酋又唆使从噶克抢占。该土司亦明知私行占据于理非宜，现又尚无出力之处，若恳

[1] 《清高宗实录》卷919，乾隆三十七年十月下，中华书局1986年影印本，第328—329页。

给还此地,自觉难于措词,是以未敢遽请。兹从噶克土司木嘉勒令其头人来称:"今土司派兵攻打金川,总是真心出力。求将从噶克旧管之噶尔玛、鲁木宗、陡柔百姓赏给土司,并请给执照。"臣等谕以"此三处既经分给绰斯甲布、党坝,即当遵奉法令,不得私相争夺。况尔土司虽现派兵助剿,而绰斯甲布土司亦属实心出力。若赏尔管理执照,何以服彼两土司之心。总俟将来看尔等出力如何,再行办理"。嗣后伊等自揣。稍有不如绰斯甲布之处,即不复能邀恩赏,冀督令土兵助剿,自必倍为有力。[1]

清朝凭借自明代以来中央王朝在嘉绒地方树立的权威,已掌握尤关重要的土地资源的仲裁权。各土司对疆界划定的认识,亦须以王朝权威的裁定为准。即便在战时的特殊时期,王朝权威在处置各土司关系时,土司界务之争俨然成为王朝掌控土司向背效力的重要砝码。

不过,大金川对周邻土司,尤其是绰斯甲土司派土兵协助清军进剿的举动也是顾虑重重。沃克什(即鄂克什)脱出的番人就曾供称,"索诺木惟恐绰斯甲布土司引导官兵进剿,并惧该土司自行发兵攻打"[2]。到十二月,

---

[1] 《清高宗实录》卷957,乾隆三十九年四月下,中华书局1986年影印本,第977页。

[2] 《清高宗实录》卷916,乾隆三十七年九月上,中华书局1986年影印本,第274页。

清军底定小金川全境，执缚土司泽旺。僧格桑携眷属、头人及百姓等二三百人，逃往大金川，住居勒乌围。乾隆帝下令直捣大金川，擒获索诺木。对此，大金川主动遣头人至绰斯甲，愿退还侵占的甲尔垄地方，作为与绰斯甲重归于好的表态。绰斯甲土司工噶诺尔布似有心以此同大金川化干戈为玉帛，代其向清军将领禀称。果然，大金川于十二月中旬将甲尔垄坝地方绰斯甲布旧碉三座、金川新碉三座及附近甲尔垄坝之思根等处新旧碉五座一并退还。

乾隆三十七年（1772）十二月底，乾隆帝授予温福为定边将军，阿桂、丰昇额为副将军，兵分三路进攻大金川，意在借平定小金川军势，一举直捣大金川。时值隆冬，大金川各地普降大雪，地势险峻，山路奇滑，清军仰攻坚碉，进展迟缓。至三十八年（1773）二月，温福移兵昔岭，驻兵于木果木。随着清军向大小金川纵深腹地的不断推进，小金川逐渐成为清军的大后方。战线延长，军需粮饷均需经过小金川地界的漫长路段。尽管乾隆帝一再申饬需重视后路防务，温福等清军将领大意轻敌，后方防务漏洞百出。加之此前清军对投顺番人不加甄别，一律留于军营任用，为大小金川番兵攻袭军营制造可乘之机。别思满土舍七图安堵尔于乾隆三十七年（1772）十二月归降，其侄七图甲噶尔思甲布亦投顺温福军营内，暗中却同其叔商量，约定僧格桑、索诺木等带兵抄袭温福后路。索诺木等抽拨各处番兵，暗中从控喀山进兵。三月初，大小金川番兵分头攻袭清军各地粮台、营卡。木果木大营陷落，清军损失惨重，将士陷没约四千。[1]

木果木之败令各路清军顿时陷入腹背受敌的境地。南路阿桂一军虽未受较大损失，却进退维谷。恰值此时，大金川权力阶层期望重蹈乾隆十三年纳降之事，换取清军从大小金川境土撤军。莎罗奔冈达克差人禀称，"大皇帝底下我金川是旧土司，如见阿将军的官兵百姓们，我金川地方上领兵的头人百姓一点不敢侵犯，我莎罗奔与土司们对天发了咒了，这里头要有一点假意，自起事以来所有遭害这些生灵罪孽都归到我莎罗奔土司们身上"，请求清军撤兵。[2]阿桂将计就计，悉心筹划，全师而退。清军撤退后，大金川接管小金川地方。此役或令大金川相信清军终难克服险峻地势、恶劣环境和坚碉险隘，嘉绒地方政治形势终将回归到第一次金川之役后。故大金川开始遣使前往周邻土司，或要挟催迫，或以利相诱，期以震慑和重新约盟各土司。七月，绰斯甲土司工噶诺尔布告称，索诺木遣人诱约三杂谷土司，令于直谷山一路截断清军宜喜军营粮台。梭磨土妇不为所惑。卓克基土司年幼亦系梭磨代办。唯松岗土司

[1]　彭陟焱：《乾隆朝大小金川之役研究》，民族出版社 2010 年版，第 143—151 页。

[2]　《定边将军阿桂奏为木果木美诺失守委曲酌撤分防官兵并呈递贼禀事》，乾隆三十八年七月初四日，第一历史档案馆藏朱批奏折，档号：0510-036，缩微号：031—0987。

允从。清军随即遣员严防，奖劝各土司，严守直谷山地方。[1]

八月初，索诺木遣人赴绰斯甲言称："你们原先帮助天朝打我们，如今你们这一路官兵想不久也要退出去，退出之后我们就发兵打你们。"绰斯甲回复道："官兵退不退，我们也不知道，你们要来打，只管打。"大金川又遣头人僧格赴党坝游说，为党坝所拒。[2]九月初，大金川头人又至巴旺、布拉克底等交界处称，"我们如今都是天朝一样的恭顺土司，你们为何还不将守卡兵撤去"。布拉克底、巴旺头人等回称，"只晓得将军吩咐的令叫撤便撤，今是不敢乱动的"。[3]

各土司的反应出乎大金川的意料之外。这应源于各土司对大金川的畏恨，清朝对各土司的长期笼络与宣谕，及各土司希望借清军之力剿平大小金川、以求自保的意愿。更为重要的是，清军虽撤出大小金川地界，然仍驻守于毗邻大小金川的各土司境土内。这令屡受大小金川侵扰的土司颇感欣慰。各土司一如既往，对清军事务颇为效力。正如阿桂所言，"自当噶尔拉军营撤回时，见沿途各险隘皆有土兵把守接应。查系布拉克底、巴旺土司及革布什咱土都司亦俱添兵前来，较原派之数加多"[4]。不仅如此，大金川

---

[1] 冯明珠、庄吉发编：《金川档》，台北故宫博物院2007年版，第959—960页。

[2] 同上书，第1333页。

[3] 同上书，第1428页。

[4] 《清高宗实录》卷939，乾隆三十八年七月下，中华书局1986年影印本，第672页。

占据小金川后，起初欲假借僧格桑的威信，以之为傀儡，对小金川严密控制，又遣大金川头人监督小金川番兵驻守，将僧格桑软禁于大金川所辖的科思科木地方。小金川番众对大金川侵吞境土的做法颇为不满，人心涣散。莎罗奔在美诺官寨时，小金川彭鲁尔各寨百姓前去送酒，俱称："天朝恩典甚深，打仗俱有盐菜、口粮等，我等因想念旧土司才行此事，可将旧土司送回。"[1] 莎罗奔托辞婉拒，小金川番众心生怨悔。

大金川针对各土司威逼利诱的策略尚未起到实质性效果。乾隆三十八年（1773）十月，阿桂兵分三路进攻小金川，仅费时十日，便克复小金川全境。在清军的强攻下，大金川土司、头人主动弃守小金川，将两金川番兵撤至大金川各处要隘防守。小金川迅速收复，令各土司尤感震慑，倚重清军的心态愈加坚定。同月，绰斯甲土司工噶诺尔布亡故。清朝依例以嫡子雍中旺尔结承袭，赏给其父孔雀翎，又赏赐其庶兄绰尔甲木灿花翎，优渥至深。大金川得知绰斯甲土司工噶诺尔布病故，差头人到卡子上喊叫，"按蛮家规矩，送缎子一匹，馍馍一盒，以尽亲情"。绰斯甲守卡头人不允差人过境。差人只得将缎子、馍馍放于卡子界上。绰斯甲将此事详尽禀明副将军丰昇额，称"我等以金川诡计甚多，想系因天兵在此，故意差人在卡子上叫喊送礼，使将军大

---

[1] 《清高宗实录》卷944，乾隆三十八年十月上，中华书局1986年影印本，第790页；彭陟焱：《乾隆朝大小金川之役研究》，民族出版社2010年版，第153—154页。

人们闻知疑心我等，这是害我们的计策，因吩咐各卡头人
如金川再有人来送东西，断不许其过来。他若将东西丢下，
仍行掷还不许拿回，并将其来人设法擒献"[1]。小金川克复
后，绰斯甲等土司情愿为清军刺探军情消息，派兵从征防守，
与清军往来关系密切。工噶诺尔布之妻策旺拉木更是在此
后不久遣头人温布称，"土妇是金川女子，又娶金川之女为
妇，虽两辈亲戚，其实与金川狠有仇隙，惟靠大皇帝施恩，
我照土司在日一样出力"，并令雍中旺尔结、绰尔甲木灿
至军营立誓输诚，极得乾隆帝的赞誉。[2]

　　为避免误解，各土司在战时处理相互关系时，也不再
只是依照传统的嘉绒地方惯例行事，开始谨慎地征求和获
得清军将领和地方官员的许可和认同。乾隆三十八年（1773）
七月，参赞大臣海兰察奏，梭磨女土司卓尔玛派属下头人
阿杰率跟役二人，呈文并请安。当时木果木惨败，海兰察
领残军退至日隆后不久。梭磨遣使前来的目的，一是刺探
清军败退后的军情和此后的意图；二是称驻绰斯甲布、宜
喜等清军尚留驻原地，表明三杂谷皆恭顺土司，已拨兵严
密防范通大金川之路。请安之后，头人阿杰请示海兰察，"我
来时，我土司嘱咐，尔至彼处会见大臣等请安呈文后，前

---

　　[1]　冯明珠、庄吉发编：《金川档》，台北故宫博物院 2007 年版，第
1588 页。

　　[2]　冯明珠、庄吉发编：《金川档》，台北故宫博物院 2007 年版，第
1651 页；《清高宗实录》卷 945，乾隆三十八年十月下，中华书局 1986 年影
印本，第 809 页。

往沃克什土司色达拉处问安，劝说诚心感激大皇帝之隆恩，妥加防守地方"，询问海兰察是否可前往。其实质目的恐怕也是为从沃克什土司处探询清军今后动向。海兰察为安抚众土司，防范其疑虑，应允所请，又派瓦寺都司格登布一同前往，妥善照料，暗中监视。[1]

此时，乾隆帝多次要求清军将领和地方官员需重视处理同效力的土司之间关系的方法，应以重赏优抚为主。这在封授巴旺、巴底土司职衔一事上体现得颇为显著。巴底即布拉克底，与巴旺是第二次金川之役最早派土兵协同清军征剿的土司之一，从征甚为出力。在木果木之役后阿桂撤军时巴旺、巴底又因派土兵防护清军撤退立有殊功。到乾隆三十八年（1773）十二月，经副将军明亮建议，布拉克底土司从前所给安抚司印信，现归巴旺土妇掌管，请另给印信号纸，以昭世守。巴旺土舍雍中扎布办事实心，赏戴花翎。乾隆帝允准，直接颁授布拉克底土司阿多加宣慰司职衔，给予印信号纸，又准许加授统领土兵作战头人格宗等土都司、土守备职衔。[2]到乾隆三十九年（1774）十一月，参赞大臣富德以布拉克底、巴旺土司凡派拨随征俱能奋勉出力，未知两土司关系，奏请换给布拉克底土舍阿多（即阿多加）宣慰司印信，将原有安抚司印信另改铸后，给予

---

[1]　中国第一历史档案馆、鄂温克族自治旗民族古籍整理办公室编：《清宫珍藏海兰察满汉文奏折汇编》，辽宁民族出版社 2008 年版，第 135 页。

[2]　《清高宗实录》卷 948，乾隆三十八年十二月上，中华书局 1986 年影印本，第 850 页。

巴旺土妇伽让。结果巴旺声称，"原旧安抚司印信历经长房承袭，布拉克底系次房，既蒙恩赏给宣慰司新印，巴旺系长房，转得安抚司字样旧印，与职守世次，未免向隅，恳将原旧印信亦照布拉克底一体须给宣慰司新印"。时值第二次金川之役关键时期，清军将领奏请，既以宣慰司土职较安抚司品秩为优，巴旺为长房，反居次房布拉克底之下，不免心生艳羡，应请同样改颁宣慰司印信。乾隆帝朱批："依议速行。"[1] 这一事例既表明嘉绒土司对印信背后隐含的王朝权威赋予的权力等级观的充分认知，对印信所含权力意义的熟悉和重视，也说明清朝不同于明代颁授土司品秩职衔相对较低的惯例，因而颇能使土司感知效力，成为协同清朝对抗大小金川的重要政治力量。

乾隆三十九年（1774）二月，经过悉心筹划和准备后，超过十万之众的清军兵分三路攻入大金川境内。大金川陷入全面孤立境地。周边各土司见此情景，愈加深悟王朝权威的强势。三月，梭磨土妇卓尔玛、卓克基土司甲噶尔布木及绰斯甲土司雍中旺尔结遣人恳请执照。乾隆帝以为土司随征两三年，至今始请执照，应是知大金川必亡，以此作为将来免祸邀恩之券。[2] 八月，清军猛攻勒乌围门户逊克尔宗（即孙克宗）。当时僧格桑已身故，

---

[1] 冯明珠、庄吉发编：《金川档》，台北故宫博物院 2007 年版，第2797—2799 页。

[2]《清高宗实录》卷955，乾隆三十九年三月下，中华书局 1986 年影印本，第 950 页。

索诺木遂派人献出僧格桑尸体及其小妻侧累、小金川大头人蒙固阿什咱、七图安堵尔，恳请纳降。阿桂不予理睬，围攻愈急。索诺木唯屡遣人威胁各土司，声称待清军退出，定要报复。历经长期围困，大金川境内番民生活艰窘，投出者越来越多。土司及大头人只得以赌誓或扣押人质的方式，胁迫番民抵抗。到乾隆四十年（1775）五月，大金川土司索诺木、莎罗奔等意识到大金川在整个嘉绒地方已经陷于完全孤立的状态。各土司皆敌视和抵触之。在清军的攻势和全面围堵下，末路将至。当时大金川大头人丹巴沃杂尔供称，"听见土司们说，如今大兵步步打进，实在是挡不住了，我们若逃往草地土司地方去，是不能的，这甲垄一带土司都是我们的对头，再不放我们过去的，到临时我们只好大家烧死罢了"[1]。至十二月，六万清军将大金川土司最后的归宿地噶拉依官寨团团围住。围攻至次年（1776年）二月初，大金川土司索诺木等二千余人出寨纳降，大金川平定。

　　第二次金川之役是清朝试图控制嘉绒地方政治秩序，将各土司关系纳入中央王朝在藏东边地构筑的统治体系的延续。在战事期间，为孤立大小金川，清朝运用政治手段和举措，对各土司加以安抚，作为清军围攻大小金川的辅助，实则是王朝权威在嘉绒地方进一步深入和巩固的过程。

---

　　[1]　中国第一历史档案馆、鄂温克族自治旗民族古籍整理办公室编：《清宫珍藏海兰察满汉文奏折汇编》，辽宁民族出版社2008年版，第298页。

301

从非对抗策略到大规模的军事进剿，各土司亦深深感受到王朝权威对嘉绒地方政治秩序走势的支配和操控能力。随着战后在清朝统一筹划和规整下嘉绒地方政治秩序的重建，嘉绒土司传统的政治关系由此因王朝权威的深入而发生巨大的变化和调整，迎来清代中后期嘉绒土司关系的新时代。

第五节 金川之役后嘉绒地方政治秩序重建中的土司关系

第二次金川之役后，乾隆帝综合清初西南边疆改土归流、治藏策略及西北边务等经验，对以大小金川为中心的嘉绒地方政治秩序进行了大规模的调整。通过推行土司轮班朝觐、改土归屯、设成都将军、抑苯崇佛、划界等一系列举措，嘉绒地方从"旧土"转为乾隆帝盛世武功下的"新疆"。旧有的传统政治模式在很大程度上被改变。新的政治秩序在战后的废墟之上建立起来。嘉绒土司的传统政治关系随之也发生较大变化，被纳入清朝设定的政治框架内。嘉绒土司遵循种种限定，在变与不变中延续和维系着相互间错综复杂的关系。

早在金川之役酣战之际，乾隆帝已经多次深思战后如何重建嘉绒地方的政治秩序，稳固中央王朝在藏东边地社会中的政治权威。大金川全境甫定，两金川善后事宜业已着手筹定和实施。鉴于平定两金川之役的巨大代价，乾隆帝为求边地永宁的一劳永逸之计，决议仿照平定准噶尔和回疆定例，兼顾藏东边地形势，对嘉绒地方的政治、宗教等进行全面革新，根除大小金川两土司在嘉绒地方的影响力。其中土司轮班朝觐、改土归屯等对后世影响颇深。

乾隆四十一年(1776)三月,乾隆帝特颁诏令一道,以满、汉、西番三种文体缮写,训谕各土司,声明征剿大小金川之源起及战后重建新秩序的规划:

　　两金川与尔等同为内地服属土司,曩因小金川为金川侵扰摧残,特兴师征讨,莎罗奔、郎卡穷蹙乞命,宥不加诛。理应感激悛改,曾未十年郎卡即与邻境土司构衅滋扰,彼时因其与各土司不过微隙相争,尚无大损,亦遂释而不问。郎卡既死,其子索诺木等济恶益甚,与僧格桑狼狈为奸,蚕食邻邦,志图吞并,僧格桑攻围鄂克什,总督提督亲往训谕,阳虽受约,阴竟抗违,索诺木复乘隙杀害革布什咱土司,占其境地,负恩反噬,各修碉卡,抗拒官兵,此而不声罪致讨,殄灭擒诛,则尔等土司懦弱者将无以自存,而犷悍者必致效尤滋甚,王法尚安在乎?特命定西将军阿桂及副将军参赞大臣等统率八旗劲旅,分路进兵两金川,以次削平巢穴,僧格桑早伏冥诛,索诺木兄弟及助恶之大头人现俱擒获解京献俘,备受极刑寸磔枭示,此皆逆酋等罪恶贯盈,孽由自作,实为覆载所不容,而锄强诛暴,扫荡蛮氛,俾尔众土司得以安居乐业,久无侵扰危迫之虞,此朕数年来不得已用兵之心也。今于两金川之地设营驻兵，令提督统兵分守，并于近边添设将军控驭，以保卫尔各土司，使长享太平之福，此又朕善后之殷怀也。尔土司等年来出力随征，共效恭顺，甚属可嘉，已节次加恩奖赏。并命照回部之例轮班入觐，除土妇及土司中之未曾出痘不能至内地者毋庸轮班外，其余土司头目俱按应行之入觐之期，令于冬间由将军、总督、提督等照料进京，俾之随班朝贺，瞻仰受恩。尔等并得身受宠荣，增长闻见，岂非尔等之大幸欤？[1]

在训谕中，乾隆帝俨然以对抗"犷悍者"而扶助"土司懦弱者"的保护者身份自居，为清朝介入嘉绒土司纷争，进而征剿大小金川寻求合法依据和理由。王朝权威被塑造成除暴安良、惩恶抚善的仲裁者和执行者形象，使各土司能够"安居乐业，久无侵扰危迫之虞"。征剿是无奈之举，并非意图觊觎各土司境壤，而同大小金川有异。故为维持边地的安定秩序，朝廷决议在嘉绒地方设营驻兵，也是为保卫各土司考虑，而希望各土司无需疑虑恐慌。为进一步解除土司蒙蔽和忧虑心态，令其切身感受王朝权威，乾隆帝又令推行土司轮班朝觐之制。

在嘉绒地方推行土司轮班朝觐之制，最早是由乾隆

---

[1] 《清高宗实录》卷1004，乾隆四十一年三月上，中华书局1986年影印本，第462—463页。

帝于乾隆三十九年（1774）七月提出的，旨在"令各土司仿照回部伯克之例轮流入觐，使其扩充知识，得见天朝礼法"[1]。轮班朝觐是同嘉绒地方的行政归属、川省权力的重新划分等一同筹划实施的，是金川之役善后事宜中的重要事项。清初鉴于明代土司朝贡之制的诸多弊政，停废土司定期的朝贡定例，改为就地交纳，令土司将每年象征性的贡物交予地方官府，使土司限于同地方官府接触。[2]因而土司缺乏同中央王朝中枢的直接交往。乾隆帝似在金川之役中注意到此点的缺陷，故对下令土司轮班入觐的目的界定为"俾扩充知识，以革其犷悍之风"[3]。入京朝觐的要求受到嘉绒各土司的积极回应。到乾隆四十一年（1776）二月战事即将结束前，明正、木坪、沃日、党坝等束装预备赴京朝觐。绰斯甲布、三杂谷、布拉克底、巴旺等也派出土舍、头人等随同入觐。[4]轮班朝觐的土司身份，以嘉绒土司为主，并扩至周边藏东边地霍尔等处主要土司，可视为乾隆帝有意借此怀柔笼络土司、稳固藏东边地政治秩序的有利举措。从乾隆四十一年十一月起，嘉绒、霍尔各土司在沿途地方

---

[1]　《清高宗实录》卷 963，乾隆三十九年七月下，中华书局 1986 年影印本，第 1059 页。

[2]　吴玉章：《中国土司制度渊源与发展史》，四川民族出版社 1988 年版，第 232 页。

[3]　《清高宗实录》卷 994，乾隆四十年闰十月上，中华书局 1986 年影印本，第 284 页。

[4]　《清高宗实录》卷 1002，乾隆四十一年二月上，中华书局 1986 年影印本，第 410 页。

官府的筹备和资助下，远赴北京朝觐，于十二月受到乾隆
帝的隆重接待。各土司频频出席官府的各种仪式活动，以
参与者的身份切身感受王朝的权威。此后，土司轮班朝觐
被固定化和制度化，载入《回疆则例》中，一直延续到清末。

土司轮班朝觐使各土司以对等的身份定期参与到王
朝的各种仪式展演中。嘉绒地方被划归理藩院统辖。
川省地方专设成都将军。川边土司问题和边地事务被
特殊对待，得以独立化和固定化。[1]清朝逐渐在各土司
的具体政治实践和观念中，树立和巩固了清朝"天下
共主"的权威形象，从而改变了各土司局限于嘉绒乃
至川省的政治视域。土司以地方服属于中央的意识业
已扎根于其观念中。

实际上，清朝尽量给予嘉绒各土司以第二次金川之
役受益者的实惠和感受。在战事期间和战后伊始，清
朝就有将部分降番配置给参战各土司以示奖励的做法。
根据彭陟炎的统计，第二次金川之役期间，大小金川
投出并俘虏的番民共二万余名，分别被赏给绰斯甲、

---

[1]　日本学者小林亮介（Kobayashi Ryosuke）认为，金川之役后清朝
在保留总督支配、土司制度等控制政策之外，广泛运用理藩院、成都将军
及与回疆伯克类似的入觐制度、启用旗人官僚、藏传佛教王权正统性等手
段和制度，这些均显示出清朝国家建构的多元性和特殊性，因而清代的土
司制度也不应只理解为是对明代土司制度的简单继承和发展。参见小林亮
介《一八世紀後半清朝の東チベット政策の推移—金川戦争と土司制度》，
《史峯》2010 年 3 月；小林亮介《试论 18 世纪后期清朝对康区政策的变化》，
《藏学学刊》2014 年第 10 辑。

革布什咱、梭磨、卓克基、从噶克、党坝、明正、木坪、巴底、巴旺、沃日、瓦寺等十二土司及杂谷屯练地方共一万三千余名。留驻于两金川地方的土屯兵共计七千余名。[1]这对于注重人口资源的嘉绒各土司而言，颇具吸引力和诱惑力，故有助于各土司对清朝征剿大小金川的支持和辅助。另一方面，乾隆帝还下令对嘉绒各土司的疆域、边界等界务问题进行详细的勘察划定。乾隆四十二年（1777）二月，谕令：

所有该处地界，经将军等绘图奏明归入版图，安屯耕种，原应如是办理。兹朕检阅平定金川方略内，如从前绰斯甲布、布拉克底、巴旺、党坝等各土司即有被金川侵占地方，此时以我大军之力全境扫平，前金川所吞邻境尺寸莫非我土，但念该土司等数年以来跟随打仗守卡出于诚悃，其勤劳亦属可悯，所应特沛殊恩，示以奖励。现已面谕明亮赍此旨，俟到川时会同总督文绶、提督桂林，将绰斯甲布、布拉克底、巴旺、党坝土司等被金川侵占地方逐加详勘，查明无碍田土，可以取给者，绘图具奏，候朕降旨，酌量赏给，

[1] 彭陟焱：《乾隆朝大小金川之役研究》，民族出版社2010年版，第189页。有关分赏各土司降番、俘番的具体数字，可参见《分赏各路土司两金番人》，中国科学院民族研究所、四川少数民族社会历史调查组编印《金川案》，1963年版，第78—81页。

以示优恤远番逾格加恩之至意。[1]

　　乾隆帝在此所说的"归入版图"既不同于化外，或以往所言"内地土司"的含义，也有异于将化外之民纳入编户齐民的政治意图。金川之役善后措施是清初藏东边地土司政治秩序重建的扩展和深入。土司疆界被界定于固定范围之内。各土司之间划分固定疆界的做法，是清朝意在解决各土司纷争，尤其是界务纷争的重要策略。第二次金川之役后，为笼络和安抚各土司，乾隆帝决定将大小金川侵占各土司境土，酌量退还。但最为主要的目的还是在于以图绘的方式，令各土司明了自身的疆界范围。以大小金川为前鉴，勿因界务再起纷争，巩固重建后的边地秩序。为此，清朝采取的最主要举措是推行安营设汛、改土归屯。

　　金川之役结束伊始，乾隆帝谕令析分大小金川境土，境内番民或分插各土司内，或留于原地以为屯民，又续调六千名绿营兵进驻两金川，在重要战略要地隘口，设镇安营。之后，依照当地地理环境，以点线状联为驻兵防御网络，统归成都将军和四川总督节制，驻兵减至三千。[2] 在行政体系方面，设懋功直隶厅，辖

---

　　[1]　《清高宗实录》卷1026，乾隆四十二年二月上，中华书局1986年影印本，第754—755页。

　　[2]　《军机处议复将军阿具奏善后设镇安屯各条》，中国科学院民族研究所、四川少数民族社会历史调查组编印《金川案》，1963年版，第113—117页。

屯务五员（懋功、抚边、章谷、崇化、绥靖），以同知掌管屯务，至乾隆五十年（1785）领有五屯、二土（沃日、绰斯甲）。[1]直隶厅治下行汉番分治，改土为屯。改土归屯仿于黔贵古州屯政之法。乾隆十七年（1752）杂谷事件后，屯制首先在杂谷土司原控制的杂谷脑河流域推行，设杂谷脑、乾堡、上孟董、下孟董、九子寨等五屯，各屯设守备，拣选精壮番丁为屯兵，是为杂谷土屯练。因杂谷改土归屯的举措在当地推行颇显成效，金川之役结束后，清朝在大小金川大规模实行改土归屯。

大小金川地方分设汉屯和土屯。汉五屯为懋功、抚边、章谷、崇化、绥靖，六土屯为别思满、八角碉、宅垄、汗牛、河东和河西。汉屯官员均为吏部委派流官。土屯各级屯弁从大小金川降番内出力旧头人或土兵中选出，依照勤劳等差和投诚先后，酌量赏以土守备、土千总等职。乾隆四十八年（1783），改为额设屯土官弁。屯土军政由绿营管理，屯务受各屯粮务节制。[2]改土归屯将原土司世袭统治的境土析分为由流官统辖的土屯，废除嘉绒地方原势力较强的大小金川、杂谷土司，代之以十一土屯和五个汉屯，导致嘉绒地方从单一的土司统治模式，转变为屯土并列、汉屯居中监视的多元政治局面。存留各土司势力相对弱小，在见

---

[1] 彭陟焱：《乾隆朝大小金川之役研究》，民族出版社 2010 年版，第 206 页。

[2] 潘洪钢：《清代乾隆朝两金川改土归屯考》，《民族研究》1988 年第 6 期。

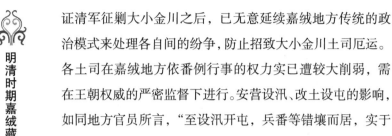

证清军征剿大小金川之后，已无意延续嘉绒地方传统的政治模式来处理各自间的纷争，防止招致大小金川土司厄运。各土司在嘉绒地方依番例行事的权力实已遭较大削弱，需在王朝权威的严密监督下进行。安营设汛、改土设屯的影响，如同地方官员所言，"至设汛开屯，兵番等错壤而居，实于编管屯耕之中，隐寓相制相维之道，无患其稍滋事端"[1]。绿营官兵穿插驻防于嘉绒腹地，起到监控各土司举动的效果。嘉绒地方经清朝善后举措的改造，已转为与传统有别的新政治秩序。统合裂变式的传统政治关系渐为中断，政治格局亦为之一变。[2]

乾隆以后，有关嘉绒的汉文记载相对大幅减少，无法确知这一时期嘉绒地方各土司之间的具体关系。不过，文献记载锐减表明在清代后期嘉绒地方已不再是清朝需要重点关注和治理的边地。各土司应处于相安无事的状态中。旧土司与新设土屯之间的关系在这一时期颇值得关注。作为变相的土司新类型，土弁职官是清代以绿营职衔授予内附或立功头人而设，原本不予世袭。土屯官兵是此后清朝历次边疆战事中的一支重要军事力量，屡次从征有功，遂有特准屯官世袭一次的先例。如嘉庆元年（1796）二月，嘉庆帝特准，因从征苗疆病故的八角碉土屯备木塔尔屡次

---

[1] （清）方略馆纂：《平定两金川方略》，全国图书馆文献缩微复制中心1991年版，第1865页。

[2] 李涛：《试析大小金川之役及其对嘉绒藏区的影响》，《中国藏学》1993年第1期。

奉调出兵，尚为出力，"照阵亡之例，准其子阿申承袭一次"[1]。后世皆援引先例，经地方官府核准、认可后，父子承袭相继，遂演变为世袭的土弁制，而与土司无异。[2]嘉绒土司阶层向来注重"根根"（即血统）。在同各地土弁屯练的交往中，土司逐步接纳土弁，而将土弁视为同土司大致相仿的权力阶层。两者间出现相互通婚的现象。如民国时期，松冈土司因绝嗣，两次迎请杂谷脑土守备之子承袭土司之位。不过，根据民国时期林耀华对嘉绒北部四土地区土司历史的考察，可以发现，嘉绒土司的联姻交往依然主要限定于各土司之间。[3]

到清代后期，嘉绒各土司势力大多呈没落之态。地方头人势力兴起。各土司对地方官府和王朝权威的依赖程度日愈明显和加深。嘉绒北部梭磨土司在金川之役后疆域拓展，辖有梭磨五沟、来苏九沟、黑水五十五沟半，以及马塘背面三安曲、三壤口等地，辖地广袤。然至咸丰十年（1860）黑水芦花卜什哈珠之乱发生。梭磨土妇及其夫前往抚导。其夫被戕，土妇及二人竟被执幽禁。直到同治五年（1866）理番同治吴冀梅率兵平定黑水芦花，土妇及其子才返回梭

第六章　金川之役前后的嘉绒藏族土司关系

---

[1] 《木塔尔病故》，中国科学院民族研究所、四川少数民族社会历史调查组编印《金川案》，1963年版，第160页。

[2] 李家瑞：《川西北嘉戎藏族的土屯制度》，《思想战线》1983年第5期。

[3] 林耀华：《川康嘉戎的家族与婚姻》，《民族学研究》，中国社会科学出版社1985年版。

磨。但土司权势自此不可复振，渐演为民国时期三十余年的纷乱局面。[1]嘉绒政治格局亦因土弁的设置、绿营汉官的统辖及地方头人势力的崛起，而使嘉绒土司所处的政治环境愈加复杂。土司关系已不再如同金川之役前那样是左右和影响嘉绒政治格局变动的主导力量。土司、土弁、地方官府、地方头人势力等多重政治力量相互交杂综合，已演变为清代后期至民国时期影响嘉绒地方政治格局走势的主要因素。

---

[1] 林耀华：《川康嘉戎的家族与婚姻》，《民族学研究》，中国社会科学出版社 1985 年版。

结　语

　　近年来，国内外学术界对中国西南边疆史的研究关注度日趋增强，并且越来越意识到西南边疆史研究对于重新理解明清时期"中华帝国"与边疆之间关系的重要性。尽管中国的南方边疆，尤其是明清时期的西南边疆并未对中国历史上的王朝更替产生过决定性的影响。但是部分学者已认识到，历史上中原文明实际上面临着"南"与"北"两大边疆的碰撞与交融。[1] 西南边疆山地农耕文明与中原地区农耕文明之间的某些同质性，使两者关系在很大程度上不同于游牧世界的亚洲内陆边疆同晚期"中华帝国"的关系。西南边疆族群地理与文化地理的多样化、碎片化，决定了晚期"中华帝国"需要面对一个不同于内陆亚洲边疆的"内部边疆"。更为完整、全面地认识明清时期的边疆史，也需要从西南边疆史的研究中汲取启示，修正和完

————————————

　　[1]　黄达远：《边疆、民族与国家：对拉铁摩尔"中国边疆观"的思考》，《中国边疆史地研究》2011 年第 4 期

善我们对明清时期"中华帝国"历史及其与边疆复杂关系的认识。[1]

明清时期是中央王朝向西南边疆深入拓展和开发的关键性阶段。面对族群文化复杂多样的边疆社会，中央王朝要将西南边疆整合入大一统王朝秩序中，首先需要解决同边疆地方精英阶层的关系。而在明清时期，西南边疆地区的传统地方精英阶层主要是受到中央王朝封授的土司群体。土司制度是中央王朝将边疆精英纳入王朝统治体系的突出表现。两者之间结为紧密的全方位合作关系。然而，中央王朝治理西南边疆的理念和作为是立足于王朝统治秩序。在西南边疆社会中，土司等地方精英依然秉承着延续数百年的政教逻辑和权力观念。这不仅潜在地影响着地方精英阶层同中央王朝关系的发展演变，也对西南边疆多元政治结构内部的运作，即各土司之间关系的变化产生持续影响。从"中心"到"边缘"的学术研究路径的转型背景下，以边疆精英之间的互动关系为着眼点，通过换位思考，增强研究中的地方感，对于审视和理解西南边疆如何融入中国大一统政治格局的过程变得十分必要。

---

[1] 邹立波、李沛容：《西南边疆在明清史研究中的地位——美国现代学术视野中的中国西南边疆史研究》，《思想战线》2013 年第 6 期。

第一节　土司权威的建构与多重身份

　　嘉绒藏区地理位置独特，介于康、安多与内地之间，是汉藏政治、经济与文化交往异常频繁、密切的"中间地带"。嘉绒藏区是历史上西南边疆地区较早实施土司制度的区域之一。历经近六百年，嘉绒藏区逐渐形成"嘉绒十八土司"为主体的土司政治格局。土司政治在嘉绒藏区根深蒂固，已内化于当地社会文化环境中。因而，土司制度构筑起来的中央王朝与嘉绒藏区精英阶层之间的政治关系，可视作14 世纪以来汉藏关系在东部藏区的具体展现和缩影，是有别于西藏地方政府同中央王朝之间关系的另一类型的汉藏关系。

　　受汉、藏政治与宗教的双重影响，明清时期嘉绒藏区的土司政治不同于西南边疆其他少数民族地区。自 8 世纪以来，嘉绒同卫藏的交往联系越来越紧密，乃至嘉绒土司皆以"琼鸟卵生"神话传说作为祖先源起，而将祖源地追溯到西藏西部。14 世纪以后，因年麦·协饶坚赞在后藏创建曼日寺，来自嘉绒的僧人穿梭往来于嘉绒、康与卫藏之间。卫藏、康、安多等其他藏区持续地对嘉绒地方的社会文化产生长远、深刻的影响。宗教文化的认同使嘉绒藏区联为一体。在藏文化自西向东影响嘉绒的同时，元明以来的土司制度逐渐在嘉绒推行开来。特别是明代面对西北蒙古势力的威胁，中央王朝与嘉绒精英阶层形成一种互惠共存的

结
语

早期协作关系。到清初，清朝借鉴云贵等地的治边经验在藏东边地大力推行重建土司政治新秩序的举措，导致中央王朝的政治影响力进一步深入嘉绒精英阶层的政治生活中。某些政治元素甚至内化为精英阶层的地方性权力知识。故而介于汉藏之间的嘉绒地方的政治文化具有独特的双重历史性格，并潜存着内在矛盾性。如同 Marielle Prins 所言，藏传佛教信仰使嘉绒同卫藏之间维系着强烈的宗教联系。然而土司政治制度的长期影响，决定了嘉绒对中央王朝的政治向背。夹杂在两者之间，依赖于不同的资源，为嘉绒营造出一种复杂的历史认同。[1] 嘉绒藏区独特的苯教势力，则作为第三极力量长期存在，这使嘉绒的历史面貌更为复杂和特殊。

夹杂于汉藏两大文明体之间，嘉绒的历史和文化表现出强烈的两面性。但是土司权威的树立和延续立足于地方社会的政教逻辑，又不断从汉藏两方获取各类权力资源，造就了土司的多重形象。从克罗俄监粲、良儿吉，到汤鹏、莎罗奔、郎卡，嘉绒地方社会遵循"强人政治"的逻辑。土司的权威建立在高贵"根根"血统以及驭众能力、权谋威信、财富武装等综合因素基础之上。土司权力阶层与依附"部落"、属民阶层形成一种特殊的庇护关系。依附"部落"、属民阶层对土司权威充满敬畏感、信赖感和依附感。

---

[1]　Marielle Prins,"The Rgyal Rong New Year, A Case History of Changing Identity", Zentral-asiatische Studien, Vol. 36, p.190.

土司权威既具有合法性，又需要合理性。否则，依附"部落"、属民阶层将对土司权力阶层产生不满和离心倾向，有权质疑土司治权的合理性。而土司权力阶层与依附"部落"又是一种张弛有度的分权关系。土司权威的获取和拓展，正在于能够合理的分权和让权。通过向依附"部落"或土舍、大头人让渡权力，土司实现对控制区域的政治整合，获得一种"共主"的地位，形成松散的联盟关系。分权式的政治模式迎合了嘉绒地方多元化、碎片化的族群地理和文化地理格局。

　　土司在嘉绒地方权威的树立还同苯教信仰密不可分。从土司的祖源记忆可以看出，各土司将祖源追溯到从西藏西部向藏东迁徙的象雄琼氏部落或者血统高贵的吐蕃赞普、象雄国王。这颇为符合人类学研究中"外来者—王"的权威来源模式。不过多数早期嘉绒土司的身份兼具宗教领域的角色。早期王权树立同宗教权威的结合，是土司纷纷攀附祖先源于琼氏部落的主导因素。在藏区宗教信仰的独特历史环境中，嘉绒土司实现了从苯教上师（སློབ་དཔོན་）→政教共主（སྐུ་དྲག་）→王（རྒྱལ་པོ་）的身份转变。身份的宗教神圣性为土司权威带来另一稳固的统治合法性基础，以及宗教心理层面的祖源认同感。而且，土司权力阶层普遍采取"群体执政"的政治模式，尤其是"兄弟/母子共政"。有时，年幼或弱势土司可能只是"名义上的领袖"。杰波（རྒྱལ་པོ་）—囊素（ནང་སོ་）的兄弟执政模式最为常见。两者分别执掌王权和教权。但是王权和教权的界限十分模糊，随时会被突破和跨越。囊素可以土司兄弟的身份干涉政事,乃至掌持王权,游走于王权与教权之间。通过这种政教联系,王权与教权在实际的政教生活中被巧妙的结合在一起,集中于土司权力阶层手中。而佛苯之争、藏传佛教的教派纷争则力图以施主与福田关系(སྦྱིན་ཡོན་གྱི་འབྲེལ།),将土司引导为法王(ཆོས་རྒྱལ།)的同时,也将宗教的分歧和冲突引入土司关系之中。宗教对于土司意义重大,土司的行为实践却并未全然受制于宗教的影响。

另一方面,随着明清时期土司制度在嘉绒地方的推行,嘉绒土司对权威内涵的理解逐步丰富和多元,将之与土司制度密切相关的印信、号纸等土司职衔凭证联系起来,视为土司权威稳固的重要条件。王朝权威逐渐演变为各土司竞相争取和寻求的外部力量,以支持和巩固其权威。而王朝权威意图规训和约制土司的行为。各土司一面试图强调其"恭顺土司"的政治身份,却又因循地方政教逻辑,表现出强烈的地方意识。于是,依据场景的转换,土司利用各类资源,获取政教权益,身份游移于世俗与宗教的多种角色之间:王—属民,施主或法王—佛、苯教徒,土司—中央王朝。

第二节　由"外"而"内":土司制度的地方实践与王朝权威的地方角色

土司制度是元明清时期中央王朝管理边疆民族地区事

务的一种独特政治体制。中央王朝通过保留边疆民族地区领袖（土司）对内统治的自主权，实现对边疆社会的间接控制。在承认王朝权威的前提下，土司以中央王朝政治代理人身份维持边疆社会的正常运转。因而在土司制度具体实践过程中，中央王朝对边疆社会的统治处于"管官而不管民"的状态，或者依照传统说法，是"羁縻"政策的发展和延续。但是土司制度的地方实践存在着明显的区域和时段差异。间接控制或"羁縻"的说法也过于笼统，究竟程度如何呢？

明代土司制度在嘉绒地方的实践，奉行"治蛮夷宜简易，静以镇之，自然顺服"的治边策略，侧重明朝与土司的政治隶属关系，基本不干涉土司内部事务或土司关系。这倒契合嘉绒土司的政治传统。嘉绒土司内部的竞争受其传统的政治关系模式主导，我们将之称作统合裂变式的政治运作模式。土司内部竞争的原初动力颇为简单，主要是为争夺土地和人口资源。当某一土司势力崛起并逐步形成区域性统一地方政权后，土司内部原有政治架构的缺陷在维系统一局面的过程中充分暴露出来。分权式的统治体系导致局部性的统一也难以为继。分权后的土舍等势力逐步兴起后，土司反而常受制于内部的对抗势力。清初大力推行藏东边地土司政治秩序的重建举措，一改明代对土司纷争关系"置身事外"的姿态，强势介入土司内部事务。分袭法直接加速了土司内部权力架构的分化，改变了土司权力阶层内部的政治关系。这一策略实则推进了嘉绒地方裂变式

结

语

政治演变潮流。但是清朝的意图在于约制和限定嘉绒土司的势力扩张，以防造成尾大不掉的边疆危局，遂采取土司疆域界限化、"化海剖断"等方式，加强对土司的监控力度，从而引发清朝治边策略同嘉绒地方传统政治模式的分歧和矛盾。因而明代土司制度在嘉绒地方的实践着重在"人"，即隶属并效忠于明朝的土司。而清朝试图进一步约束土司的政治行为，介入边疆社会的地方事务，转而兼顾和规制"人"、"地"关系，既维护王朝权威和庇护"受印土司"的政治合法性，又限制土司之间的侵吞兼并，固定化土司管辖疆域。

不过，对乾隆平定金川之役的理解，除从中央王朝的层面考虑，也应尝试从多层面、多视角的方面来考察，而嘉绒地方的政治逻辑需要受到重视。以"边疆"视角为考察中心是目前国内外学界力图转换研究视角、努力实现的研究方向。过去过分地依赖汉文文献和遵循单向的"中原中心"视野，无法准确完整地理解和认识多元复杂的边疆社会，也影响了对中央王朝与边疆社会之间关系的判断。边疆视角无疑是摆脱以往侧重明清时期中央王朝治边策略探讨局面的重要途径。诚如美国学者 David G.Atwill 在《中国伊斯兰聚居地：中国西南的伊斯兰教、族群性与潘泰起义（1856—1873）》一书中所阐释的那样：

> 只有当我们转换为地方性视野后，我们才能清晰地认识到云南问题的症结所在。这一问题并非只是同

遥远的帝国中心的利益有关，而是对区域和地方重要性的权衡。一旦我们认识这一路径，即跳出二元论的框架体系，我们就能开始真正理解云南人的行为。[1]

因而，探讨乾隆平定金川之役的原因也不应缺失和忽略事件的主要参与方——嘉绒土司在事件缘起、发生过程和结局中起到的作用。要探讨此问题，应转换为地方视野，强调嘉绒土司在事件中的主动性地位和角色。

通过本书对中央王朝治边方略对嘉绒土司关系影响的梳理和分析，可以看出，土司因内部竞争，为寻求王朝力量的支持，也相应地采取了各种策略。[2] 王朝权威往往被土司看作是解决土司纠纷的仲裁者和调解者，而不是最终的裁定者。纠纷解决的主要方式还是依据嘉绒地方的传统惯例。到清代初期，清朝意图进一步控制嘉绒地方政治形势，采取"以番治番"的方法。但嘉绒各土司同样存有利用清朝政治权威的考虑和举动，并不甘心受制于清朝的治边政策。乾隆帝对嘉绒内部竞争规则和机制的了解相当有限和模棱两可，"以番治番"策略往往陷于一厢情愿的境地。加之清朝地方官府自身的利益诉求从中推动，清朝中枢对西

---

[1]　David G.Atwill, The Chinese Sultanate: Islam, Ethnicity, and the Panthay Rebellion in Southwest China, 1856-1873, California:Stanford University Press, 2005, p.14.

[2]　温春来：《从"异域"到"旧疆"：宋至清贵州西北部地区的制度、开发与认同》，生活·读书·新知三联书店 2008 年版，第 314—316 页。

南边事的处理上一度处于较为被动的境地。因而中央王朝处理边疆事务有时也是相当被动的，无意之中常为边疆地区的各种势力所左右和利用。王朝的扩张最终不得不较为被动地卷入土司内部的竞争中。

不过，随着时间的推移，特别是清朝逐步将王朝权威的影响力渗透到嘉绒土司的重要政治事务内，使得嘉绒土司对王朝权威的依赖性增强。王朝权威的政治规范逐渐有超越嘉绒土司传统关系模式的趋向。中央王朝与土司之间形成一种相互依存的关系。故在研究明清时期中央王朝与西南边疆的关系时，我们的确应当关注西南边疆社会自身的能动性。但是需要注意的是，我们不应过于强调边疆的声音，仿如研究西南边疆史的美国学者那样，为实现"去汉化"的目的，而对西南边疆同中央王朝的对抗性冲突给予过多关注、诠释和夸大，无法更为全面地展现出中央王朝与边疆社会错综复杂的关系。[1]

第三节　传统社会文化习惯在土司关系演变中的弱化与土司关系的世俗化倾向

从明代到清代，除王朝权威的影响外，具体约束土司

---

[1] 邹立波、李沛容：《西南边疆在明清史研究中的地位——美国现代学术视野中的中国西南边疆史研究》，《思想战线》2013 年第 6 期。

关系的要素从早期土司权威确立之初的拟血缘与宗教关系，逐步过渡到强调以联姻为纽带的政治联系，出现世俗化的趋向。明代董卜韩胡与杂谷两土司的纷争史实表明，贯穿于当时南北两大土司纷争过程的重要因素是族姓之别和宗教差异。两大土司寻求同盟者往往是在同族姓及与之相应的宗教信仰圈中选择。族姓之别以拟血缘的方式，起到凝聚各土司政教力量的作用。明代嘉绒土司关系倾向于以大小族姓为基础，连同川西北的各部同族姓番人部落，结为复杂关系。各土司之间分化之处在于族姓之别。同族姓虽也存在纷争吞并，但是明代嘉绒土司扩张和纷争往往借助同族姓者进行。族姓之别可以说是嘉绒土司祖源衍生出的拟血缘关系，植根于嘉绒地方文化中。而与族姓相联系的宗教因素同样渗透于明代各土司政教力量对抗和角逐过程中。各土司以宗教信仰的名义，联合同信仰的各部番人部落，抗衡与之为敌的土司。这应是土司世俗权力脱胎于宗教权威现象在明代的延续，说明早期传统社会文化习惯依然在嘉绒地方现实的政治环境中扮演着不容忽视的作用。

这种情形在清初发生较大的转变。以族姓作为联系纽带的做法在清初嘉绒土司互动关系中似已消失。苯教固然能够使各土司寻找到联系起来的共同点。但是自15世纪以来藏传佛教势力在嘉绒地方的渗入和扩大，开始在部分区域撼动苯教的主导地位。各土司在宗教信仰领域出现分歧。信仰本身似乎成为土司的个体行为，而不再如同明代能够在政治领域发挥不容小觑的功能。无论是苯教徒，还是各教派的藏传佛教徒常往来奔走于各土司之间，寻求虔诚的施主。持不同信仰态度的土司对于异教既不信奉，也不拒斥或压服。尽管清代嘉绒地方的宗教权威与土司世俗权力依然密不可分，但是已显然不再是判定土司关系的重要依据。取而代之的是以联姻为主要方式构建起来的权力网络。不同于族姓或宗教，联姻关系具有明显的不稳定性和世俗化特点。各土司之间或因相对固定的世代联姻关系形成对彼此的认同感；或由于联姻的破裂，而相互敌视攻伐。土司关系的世俗化倾向加剧了清代嘉绒土司间的纷争攘夺，成为影响和左右清代嘉绒土司关系的主导因素。

总之，明清时期嘉绒藏族土司关系的实证研究，意在既着眼又要跳出"中心"与"边缘"的阐释框架，承认和突出中央王朝在西南边疆社会演变中的地位，又要改变过去单纯从汉文化立场溯源式的研究方法，关注边疆"非汉族群"的"主观归属意识之状况及其历史变迁"，[1] 将之引入更为广阔的历史场景中加以阐述，展现出中央王朝与边疆多元势力"同时在场"、相互依存的互动局面。

---

[1] 姚大力：《西方中国研究的"边疆范式"：一篇书目式述评》，《文汇报》2007 年 5 月 25 日。

附录：嘉绒藏族土司世系

　　嘉绒地方向来有"嘉绒十八土司"之说（ རྒྱལ་རོང་རྒྱལ་ཁག་བཅོ་ བརྒྱད ），但是究竟具体指哪十八土司，说法不一，而且各土司的来源有别，如明正、沈边土司之祖皆非源于嘉绒藏族。马长寿曾依据语言系属之别，只列穆坪、巴底、绰斯甲、促浸、赞拉、沃日、党坝、松岗、卓克基、梭磨、杂谷、瓦寺等十二土司为嘉绒社会研究对象。然仅以语言系属之别划分和界定嘉绒土司，易于忽视和割裂嘉绒地方历史发展脉络的整体性，难以理清嘉绒各土司之间如何在跨族群和跨文化的川西高原逐渐构筑和维系相互的认同关系。现今嘉绒地方民间流传的名为《婚礼颂辞》讲道，"我们嘉绒藏区，在遥远的古代，就上有梭磨土司，下有明正土司，中有绰斯甲土司，中部核心地区有然旦杰波土司等四大土司，以及沟底有察瓦四部（ ཚ་ བ་ཁག་བཞི ），沟口有雍仲六部（ གཡུང་དྲུང་ཀི་དྲུག ），沟内有俄巴尔两部（ ཨོན་འབར་ཁག་གཉིས ）等说法"[1]。因而在当地民间观念中，嘉绒地

　　————————————

　　[1]　阿旺措成编著：《嘉绒民间颂词集》，民族出版社 2009 年版，第 172—173 页。

方的政治空间是超越文化和语言之别的。以下将依据汉藏文献，将历史上嘉绒藏族主要土司列述出来。

（一）绰斯甲（ཁྲོ་སྐྱབས་[1]，又称绰钦 ཁྲོ་ཆེན་）土司世系

马长寿最早依据绰斯甲公廨所藏一幅清代油漆彩色壁画，列述绰斯甲 41 代土司名讳，并称调查所及，绰斯甲土司世系在嘉绒各土司中最长，以此断定绰斯甲在嘉绒地方成立年代最久。[2] 后世学者述及绰斯甲世系，多以此为据。[3] 马先生未将各土司名讳准确读音以音标标识出来，只是音译为汉字。因而现存的详略绰斯甲土司世系手抄本和藏文长条书苯教《般若十万颂》记载的绰斯甲土司世系，很难同马先生所记世系比勘对应起来。此处依据所存藏文文献列出绰斯甲土司历代土司世系如下，并附列马长寿所述世系[4]：

[1]　嘉绒土司藏文称谓多有写法相异者，此附录土司藏文称谓参考 Awang and M.Prins(eds.),Collcetion Awang, 2006. www.gyalrong.latse.org.。毛尔盖·桑木旦：《藏族史·齐乐明镜》，民族出版社 2010 年版，第 226 页。

[2]　马长寿：《嘉戎民族社会史》，载周伟洲《马长寿民族学论集》，人民出版社 2003 年版，第 134 页。

[3]　雀丹：《嘉绒藏族史志》，民族出版社 1995 年版，第 112—113 页。

[4]　此处绰斯甲土司世系以苯教《十万般若颂》为主要依据，整理编撰的《绰斯甲土司世系》为辅。后者较前者多出数代，且《十万般若颂》所载土司世系只到工噶诺尔布为止，之后世系以《绰斯甲土司世系》为据。赞拉·阿旺、多尔吉、红音编著：《嘉绒藏族研究资料汇编》，中国藏学出版社 2003 年版，第 21—22 页；赞拉·阿旺措成、阿根编撰整理，红音、索南扎西译：《绰斯甲土司世系》，载《阿坝州文史》第 26 辑《金川史料专辑》（上），阿坝州政协文史和学习委员会编印 2010 年版，第 137—139 页。记载绰斯甲土司王统谱系的《琼部王绩白琉璃镜》为残本，后世土司世系散佚。标黑者为继承王统世系者。线段表示传承关系。细虚线代表具体的土司传承者不清楚；实线代表土司传承者属直系关系；粗虚线代表土司世系绝嗣，由其他土司子嗣袭土职。△表示男性，○表示女性。

马长寿所述绰斯甲土司世系 41 代之系谱：

（1）克罗斯甲布　　　　　（19）斯丹增纳尔武

（2）绰斯甲　　　　　　　（20）葛尔纳尔武

（3）琼帕克武　　　　　　（21）兹格拉穆

（4）阿尔世居　　　　　　（22）南木喀斯丹增

（5）木赖克　　　　　　　（23）葛拉些日加尔

（6）弥克木　　　　　　　（24）思纳穆雍中

（7）斯道克拉甲布　　　　（25）纳武日加尔

（8）克武钵　　　　　　　（26）南木卡日加尔

（9）阿葛尔氏　　　　　　（27）雍中斯丹增

（10）美旺攸拍　　　　　 （28）执喀日加尔

（11）加葛尔　　　　　　 （29）拉旺斯丹增

（12）班氏日加尔　　　　 （30）南木喀旺执克

（13）绰武日加尔　　　　 （31）思纳穆斯加布

（14）旺普　　　　　　　 （32）鄂松

（15）斯丹增日加尔　　　 （33）资立

（16）杂可穆纳尔武　　　 （34）泚日丹卜麦尔

（17）葛拉白　　　　　　 （35）雍中旺尔极

（18）雍中钵　　　　　　 （36）纳尔武斯丹增

（37）工噶旺尔极　　　　 （38）苍旺南木喀

（39）斯噶绒纳木加尔　　 （40）拉旺纳尔武

（41）斯葛绒甲穆参

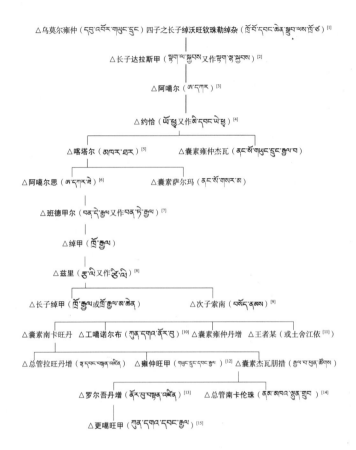

注：[1] 又称乌莫尔绰杂（ངུ་འབར་ཁྲོ་ཚ）或绰杂旺丹（ཁྲོ་ཚ་དབང་ལྡན）。[2] 一说绰沃旺钦朱勒绰杂之子为绰斯甲。达拉斯甲有兄弟三人，其余两人名字不详。[3] 一说达拉斯甲之子为绰奔（ཁྲོ་འབུམ）、丹巴坚赞（བསྟན་པ་རྒྱལ་མཚན），幼子囊素粗成朋措（ནང་སོ་ཚུལ་ཁྲིམས་ཕུན་ཚོགས）。绰奔之子为阿噶尔。阿噶尔又作阿噶尔底（ཨ་དགར་དེ）。[4] 囊素为扎巴坚赞（གྲགས་པ་རྒྱལ་མཚན）。[5] 囊素为幼子杰瓦丹增（རྒྱལ་བ་བསྟན་འཛིན）。据称，由喀塔尔与囊素雍仲杰瓦共同统治。[6] 囊素为塞德扎巴（བཟང་དགའ་གྲགས་པ）。[7] 班德甲尔之幼弟泽曲坚赞（ཚེ་དྲག་ཆོས་ཀྱི་རྒྱལ་མཚན）。[8] 一说绰甲之子为喀特尔思（མཁར་ཐར་དེ）王，其子为俄松（ངེ་སུང）王，其弟扎西坚赞（བཀྲ་ཤིས་རྒྱལ་མཚན）。其后为雍仲

杰布（）王，雍仲杰布之子为弥久多杰（ཨེ་འཇིགས་མེད་རྡོ་རྗེ་），其后为兹里王。[9] 丹增诺布（བསྟན་འཛིན་ནོར་བུ་ཨེ་བ་·ཕུན་ཚོགས་）时建昌都寺（ཆོས་མཛོད་དགོན་）。其后为南卡旺丹（ནམ་མཁའ་དབང་ལྡན་），幼弟囊素雍仲丹增（གཡུང་དྲུང་བསྟན་འཛིན་）。[10] 一说工噶罗吾之兄为才丹拜觉（ཚེ་ལྡན་དཔལ་འབྱོར་），子为达拉（སྟག་ལྷ་）、王者索南旺甲（མི་དབང་བསོད་ནམས་དབང་རྒྱལ་）等。《宫中档》称，工噶诺尔布之兄为塞布登巴尔住尔，因"土司故后，应袭之子年幼，土司印务遂委令故土司之弟土舍工噶诺尔布管理"。参见《奏闻绰斯甲土司工噶诺尔布与明正土司议婚之处缘事与金川有关事》，乾隆三十年十月二十一日，台北故宫博物院藏《宫中档奏折·乾隆朝》，资料号：403021682。《清实录》载，绰斯甲土司工噶诺尔布于乾隆三十八年（1773年）病故，由嫡子雍中旺尔结承袭。参见《清高宗实录》卷944，乾隆三十八年十月上，中华书局1986年影印本，第20册，第778页。《金川档》称，工噶诺尔布有三子，长子绰尔甲木灿系庶出，次子拥中汪尔结系嫡出，三子朗素虽系嫡出，自幼出家为喇嘛。参见冯明珠、庄吉发编《金川档》，台北故宫博物院2007年版，第1515页。[11] 参见《清高宗实录》卷944，乾隆三十八年十月上，中华书局1986年影印本，第20册，第792页。[12] 雍仲旺甲应为马长寿先生所记的第三十五代土司雍中旺尔极。其母为金川土司之女泽旺拉木。[13] 罗尔吾丹增应为马先生所记的第三十六代土司纳尔武斯丹增。[14] 南卡伦珠可能是马先生所记的第三十八代土司苍旺南木喀。[15] 更噶旺甲，应为马先生所记的第三十七代土司工噶旺尔极。

（二）小金川赞拉（བཙན་ལ་ 又作 བཙན་ལ་）土司、大金川促浸然旦（ཆུ་ཆེན་རབ་བརྟན་）土司世系

雀丹依据藏文《家谱》列出促浸然旦土司世系共59代，[1] 可惜未指明《家谱》之全称及由来，也没有附上历代土司藏文名讳，故无法同我们所掌握的藏文文献所列土司世系进行比勘。因促浸是在明末清初由小金川赞拉土司后嗣中分出，故分化以前的世系是相同的。此处土司世

---

[1] 雀丹：《嘉绒藏族史志》，民族出版社1995年版，第116—117页。

系主要依据赞拉·阿旺措成在促浸（今金川县）搜集到的《促浸然旦史之威光珍宝璎珞》[1]，并附载汉文文献所载金川演化禅师及大小金川世系、雀丹所述世系如下：

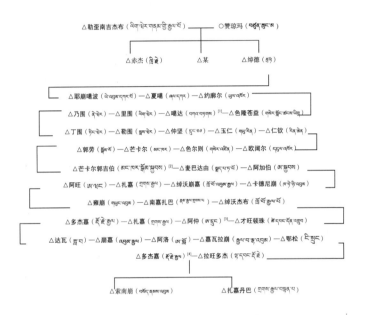

注：[1] 噶达时，修建噶杰玉则颇章（ཡིག་ཤེར་གཡུ་རྩེ་ཕོ་བྲང་）。[2] 芒卡尔郭吉伯时，扩建辛饶神殿（གཤེན་རབ་ལྷ་ཁང་），更名为雍仲拉顶（གཡུང་དྲུང་ལྷ་སྟེང་），以郑巴南卡父子为供奉对象，为苯教圣地雍仲拉顶举行盛大的开光仪式。[3] 才旺顿珠和阿仲时，蒙元的强大军队进入藏域，促浸、赞拉归入霍尔王治下。[4] 此王护持王政的权势扩大，修建萨康（གསས་ཁང་），弘扬苯教事业，随清军前往卫藏之时，擒获霍尔索巴松噶尔王（ཧོར་སོག་པོ་གཉན་ཀར་རྒྱལ་པོ），获巴图鲁称号。多杰嘉幼时心思深沉，计谋远略，王权圆满，敬奉苯教法门，迎请智者仁增昆珠扎巴（རིག་འཛིན་ཀུན་གྲོལ་གྲགས་པ），护持苯与世间二法，刊刻苯教、佛法

---

[1] 阿旺措成编著：《嘉绒民间颂词集》，民族出版社 2009 年版，第 326—328 页。

经典，恢拓王权。

据雍仲拉顶寺藏文碑文载，多杰嘉之子为南卡杰布，南卡杰布有五子[1]：

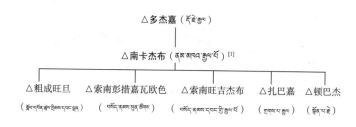

注：[1]南卡杰布即汉文史料中的郎卡，多杰嘉应为汉文史料中的色勒奔细。从汉文文献记载来看，南卡杰布并非是多杰嘉之子，而是其侄。

《促浸然旦史之威光珍宝璎珞》称雍仲苯法护持者促浸然旦土司45代王统世系，所列名讳实仅有40代。根据《明

---

[1]　恰嘎·旦正编著：《藏文碑文研究》，西藏人民出版社2012年版，第368—375页。恰嘎的汉译文中作"土司之子楚臣旺丹、索朗彭措、索朗旺格杰布、扎嘉丹巴 □ 等也好行善事"。藏文原文为：ᠴᠴ ᠴᠴᠴᠴ ᠴᠴᠴᠴᠴᠴᠴ ᠴᠴ 此处脱漏一藏文。噶尔梅·桑木旦所录藏文作：ᠴᠴᠴᠴ ᠴᠴᠴᠴᠴᠴᠴ 同恰嘎文本略有差异，扎嘉丹巴 □ 作扎嘉杰和丹巴杰，故实有五子。Samten G.Karmay, *Feast of the Morning Light: the Eighteen Century Wood-engraving of Shenrab's Life-storied and the Bon Canon from Gyalrong*, Osaka: National Musem of Ethnology, 2005, p.135.

附录　嘉绒藏族土司世系

331

实录》记载的朝贡信息，金川演化禅师世系如下 [1]：

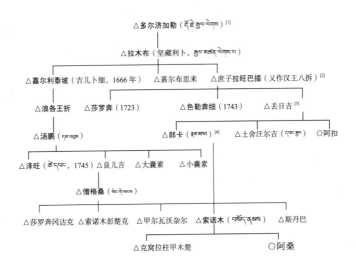

依乾隆三十六年（1771）十二月副将军温福饬令四川布政使李本详查四川地方档册[2]及乾隆《保县志》《清实录》等史料，可将明末清初大小金川土司世系梳理如下：

注：[1] 可能是乾隆《保县志》记载的浪朋。[2] 乾隆《保县志》载有坚藏利卜有二子，长曰吉儿卜细，袭土司职，居占固，次曰汉王八拆，分居刮耳崖，为土舍。参见乾隆《保县志》卷8《边防志》，载张羽新《中国西藏

[1] Roger Greatrex, "Tribute Missions from the Sichuan Borderlands to the Imperial Court", *Acta Orientalia*, Vol.58, 1997.

[2] 庄吉发：《清高宗十全武功研究》，中华书局1987年版，第113页。

及甘青川滇藏区方志汇编》，第39册，学苑出版社2003年版，第377页。[3]
《平定金川方略》载，丢日吉（又作就日吉）为莎罗奔之兄。参见方略馆纂《平
定金川方略》，全国图书馆文献复制中心1992年版，第55页。但同治《理番
厅志》则称丢日吉为莎罗奔之弟。参见（清）吴羹梅修、周祚峄纂同治《理番
厅志》卷4《边防志七·夷事》，同治五年刻本。《乾隆初定金川土司记》与《平
定金川方略》所载相同。参见（清）魏源：《乾隆初定金川土司记》，《圣武
记》卷7，中华书局1984年版，第298页。[4]《金川档》载，郎卡共有五子，
长子楚勒赤木旺丹，即莎罗奔冈达克，次子索诺木盆错，三子甲勒瓦沃色尔，
四子土司索诺木，幼子鄂阿斯杂斯丹巴什都。除索诺木外，余子均为囊素，住
在勒歪官寨，管理地方一切事务。土司索诺木住居刮耳崖，每年前往勒歪官寨
一两次。参见冯明珠、庄吉发编《金川档》，台北故宫博物院2007年版，第
524页。

《促浸然旦史之威光珍宝璎珞》所记第39代多杰嘉，
应为汉文记载中的莎罗奔，其父拉旺多杰，或为汉文文献
中的拉旺巴插。郎卡即著名的促浸郎卡杰布（ནག་ཀ་དཔའ་རྒྱལ་པོ）。
大金川雍仲拉顶寺碑文中称其为"促浸然旦土司多杰嘉之
子中的长兄土司郎卡杰布"[1]。这一说法同汉文文献的记载
相悖。乾隆《保县志》载，郎卡是色勒奔细的侄子，应为
幼弟丢日吉之子。

附录 嘉绒藏族土司世系

雀丹所述促浸土司59代系谱如下：

（1）洒郎其波　　　　（4）扎西泽郎

（2）勒尔武桑格　　　（5）益西格登

（3）拉日甲布　　　　（6）嘉木甲木初

---

[1] 恰嘎·旦正编著：《藏文碑文研究》，西藏人民出版社2012年版，
第368—375页。

（7）桑格尔阶

（8）索郎尔加

（9）撒斯甲一西

（10）其木久

（11）加嘎尔崩

（12）夺尔基特尔

（13）哈旺纳尔武

（14）姜伯克尔加

（15）泽步勒尔武

（16）仁钦阿太尔

（17）索郎江木初

（18）哈尼克尔崩

（19）容中泽郎

（20）嘉尔摩绒

（21）嘉里依

（22）南木卡尔阶

（23）穆塔尔

（24）三郎旺清

（25）克窝崩尔甲

（26）尼玛江错

（27）色窝克错

（28）丹巴俄热尔

（29）尼玛谢拉尔

（30）谢拉斯达迫

（31）恩布勒尔武

（32）夺尔基

（33）谢拉尔阶

（34）克武尔甲

（35）斯高让益西

（36）夏加泽郎

（37）二间夺尔基

（38）索朗旺扎

（39）松格兵

（40）谢达太

（41）斯达拉

（42）高让尼玛

（43）日江错

（44）阿忠太

（45）八尔切夺尔基

（46）扎西次迫

（47）哈伊拉木

（48）索朗勒尔武

（49）泽郎木

（50）勒尔武崩

（51）阿旺八尔旦

（52）勒州江木初

（53）克武尔甲

（54）郎什隆

（55）嘉勒扑尔巴 　　　（58）郎卡

（56）桑卡阿太 　　　（59）索诺木

（57）莎罗奔

（三）明正(གྱལ་ལ 又作 ཙན་ལ 或 ཙང་ལ)土司世系

据马长寿先生称，明正土司原存藏有藏文土司谱系，后不知所踪。所以明正土司谱系基本上是根据汉文文献的记载整理出来的。现综合前人研究成果，并尝试还原藏文名称，梳理如下[1]：

△阿旺嘉尔参 (ངག་དབང་རྒྱལ་མཚན , 1407) .... △喃哩（1423）─△加八僧 (རྒྱལ་བ་སེང , 1437) ....
△蛇蜡喳巴 (1681─1700)─△丹怎扎巴 (བསྟན་འཛིན་གྲགས་པ , 1666) ─ △观卜巴（1495）........
└─○工喀（1700─1717）─○桑结（1717─1725）─△坚参达结 (རྒྱལ་མཚན་དར་རྒྱས , 1725─1733) ─┐
┌───┘
├─△甲木参诺尔布 (རྒྱ་མཚན་ནོར་བུ , 1791─1809)─△坚参德昌 (1733─1791)─○喇章（1733─1745）
└─△甲木参沙克 (1809─1824)─△甲木参多结 (རྒྱ་མཚན་རྡོ་རྗེ , 1824─1833) ─△甲木参龄沁 (1833─1873)─┐
┌───┘
└─△甲木参琼珀 (རྒྱ་མཚན་ཆོས་དཔལ , 甲宜斋, 1902─1922)─△甲木参琼望 (རྒྱ་མཚན་ཆོས་དབང , 1873─1902)

（四）杂谷(ཅུག་ལ)、松岗(汉文又作从噶克 རྫོང་འགག 又作 རྫོང་འགགས 或 ཙོ་འགག)土司世系

明清之际，杂谷土司良儿吉吞并松岗司格立土舍，以松岗为上寨官寨。乾隆十七年（1752）杂谷被清朝征剿后，以梭磨土司勒尔悟之弟根濯斯加为松岗长官司，承袭杂谷

---

[1]　雀丹：《嘉绒藏族史志》，民族出版社 1995 年版，第 159—161 页；邓廷良：《明正土司考察记》，载李绍明、童恩正《雅砻江上游考察报告》，中国西南民族研究学会、甘孜藏族自治州人民政府编印 1985 年版，第 31—33 页。

之业。故杂谷与松岗土司世系并列整理如下 [1]：

△囊申（1407）……△囊甲（1431）……△阿漂（1448）……△朵儿思加（1444）—△定日思贾……
┌─ △板第儿吉（པང་དེར་གྱལ）—△良儿吉（1713，ཞང་གྱལ）—△桑吉朋（སངས་རྒྱས་འཕྲིན，1680）……
└─ △色丹增（ཚེ་བརྟན，1718—1719）—△苍旺（ཚེ་དབང་རྣམ་རྒྱལ，1720—1752）
　　　　　　　　　　　　　　　　　　　　　（转为松岗世系）
　　　　　　△根濯斯加（དགེ་འདུན་བཀྲ་ཤིས，1752—1769）

○梭磨土司女索南卓玛（བསོད་ནམས་སྒྲོལ་མ，1800—1817）—— △南木尔甲（རྣམ་རྒྱལ，1769—1799）[1]

△苍旺南卡（ཚེ་དབང་མཁར，1818—1824）[2]—○三郎木初

△扎西罗尔伍（བཀྲ་ཤིས་ནོར་བུ，1825—1844）[3] ◀─────── 卓克基土司

△根波泽郎（མགོན་པོ་ཚེ་རིང，1845—1854）—○党坝女泽郎哈斯杰

△恩波若尔登（དབོན་པོ་རབ་བརྟན，1855—1894）—○党坝女雍仲拉姆　○某—△卓克基子嗣

○其美卓嘎尔（འཆི་མེད་སྒྲོལ་དཀར，1895—1901）—△罗尔伍扎多（ནོར་བུ་དགྲ་འདུལ，1902—1904）[4]　○某

△措罗（ཚེ་རིང་གྱལ，1904—1918）

杂谷脑土守备 ─────▶△石高让恒周（བདག་རྒྱལ་གྱལ，1919—1925）—○绰斯甲女泽旺娜姆

杂谷脑土守备 ─────▶△三郎朋措（བསམ་གཏན་འཕྲིན，1926—1928）[5]

黑水头人 ─────▶△恩波南木尔甲（苏希圣，1943—1950）—○绰斯甲土司拉旺纳尔武女泽郎俄袞

注：[1] 汉文作"纳木扎尔"。参见（清）方略馆纂《平定两金川方略》，全国图书馆文献缩微复制中心 1991 年版，第 530 页。[2]《清实录》载，嘉庆二十三年（1818），四川松茂道属松冈长官司土妇索郎各色尔满以病告替，以其养子苍旺郎扣袭职。《清仁宗实录》卷 343，嘉庆二十三年六月，中华书局 1986 年影印本，第 32 册，第 54 页。土妇索郎各色尔满即索南卓玛，苍旺郎扣即苍旺南卡。[3] 扎西罗尔伍为卓克基土司子，被迎请至松冈，袭土职。[4] 罗尔伍扎多为丹东土司子嗣，入赘松岗，袭土职。[5] 三郎朋措续娶泽旺娜姆。

─────────────

[1]　马尔康县政协文史工作组编《马尔康县文史资料·四土历史部分》，1986 年版，第 58—59、71—105 页。

另据藏文奏折《松岗土妇呈报土司世系及辖区官民情况之折子》（道光十六年，1890年）[1] 所述土司世系与上列有别，现单独列出：

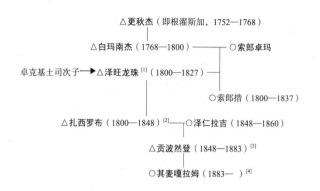

注：[1] 白玛南杰无嗣，由其女索郎措召卓克基土司嘉嘎尔布次子入赘，因泽旺龙珠年幼，由土妇索郎卓玛代管土司印章。泽旺龙珠成年后，由其管理土司印章。[2] 因扎西罗布年幼，由土妇索郎措代管土司印章。道光十七年（1837），索郎措将土司印章移交给扎西罗布。[3] 因贡波然登年幼，由其母泽仁拉吉代管土司印章。咸丰十年（1860）泽仁拉吉去世，由贡波然登掌管土司印章。[4] 藏历水羊年（光绪九年，1883年）三月八日，贡波然登去世，由其女其麦嘎拉姆掌管土司。藏历五月十三日，公函到达松岗土司官寨。

（五）梭磨（ས་འབར།，又作 ས་འར།）土司世系

雍正元年（1723）征郭罗克有功，授副长官司印信，乾隆十五年（1750）换给安抚司印信、号纸，乾隆四十年（1775）随征大金川，授宣慰司职衔。梭磨土司世系主要

---

[1] 藏文奏折由红音女士提供，原件存于阿坝州阿坝县卓格寺，内容由红音译，赞拉·阿旺措成、新巴·达娃扎西审校。松岗土妇女指其麦嘎拉姆。

依据嘉绒地方的藏文史料及相关传说[1]，此处结合汉文文献记载，重新梳理如下：

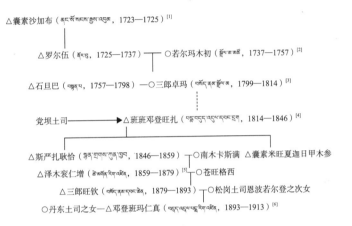

注：[1] 囊素沙加布为杂谷土司良儿吉次子，分驻梭磨，雍正元年（1723）从征郭罗克有功，受封为副长官司。[2] 即《安多政教史》中提到的"白发度母"卓玛措（ཀྲུ་མ་མཚོ），为卓克基土司女，石旦巴之母。汉文作"卓尔玛"，其子石旦巴，汉文作"噶尔玛斯丹"。参见（清）方略馆纂《平定两金川方略》，全国图书馆文献缩微复制中心 1991 年版，第 1068—1069 页。[3] 即《安多政教史》中被贡塘·嘉木样赞誉为第二摩登伽的女土司索南卓玛（བསོད་ནམས་སྒྲོལ་མ）。[4] 因三郎卓玛无子，梭磨头人迎请党坝土司之子继承梭磨土职。[5] 泽木衮仁增为党坝土司子嗣，入赘梭磨，承袭土职。[6] 邓登班玛仁真无嗣，梭磨土司世系遂绝，之后先后由黑水头人王真（དབང་ཆེན1914）、索季皋（1928）及苏永和（ཟོ་ཇེ་དགལ་འབྲིང1939—1950）执政梭磨。

─────────

[1] 马尔康县政协文史工作组编：《马尔康县文史资料·四土历史部分》，1986 年版，第 28—30、36—55 页。

（六）卓克基（汉文又作"卓克采"ཙྭ་ཅེ།又作 ཅོག་ཙེ།或 བཙོག་ཙེ།）土司世系

乾隆十三年（1748）随征大金川有功，乾隆十五年（1750），颁授长官司印信、号纸。结合汉藏文献，梳理卓克基土司世系如下[1]：

注：[1] 据汉文文献记载，阿吉为杂谷土司良儿吉长子，先是出家为僧，后娶妻生子，驻守卓克基，为土舍。乾隆十四年（1749）因从征金川有功，封授长官司衔。参见陈克绳乾隆《保县志》卷8《边防志》，载张羽新《中国西藏及甘青川滇藏区方志汇编》，第39册，学苑出版社2003年版，第377页。[2] 汉文作"甲噶尔布木"。参见（清）方略馆纂《平定两金川方略》，全国图书馆文献缩微复制中心1991年版，第530、1714页。[3] 泽旺斯丹碧尼玛为土司格西崩与土妇仁青旺姆之子，青年时出家前往卫藏，后任广法寺堪布，法名钦日阿斯丹碧日迦木措。恩波三郎被革职后，由泽旺斯丹碧尼玛兼管卓克基土司事务。圆寂后无人承袭，土司之位长期悬置，由大头人代理两年余。[4]《清实录》载光绪十九年（1893）十月甲寅条："以不知自爱，革四川理

---

[1]　马尔康县政协文史工作组编：《马尔康县文史资料·四土历史部分》，1986年版，第107—108、119—137页。

番厅卓克基土司恩布色朗职"。《清德宗实录》卷329，光绪十九年十月，中华书局1982年影印本，第10册，第222页。

（七）党坝（汉文又作"丹坝"，དགའ་བ又作བཀྲ་བ）土司世系

党坝土司原属杂谷土司土舍，乾隆二十四年（1759）应四川总督开泰、提督岳钟琪所请，授党坝土司测旺（ཚེ་དབང）长官司衔。[1] 土司世系如下[2]：

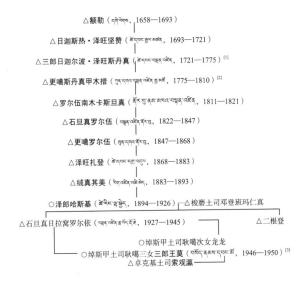

△额勒（དག་ལེགས，1658—1693）

△日迦斯热·泽旺坚赞（ཚེ་དབང་རྒྱལ་མཚན，1693—1721）

△三郎日迦尔波·泽旺斯丹真（ཚེ་དབང་བསྟན་འཛིན，1721—1775）[1]

△更噶斯丹真甲木措（ཀུན་དགའ་བསྟན་འཛིན་རྒྱ་མཚོ，1775—1810）[2]

△罗尔伍南木卡斯旦真（ནོར་བུ་ནམ་མཁའ་བསྟན་འཛིན，1811—1821）

△石旦真罗尔伍（བཤད་གྲུབ་ནོར་བུ，1822—1847）

△更噶罗尔伍（ཀུན་དགའ་ནོར་བུ，1847—1868）

△泽旺扎登（ཚེ་དབང་གྲགས་ལྡན，1868—1883）

△绒真其美（རབ་བརྟན་འཆི་མེད，1883—1893）

○泽郎哈斯基（ཚེ་རིང་རྒྱལ་མཚན，1894—1926）———△梭磨土司邓登班玛仁真

△石旦真日拉窝罗尔依（བཤད་གྲུབ་ལྷ་བ་ནོར་བུ，1927—1945）   △二根登

　　　　　　　　　　　　　　　○绰斯甲土司耿噶次女龙龙

○绰斯甲土司耿噶三女三郎王莫（བསོད་ནམས་དབང་མོ，1946—1950）[3]

△卓克基土司索观瀛

---

[1]《清高宗实录》卷593，乾隆二十四年七月下，中华书局1986年影印本，第601页。嘉庆《四川通志》载，乾隆十三年（1748）土舍泽旺随征剿大金川有功，颁给长官司印信、号纸。参见常明等修、杨芳等纂《四川通志》卷96《武备志十五·土司一》，巴蜀书社1984年版，第3069页。

[2] 马尔康县政协文史工作组编：《马尔康县文史资料·四土历史部分》，1986年版，第139—140、143—151页。

注：[1] 汉文史料又作"策旺色丹津"。其母或为汉文史料中的"丹坝土妇赫尔日噶"（或"和尔噶"）。参见（清）方略馆纂《平定两金川方略》，全国图书馆文献缩微复制中心 1991 年版，第 514、564、1036 页。[2] 更噶斯丹真甲木措，《清实录》作策旺丹怎，为泽旺斯丹真（又作"索诺木"）之弟。参见《清高宗实录》卷 990，乾隆四十年九月上，中华书局 1986 年影印本，第 21 册，第 217 页。[3] 石旦真日拉窝罗尔依先娶绰斯甲土司耿噶次女为妻，因其与大头人长期私通，被土司发现，遂驱之回绰斯甲，后又娶绰斯甲三女三郎王莫为小妻。石旦真日拉窝罗尔依去世后，卓克基土司索观瀛娶三郎王莫为小妻，代管党坝。

（八）瓦寺(ཝ་རོ་ཁ་ཤི 或 ལྷུང་དགོ 或 ཝཙོ་རོ་ཡང་ཆེར)土司世系

瓦寺土司世系详见于土司所存《功勋纪略》，后由汶川县县长祝世德增饰修补于 1945 年，题为《世代忠贞之瓦寺土司》。[1] 因第 2 代至第 10 代土司事迹缺略，明代后期在位的第 11 至 14 代土司事迹虽略有记述，但叙事简略，与清代以来历代土司事迹记载详备反差较大。故土司家谱的形成年代可能是在明末清初，此前的土司历史多为追忆，且所记早期史迹，多有错讹之处，难以排除后世附会之说。[2] 此处现据汉文史料梳理如下：

《明实录》所载加渴瓦寺崇教翊善国师世系为：

附录　嘉绒藏族土司世系

---

[1]　祝世德：《世代忠贞之瓦寺土司·序》，1962 年抄本。

[2]　邹立波：《历史记载与祖源记忆——对瓦寺土司两种祖源历史文本的解读》，《四川大学学报》2009 年第 2 期。

△锁南列思巴（ བསོད་ནམས་ལེགས་པ་ ，1446）[1]........ △容中罗洛思（ གཡུང་དྲུང་ལོ་ནས ）[2]
△南伽儿贾思巴（ ནམ་མཁའ་རྒྱལ་མཚན ，1567）........ △贾思巴领占（ རྒྱལ་མཚན་རིན་ཆེན ，1554）

注：[1] 正统十一年（1446）受封为崇教翊善国师。[2] 在《世代忠贞之瓦寺土司》中雍中洛罗思被认为是瓦寺土司始祖，但实际上雍中罗落思出现在《明实录》弘治七年（1494）二月癸亥条：加渴瓦寺国师容中罗落思。

《世代忠贞之瓦寺土司》所记土司世系同嘉庆《汶志纪略》、民国《汶川县志》[1] 相同：

△雍仲罗洛思（ གཡུང་དྲུང་ ）—△克罗俄坚灿（ དཀོན་མཆོག ）—△直巴扎什—
—△啼葛（ ནན་མཁའ ）—△占叫加—△舍纳容中（ ཤེས་རབ་ཡོན་དྲུང ）—△满葛喇（Mangala）—
—△亦舍雍中（ ཡེ་ཤེས་ཡོན་དྲུང ）—△甲思巴（ རྒྱལ་མཚན ）—△南吉儿贾思巴（ ནམ་རྒྱལ་རྒྱལ་མཚན ）—
——△曲翊伸（1652）—△曲沃太—△查儿加（ གཡང་རྒྱས ）—△舍躬—△南吉二朋—
——△坦朋吉卜—△桑朗温恺（1712—1735）—△桑朗容忠（1735—1778）—
——△索世蕃（1862）—△索衍传（1824—1862）—△桑郎荣宗（1778—1824）—
————△索代兴—△索代赓（即索季皋）—△索观澶—△索国光

（九）木坪（汉文又作"穆坪" སྨི་སྟེ ）、鱼通土司世系

木坪土司在明代称作董卜韩胡宣慰司，自清初始称木坪。嘉庆初年，因木坪土司甲凤翔子嗣嫡庶之争。嫡子甲天恩逃往下鱼通，得到明正土司支持，1833年受封为长官司，史称鱼通土司。[2] 故两土司世系并列如下 [3]：

---

[1] 祝世德：《汶川县县志》，罗晓林校注，阿坝州地方志编纂委员会1997年版，第357—363页。

[2] 吴吉远：《鱼通土司及其衙门考略》，《西藏研究》1991年第4期。

[3] Roger Greatrex，"*Tribute Missions from the Sichuan Borderlands to the Imperial Court*"，*Acta Orientalia*,Vol.58,1997. 雀丹：《嘉绒藏族史志》，民族出版社1995年版，第159—161页。

明清时期嘉绒藏族土司关系研究

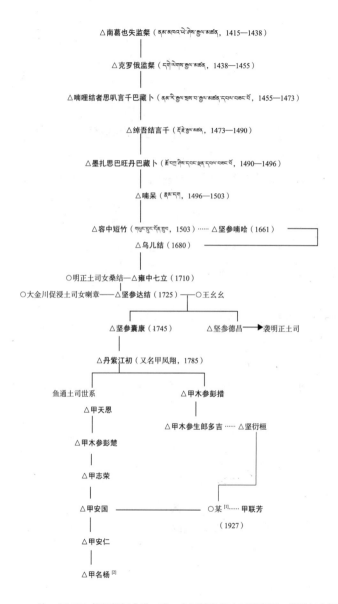

△南葛也失监粲（ནམ་མཁའ་ཡེ་ཤེས་རྒྱལ་མཚན，1415—1438）

△克罗俄监粲（དགེ་ལེགས་རྒྱལ་མཚན，1438—1455）

△喃哩结者思叭言千巴藏卜（ནམ་རེ་རྒྱལ་སྲས་པ་རྒྱལ་མཚན་དཔལ་བཟང་པོ，1455—1473）

△绰吾结言千（ རྡོ་རྗེ་རྒྱལ་མཚན，1473—1490）

△墨扎思巴旺丹巴藏卜（ ཚེ་བརྟ་ཤེས་དབང་བསྟན་དཔལ་བཟང་པོ，1490—1496）

△喃呆（ ནམ་དག，1496—1503）

△容中短竹（ གཡུང་དྲུང་དོན་གྲུབ，1503）…… △坚参喃哈（1661）

△乌儿结（1680）

〇明正土司女桑结—△雍中七立（1710）

〇大金川促浸土司女喇章——△坚参达结（1725）——〇王幺幺

△坚参囊康（1745）   △坚参德昌 ━━▶袭明正土司

△丹紫江初（又名甲凤翔，1785）

鱼通土司世系   △甲木参彭措

△甲天恩

△甲木参彭楚   △甲木参生郎多吉……△坚衍桓

△甲志荣

△甲安国   〇某[1]……甲联芳

△甲安仁   （1927）

△甲名杨[2]

注：[1]1918 年坚衍桓去世，唯一女下嫁鱼通土司甲安国，遂返归木坪，

充任土妇，1923 年为头人所逐。参见邓廷良《明正土司考察记》，载李绍明、童恩正《雅砻江上游考察报告》，中国西南民族研究学会、甘孜藏族自治州人民政府编印 1985 年版，第 45 页。[2] 雀丹所录鱼通土司世系略有不同：甲木参彭错—甲木参功布—甲木参泽旺—甲木参生身—甲安仁。参见雀丹《嘉绒藏族史志》，民族出版社 1995 年版，第 206—207 页。

（十）沃日（汉文又作"阿日"或"鄂克什"，ཨ་གའེ 又作 ཧཱ་གའེ 或 ཕུ་གའེ 或 ཕོག་གའེ）土司世系

沃日土司世系之藏文文献现已不可寻，现据汉文文献整理如下：

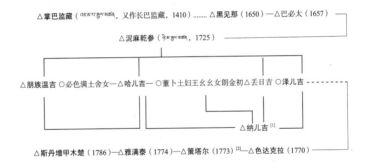

注：[1] 纳儿吉继其叔父哈儿吉之位，袭土职，并续娶朗金初，实权则掌握在其姑泽儿吉手中。纳儿吉去世后，由泽儿吉护事。[2] 策塔尔、雅满泰，在汉文史料中均曾被称作鄂克什土司。参见（清）方略馆纂《平定两金川方略》，全国图书馆文献缩微复制中心 1991 年版，第 1325、1688 页。

（十一）革什咱（དགེ་ཤེ་ཚ 又作 དགེ་བཤེས）土司世系

据马长寿称，革什咱相传有 35 代，详谱未能抄录[1]，

[1] 马长寿：《嘉戎民族社会史》，周伟洲编《马长寿民族学论集》，人民出版社 2003 年版，第 134 页。

现据汉文史料整理如下：

（十二）巴底（汉文又作"布拉克底"，པ་རགྱི་ 又作 དགའ་བ 或 བྲག་སྟེང་）、巴旺（བ་བམ 或 པ་ཕམ）土司世系

雍正《四川通志》载，"把底安抚司囊索之父慎白利，其先于前明颁给都纲司印信，于康熙四十年（1701）归诚授职，颁给安抚司印信一颗号，纸一张"[1]。巴底与巴旺原属一脉，其先绰布木凌于康熙四十一年（1701）投诚，授巴底安抚司。绰布木凌生二子，以长子囊索承袭，驻巴旺。次子旺查尔（དབང་རྒྱལ）分防巴底。乾隆十四年（1749）第一次金川之役善后事宜中，四川总督策楞建议仍以旺查尔（又作"纳旺盛"）管束巴底、巴旺，后以其侄勒儿悟尔结、噶杜尔结分别承袭。[2] 乾隆三十九年（1774）旺查尔之子

[1]（清）黄廷桂等监修、张晋生等编纂：雍正《四川通志》卷19《土司》，《景印文渊阁四库全书》第560册《史部三一八·地理类》，台北商务印书馆1986年版，第106页。

[2]《清高宗实录》卷336，乾隆十四年三月上，中华书局1986年影印本，第631页。

阿多尔（或应为旺查尔侄噶杜尔结）随征金川有功，授巴底宣慰司。同年授巴旺宣慰司职衔。[1] 据传，巴底原藏有载列 37 代的系谱，后毁于黑经寺大火。现所知巴底、巴旺土司世系，分别依据民国时期刘赞廷编撰《丹巴县图志》、金川县志办所藏藏文手抄本。[2] 此处另录嘉绒民间颂词所载之《丹巴善藏土司王系》（དན་བྲ་ལེགས་གཏེར་རྒྱལ་པོའི་རྒྱལ་རྒྱུད），并附马长寿、雀丹所述系谱如下 [3]：

《丹巴善藏土司王系》：

△僧格桑（སེང་གེ་བཟང）

△囊素耶协嘉参（ནང་སོ་ཡེ་ཤེས་རྒྱ་མཚན）

△南卡耶协（ནམ་པོ་ནས་མཁའ་ཡེ་ཤེས）

△热吉尔杰甲波（རྒྱལ་པོ་རེ་རྒྱར་རྗེ་རྒྱལ་པོ）

△囊素坚参多杰（ནང་སོ་རྒྱལ་མཚན་རྡོ་རྗེ）

△盖郭桑杰（རྒྱལ་པོ་གེ་གོར་སངས་རྒྱས）

△囊素达达多朵（ནང་སོ་རྟ་རྟའུ་བདུད་འདུལ）

△辛饶甲（རྒྱལ་པོ་གཤེན་རབ་རྒྱལ）

---

[1] （清）常明等修、杨芳芳等纂：嘉庆《四川通志》卷 96《武备志十五·土司一》，巴蜀书社 1984 年版，第 3092 页。

[2] 雀丹：《嘉绒藏族史志》，民族出版社 1995 年版，第 193—195 页。

[3] 仁钦卓玛（རིན་ཆེན་སྒྲོལ་མ）在丹巴地方搜集，赞拉·阿旺措成作注：《丹巴善藏土司王系》，载阿旺措成《嘉绒民间颂词集》，民族出版社 2009 年版，第 332—333 页。汉文史料记载有巴旺土妇伽让、布拉克底土司安多尔（或阿多）。参见（清）方略馆纂《平定两金川方略》，全国图书馆文献缩微复制中心 1991 年版，第 529、553、1399、1686 页。

△囊素丹增欧甲（ཎང་སོ་བསྟན་འཛིན་ཨོ་རྒྱལ）

△多杰甲（རྒྱལ་པོ་རྡོ་རྗེ་རྒྱལ）

△囊素却旺协仲（ཎང་སོ་ཆོས་དབང་ཤེས་རྡུང）

△囊素白玛益兴（ཎང་སོ་པད་མ་ཡིད་བཞིན）

△囊素却旺扎西（ཎང་སོ་ཆོས་དབང་བཀྲ་ཤིས）

△才旺坚参（རྒྱལ་པོ་ཚེ་དབང་རྒྱལ་མཚན）

△索南甲波（བསོད་ནམས་རྒྱལ་པོ）

△才旺丹增（ཚེ་དབང་བསྟན་འཛིན）

△衮噶丹增嘉措（རྒྱལ་པོ་ཀུན་དགའ་བསྟན་འཛིན་རྒྱ་མཚོ）

△诺布南卡丹增（རྒྱལ་པོ་ནོར་བུ་ནམ་མཁའ་བསྟན་འཛིན）

△丹增诺布（རྒྱལ་པོ་བསྟན་འཛིན་ནོར་བུ）

△衮噶诺布（རྒྱལ་པོ་ཀུན་དགའ་ནོར་བུ）

△才旺扎多（རྒྱལ་པོ་ཚེ་དབང་དཀྲ་འདུལ）

△仁增其美（རྒྱལ་པོ་རིག་འཛིན་འཆི་མེད）

△囊素热嘉木样洛卓（ཎང་སོ་རེ་འཇམ་དབྱངས་བློ་གྲོས）

△热才仁拉吉（རྒྱལ་པོ་རེ་ཚེ་རིང་ལྷ་སྐྱིད）

△囊素衮噶丹增坚参（ཎང་སོ་ཀུན་དགའ་བསྟན་འཛིན་རྒྱལ་མཚན）

△丹增达奥多杰（རྒྱལ་པོ་བསྟན་འཛིན་ཟླ་འོད་རྡོ་རྗེ）

○索南旺姆（བསོད་ནམས་དབང་མོ）

○仁钦卓玛（རིན་ཆེན་སྒྲོལ་མ）

民国时期刘赞廷撰《丹巴县图志》列述之巴底土司系谱:

（1）根喀梨儿布　　　（3）四乎安坚

（2）坚莫银　　　　　（4）木兹坚

（5）哈木耿眼

（6）隆福

（7）阿摆

（8）散根基之额仓

（9）阿旺卒甲

（10）切波

（11）硕木福

（12）松尔江蚌

（13）邛抛

（14）江扎

（15）阿都

（16）根噶勿坚

（17）穷裴哩

（18）桑布涧支

（19）卒凋迪

（20）四旦增汪牵

（21）根卡汪绪

（22）王寿昌

马长寿据巴旺之谱及雀丹依据金川县三集成资料和查阅藏文史籍后所述巴旺土司系谱：

（1）道克日则

（2）卜鲁日则

（3）拉戎

（4）贾楚巴

（5）阿巴

（6）孙给日则

（7）苍旺甲布

（8）孙则钵

（9）曲帕尔

（10）笃尔基日则

（11）绰罗鸟日则

（12）散甲孙给

（13）雍中日则

（14）路绒

（15）公朝日旦

（16）彭楚

（17）杜丹汪浸

（18）南木赛班巴

（19）年执喃日几（即王福元）

民国时期刘赞廷所撰《丹巴县图志》列述之巴旺土司系谱：

（1）松基奔　　　　（12）青迫勒

（2）阿松　　　　　（13）独基皆

（3）降福登舟　　　（14）撮乌皆

（4）根布　　　　　（15）夏甲桑根

（5）达楷　　　　　（16）雍中吉

（6）木加　　　　　（17）罗松那吉

（7）赌松　　　　　（18）龚陲它丹

（8）降休拜　　　　（19）彭福

（9）桑该　　　　　（20）杂丹汪清

（10）降旺什结　　　（21）郎色班班

（11）桑尔吉奔　　　（22）王福元

（十三）冷边（ལེང་ཤེད）土司世系

冷边土司先祖原为西番瓦部人，洪武二年（1369）授达呷术撒为瓦却哈工等都纲院院抚司。乾隆《打箭炉志略》载，冷边土司始祖恶他，蜀汉金环三结之后，世为西番瓦部酋长，管泸江河西四十八寨三十六堡，抗拒诸夷，归诚中夏。自恶他七传至安支，当明永乐八年（1410），因随征建昌月鲁帖木儿有功，改授冷边长官司。顺治九年，阿撒投诚，颁授印信。冷边土司世系可整理如下：[1]

[1]　（清）佚名：乾隆《打箭炉厅志》，张羽新主编《中国西藏及甘青川滇藏区方志汇编》，第 40 册，学苑出版社 2003 年版，第 2、10 页；（清）曹抡彬、曹抡翰纂辑：乾隆《雅州府志》，台北成文出版社 1969 年版，第 270—271 页。洪武二年封授达呷术撒为瓦却哈工等都纲院院抚司的说法，显然是后世的附会之谈。因洪武二年，明朝的势力尚未进入川蜀边地。永乐八年随征建昌月鲁帖木儿的说法，也是讹误。征月鲁帖木儿之事发生在洪武后期。所以，方志所录冷边土司世系并不可信。

△恶他—△大穆—△喳什木立—△阿松撒—△巫必恶苏—△达磨—△达呷术撒┐

┌—△雍中达结—△挫巫结—△业莫—△阿日—△三哈—△莫—△阿的—△余纳他—△安支┐

└—△朗今喳巴—△阿撒—△周长命—△周维新—△周至德—△周述贤（1736）------

（十四）沈边土司世系

嘉庆《四川通志》载，沈边土司先祖余锡伯，原籍江西吉水，明代从征来川，授土千户世袭土职。顺治九年（1652）余期拔投诚。康熙五十一年（1712）授余明奇长官司职衔。[1] 据 1984 年收集到的乾隆五十九年（1794）沈边土司及其分支的三份家谱，详细记载余氏祖原为元朝蒙古将领铁木耳之后，受封为千户职，后改为"余"姓。[2] 沈边土司世系如下 [3]：

△余伯昔（或为余锡伯）—△余毕泽—△余恩山—△余长寿—△余初宝—△余景禄┐

┌— △余显仁—△余世统—△余明奇—△余期援—△余从国—△余永忠—△余福宝—△余结宝┐

└——△余洪泽—△余国瑞—△人科尚祥—△余铭华—△余志祥—△余启麟

---

[1] （清）常明等修、杨絜芳等纂：嘉庆《四川通志》，巴蜀书社 1984 年版，第 3086 页。雍正《四川通志》载，余明奇于康熙四十九年（1710）归诚授职。参见（清）黄廷桂等监修、张晋生等编纂雍正《四川通志》卷 19《土司》，《景印文渊阁四库全书》第 560 册，《史部三一八·地理类》，台北商务印书馆 1986 年版，第 105 页。

[2] 邓廷良：《明正土司考察记》，载李绍明、童恩正《雅砻江上游考察报告》，中国西南民族研究学会、甘孜藏族自治州人民政府编印 1985 年版，第 47 页。

[3] 雀丹：《嘉绒藏族史志》，民族出版社 1995 年版，第 209 页。

（十五）天全（ᨁᨘᨗᨗᨗᨗᨗᨗ）土司世系

顺治九年（1652），天全六番招讨司缴前朝饬印投诚，授原职。雍正五年（1727）天全六番招讨司改流为天全州，隶雅州府。天全土司世系现据任乃强《天全土司世系考》一文[1]整理如下。任氏所述天全土司世系以清代杨振业《灵和乘略》为蓝本，以高氏、杨氏旧谱为辅。

天全六番招讨司正招讨高氏土司世系：

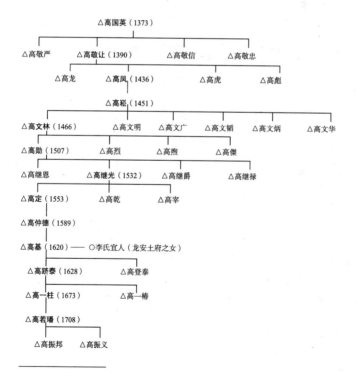

附录　嘉绒藏族土司世系

---

[1] 任乃强：《天全土司世系考》，《任乃强民族研究文集》，民族出版社 1999 年版。

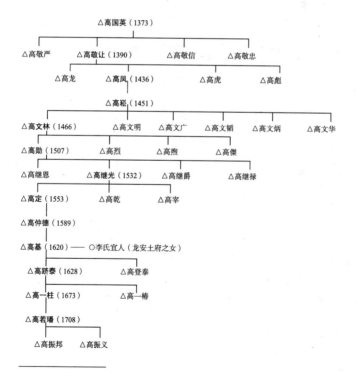

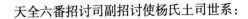

天全六番招讨司副招讨使杨氏土司世系：

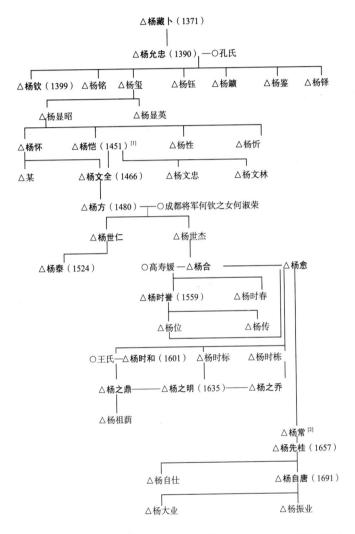

注：[1] 杨恺，景泰二年（1451）袭土政，执政20余年，归政于其侄杨文全。

[2] 杨常，杨愈六世孙。

参考文献

一　藏文及藏译汉文献

Awang and M.Prins(eds.),Collcetion Awang, 2006. www. gyalrong.latse.org.

 གཅེན་ཕྱིན་ལགས། ནང་ཆེན་རྒྱལ་རབས། （《囊谦王统记》）, 1965 抄本。

འབྱུར་མེད་རྣམ་རྒྱལ། སྟག་ཕོག་རྒྱལ་རབས། （《拉托王统记》）,Tibean craft communi-ty,1971.

ནམ་མཁའ་ཡེ་ཤེས། རིག་འཛིན་ཀུན་གྲོལ་གྲགས་པའི་རྣམ་ཐར། （《仁增昆珠扎巴传》）, Sway- ambhunath, Kathmandu, Nepal: Tritan Norbutse Bon Education Centre,1990.

སངས་རྒྱལ་གླིང་པའི་རྣམ་ཐར། （《桑吉林巴传》）,Swayambhunath, Kathmandu, Nepal: Tritan Norbutse Bon Education Centre,1990.

《阿坝藏族羌族自治州档案馆藏文档案选编》，阿坝藏族羌族自治州档案局（馆）编印 2009 年版。

阿旺措成编著：《嘉绒民间颂词集》，民族出版社2009年版。

阿芒·班智达：《贡唐丹白卓美传》，甘肃民族出版社1987年版。

阿旺洛追扎巴：《觉囊派教法史》，许得存译，西藏人民出版社1993年版。

白崔：《苯教源流》，西藏人民出版社1988年版。

白湾·华尔登：《嘉绒藏族历史明镜》，刘建、谢芝编译，四川民族出版社2009年版。

《促浸（大金川）绕丹杰布源流概况》，杨海青、赞拉·阿旺措成、红音、阿根编撰整理，刘建译，《阿坝州文史》第26辑《金川史料专辑》（上），阿坝州政协文史和学习委员会编印2010年版。

《绰斯甲王氏简史》，刘建译，赞拉·阿旺措成校，《阿坝州文史》第26辑《金川史料专辑》（下），阿坝州政协文史和学习委员会编印2011年版。

达仓宗巴·班觉桑布：《汉藏史集》，陈庆英译，西藏人民出版社1986年版。

大司徒·绛求坚赞：《朗氏家族史》，赞拉·阿旺、佘万治译，陈庆英校，西藏人民出版社1989年版。

东噶·洛桑赤列：《东噶藏学大辞典》，中国藏学出版社2002年版。

恰嘎·旦正编著：《藏文碑文研究》，西藏人民出版社2012年版。

第吴贤者：《第吴教法史》，西藏藏文古籍出版社1987年版。

功德海：《西藏宗教源流简史》（续），刘立千译，《康藏研究月刊》1949年第8期。

贡却晋美旺布：《第六世班禅班典益西传》（上册），诺章吴坚整理，中国藏学出版社2014年。

贡唐·贡却丹白准美：《第二世嘉木样协巴·久美旺布传》，甘肃民族出版社1990年版。

贡曲江措：《略说具乐法轮林寺历史右旋海螺之声》，红原县江宫寺管委会印2007年版。

工珠·云丹嘉措、嘎玛·扎西群培：《工珠云丹嘉措传》，四川民族出版社1997年版。

嘉木样扎赞：《勇武具力之寨》，《阿坝州文史资料选辑》第3辑，政协四川省阿坝藏族羌族自治州委员会文史资料委员会编印1989年版。

卡卓益西措吉：《莲花遗教》，四川民族出版社1987年版。

李西·新甲旦真校订：《琼部王续白琉璃镜》，北京铅印本，年代不详。

洛珠尼玛：《辛饶经论白帽雍仲本教大寺后藏叶茹托嘉扎西曼日寺简史》，刘建译，赞拉·阿旺措成校，《阿坝州文史》第26辑《金川史料专辑》（下），阿坝州政协文史和学习委员会编印，2011年版。

毛尔盖·桑木旦：《藏族史·齐乐明镜》，民族出版社

2010 年版。

南喀诺布:《古代象雄与吐蕃史》,中国藏学出版社 1996 年版。

娘·尼玛韦色:《娘氏宗教源流》,西藏藏文古籍出版社 1988 年版。

恰日巴·洛桑朗杰:《历代甘丹赤巴略传》,西藏人民出版社 2008 年版。

《琼波王室世袭明镜》,杨海青、赞拉·阿旺措成、阿根整理,《阿坝州文史》第 26 辑《金川史料专辑》(下),阿坝州政协文史和学习委员会编印 2011 年版。

琼布·洛珠坚赞:《世间本教源流》,多杰南杰译注,《中国藏学》1999 年第 2 期。

绒顿·释迦坚参:《绒顿·释迦坚参文集》第 1 册,四川民族出版社 2008 年版。

松巴堪布·益西班觉:《如意宝树史》,蒲文成、才让译,甘肃民族出版社 1994 年版。

土观·洛桑却吉尼玛:《土观宗派源流》,刘立千译注,民族出版社 2000 年版。

图官·罗桑却吉尼玛:《宗教源流史》,甘肃民族出版社 1984 年版。

土观·洛桑却吉尼玛:《章嘉国师若必多吉传》,陈庆英、马连龙译,中国藏学出版社 2007 年版。

王尧、陈践译注:《敦煌本吐蕃历史文书》(增订本),民族出版社 1992 年版。

夏察·扎西坚赞：《西藏本教源流》，民族出版社1985年版。

夏杂·扎西坚赞：《藏族雍仲本教史妙语宝库》，刘勇译注，民族出版社2012年版。

赞拉·阿旺、多尔吉、红音编著：《嘉绒藏族研究资料汇编》，中国藏学出版社2003年版。

赞拉·阿旺措成、夏瓦·同美：《嘉绒藏族的历史与文化》，四川民族出版社2008年版。

赞普·丹增赤列：《世界广论》，西藏藏文古籍出版社2011年版。

章嘉·若贝多杰：《七世达赖喇嘛传》，蒲文成译，中国藏学出版社2006年版。

扎敦·格桑丹贝坚赞：《夏尔杂·扎西坚赞传》，中国藏学出版社1990年版。

扎西加措、土却多杰：《果洛宗谱》，青海民族出版社1992年版。

智贡巴·贡却乎丹巴绕吉：《安多政教史》，吴均等译，甘肃人民出版社1989年版。

中国人民政治协商会议丹巴县委员会整理：《墨尔多神山志》，四川民族出版社1992年版。

二　汉文档案及史料

第一历史档案馆藏军机处录副奏折

台北故宫博物院图书文献处藏《军机处档折件》、《宫

中档奏折》

阿坝藏族羌族自治州文物管理所：《阿坝文物览胜》，四川民族出版社 2002 年版。

（清）常明等修、杨簗芳等纂：嘉庆《四川通志》，巴蜀书社 1984 年版。

（清）程穆衡：《金川纪略》，《西藏学汉文文献汇编》第 3 辑《金川案、金川六种》，西藏社会科学院西藏学汉文文献编辑室编印 1994 年版。

（明）曹学佺：《蜀中广记》，《景印文渊阁四库全书》，台湾商务印书馆 1986 年影印本。

（清）曹抡彬、曹抡翰纂辑：乾隆《雅州府志》，台北成文出版社 1969 年影印本。

（清）陈克绳：乾隆《保县志》，张羽新主编《中国西藏及甘青川滇藏区方志汇编》，学苑出版社 2003 年影印本。

（清）方略馆等：《平定金川方略》，全国图书馆文献缩微复制中心 1991 年版。

（清）方略馆等：《平定两金川方略》，全国图书馆文献缩微复制中心 1991 年版。

（民国）冯克书：《理番县视察述要》，1964 年油印本。

冯明珠、庄吉发编：《金川档》，台北故宫博物院 2007 年版。

（清）傅恒等编纂：《皇清职贡图》，日本早稻田大学图书馆藏乾隆十六年版。

（明）何乔远：《名山藏·王享记五》，张德信、商传、王熹点校，福建人民出版社 2010 年版。

（明）顾炎武：《天下郡国利病书》，《四库全书存目丛书》，齐鲁书社 1996 年影印本。

（明）顾祖禹：《读史方舆纪要》，贺次君、施和金点校，中华书局 2005 年版。

（清）黄廷桂等监修、张晋生等编纂：雍正《四川通志》《景印文渊阁四库全书》，台北商务印书馆 1986 年版。

（清）季永海、李盘胜、谢志宁翻译点校：《年羹尧满汉奏折汇编》，天津古籍出版社 1995 年版。

（清）李锡书纂述：嘉庆《汶志纪略》，嘉庆乙丑夏五月新镌，药石山房藏版。

（明）刘大谟等修、王元正等纂：嘉靖《四川总志》，《北京图书馆古籍珍本丛刊》，书目文献出版社 1998 年影印本。

（民国）刘赞廷：《民国道孚县图志》，《中国地方志集成·四川府县志辑》，巴蜀书社 1992 年影印本。

（清）李心衡：《金川琐记》，中华书局 1985 年版。

（明）林尧俞等：《礼部志稿》，《景印文渊阁四库全书》，台北商务印书馆 1986 年影印本 。

（清）蒋廷锡等：《古今图书集成·方舆汇编》，中华书局、巴蜀书社 1988 年影印本。

《明实录》，台北"中研院"历史语言研究所 1962 年校印本。

《清实录》，中华书局 1986 年影印本。

（明）孙镇：《书画跋跋》，《景印文渊阁四库全书》，台北商务印书馆 1986 年影印本。

托津等：《钦定大清会典事例（嘉庆朝）》，沈云龙主编《近代中国史料丛刊三编》，台北文海出版社 1992 年影印本。

（清）王昶：《蜀徼纪闻》，张羽新校注，《中国西藏及甘青川滇藏区方志汇编》，学苑出版社 2003 年影印本。

（清）魏源：《圣武记》，中华书局 1984 年版。

（清）吴德煦：同治《章谷屯志略》，台北成文出版社 2007 年影印本。

（清）吴羹梅修、周祚峄纂：同治《理番厅志》，同治五年刻本。

（明）于谦《忠肃集·杂行类》，《景印文渊阁四库全书》，台北商务印书馆 1986 年影印本。

（明）章潢：《图书编》，《景印文渊阁四库全书》，台北商务印书馆 1986 年影印本。

（清）张廷玉等：《明史》，中华书局 1974 年点校本。

（民国）赵尔巽、柯劭忞等：《清史稿》，中华书局 1977 年点校本。

中国科学院民族研究所、四川少数民族社会历史调查组编印：《金川案》，1963 年版。

中国第一历史档案馆、鄂温克族自治旗民族古籍整理办公室编：《清宫珍藏海兰察满汉文奏折汇编》，辽宁民族出版社 2008 年版。

中国第一历史档案馆编:《雍正朝汉文朱批奏折汇编》,江苏古籍出版社 1991 年版。

(民国)祝世德:《世代忠贞之瓦寺土司》,1962 年抄本。

(民国)祝世德:《汶川县县志》,罗晓林校注,阿坝州地方志编纂委员会 1997 年版。

三 学术论著

阿旺:《略谈嘉戎语》,《阿坝藏族自治州文史资料选辑》第 2 辑,政协四川省阿坝藏族自治州委员会文史资料委员会编印 1985 年版。

巴伯若·尼姆里·阿吉兹:《藏边人家——关于三代定日人的真实记述》,翟胜德译,西藏人民出版社 1987 年版。

宝兴县文物管理所:《董卜韩胡宣慰司世系考》,中国人民政治协商会议宝兴县委员会文史组编《宝兴文史资料》第 1 辑,1988 年版。

包智明、万德卡尔:《藏北牧民亲属结构——对藏北牧区社会的实地调查》,《西藏社会发展研究》,中国藏学出版社 1997 年版。

才让太:《古老象雄文明》,《西藏研究》1985 年第 2 期。

才让太:《再探古老的象雄文明》,《中国藏学》2005 年第 1 期。

才让太:《论半个世纪的苯教研究》,《青海民族学院学报》2009 年第 4 期。

才让太：《论苯教的"辛波"、"喇嘛"、"加嚓布"和活佛》，《中国藏学》2014 年第 2 期。

才让太、顿珠拉杰：《苯教史纲》，中国藏学出版社2012 年版。

陈力：《〈金川纪略〉及其相关问题》，《四川大学学报》1992 年第 3 期。

陈庆英：《明代的甘青川藏族地区》，《贤者新宴》第2 辑，河北教育出版社 2000 年版。

陈贤波：《土司政治与族群历史：明代以后贵州都柳江上游地区研究》，生活·读书·新知三联书店 2011 年版。

陈永龄：《四川理县藏族（嘉戎）土司制度下的社会》，《民族学浅论文集》，台北弘毅出版社 1995 年版。

陈宗祥：《明季〈松潘边图〉初探——试证图中黑人、白人为两大部落群体》，《西南民族学院学报》1979 年第 2 期。

陈宗祥、邓文峰：《〈白狼歌〉研究（一）》，四川人民出版社 1991 年版。

成臻铭：《清代土司研究——一种政治文化的历史人类学观察》，中国社会科学出版社 2008 年版。

成臻铭：《论土司与土司学——兼及土司文化及其研究价值》，《青海民族研究》2010 年第 1 期。

达尔基、尕让他：《马尔康大藏寺概况》，《雪原文史》编辑部出版 2001 年版。

戴逸、华立：《一场得不偿失的战争——论乾隆朝金川之役》,《历史研究》1993 年第 3 期。

戴逸:《乾隆皇帝及其时代》,中国人民大学出版社
1992 年版。

旦增遵珠:《色拉寺嘉绒"康参"的地域性特点漫
谈——兼谈甘丹寺、哲蚌寺嘉绒"康参"》,《贵州民族研究》
2012 年第 2 期。

邓廷良:《明正土司考察记》,李绍明、童恩正主编《雅
砻江上游考察报告》,中国西南民族研究学会、甘孜藏族
自治州人民政府编印 1985 年版。

顿珠拉杰:《西藏本教简史》,西藏人民出版社 2007
年版。

房建昌:《藏文〈世界广论〉对于中国地理学史的贡献》,
《中国历史地理论丛》1995 年第 4 期。

韩书瑞:《山东叛乱:1774 年王伦起义》,唐雁群译,
江苏人民出版社 2008 年版。

何翠萍:《人与家屋:从中国西南几个族群的例子谈
起》,"仪式、亲属与社群"小型学术研讨会会议论文集,
中研院民族所与清华大学人类所主办,2000 年。

红音:《嘉绒藏族土司藏文档案的内容与价值分析》,
《青海民族研究》2015 年第 3 期。

黄达远:《边疆、民族与国家:对拉铁摩尔"中国边疆观"
的思考》,《中国边疆史地研究》2011 年第 4 期。

高怡萍:《亲属和社会群体的建构》,《广西民族学院
学报》2000 年第 1 期。

格勒：《藏北牧民》，中国藏学出版社 2004 年版。

郭卫平、国庆：《川西苯教调查报告》，《藏学研究》第 6 辑，天津古籍出版社 1990 年版。

龚荫：《中国土司制度》，云南民族出版社 1992 年版。

建德·东周：《马尔康寺》，《马尔康文史资料》第 3 辑，政协马尔康县委员会编印 2001 年版。

金东柱：《苯教古文献〈黑头凡人的起源〉之汉译及其研究》，青海民族出版社 2013 年版。

John E. Herman：《帝国势力深入西南：清初对土司制度的改革》，于晓燕译，陆韧主编《现代西方学术视野中的中国西南边疆史》，云南大学出版社 2007 年版。

李鸿彬、白杰：《评乾隆朝金川之役》，《清史研究》1998 年第 2 期。

李家瑞：《川西北嘉戎藏族的土屯制度》，《思想战线》1983 年第 5 期。

李锦：《父亲的"骨"和母亲的"肉"——嘉绒藏族的身体观与亲属关系的实践》，《广西民族大学学报》2010 年第 3 期。

李锦：《山神信仰：社会结合的地域性纽带——以四川省宝兴县硗碛藏族乡为例》，《民族研究》2012 年第 2 期。

李绍明：《四川理县隋唐二石刻题记新证》，《思想战线》1980 年第 3 期。

李世愉：《关于构建"土司学"的几个问题》，《云南师范大学学报》2011 年第 2 期。

李涛:《试论清代乾隆年间的杂谷事件》,《西藏研究》1992 年第 1 期。

李涛:《试析大小金川之役及其对嘉绒地区的影响》,《中国藏学》1993 年第 1 期。

林向荣:《嘉戎语研究》,四川民族出版社 1993 年版。

林耀华:《川康嘉戎的家族与婚姻》,《民族学研究》,中国社会科学出版社 1985 年版。

凌纯声:《中国边政之土司制度(中)》,《边政公论》1944 年第 3 卷第 1 期。

刘恩兰:《理番四土之政治》,《边政公论》1948 年第 7 卷第 2 期。

刘亚玲:《朝圣与转山——丹巴藏族转山考察》,《中南民族大学学报》2009 年第 2 期。

刘源:《从清代档案看清政府对金川土司的政策》,《中国藏学》1993 年第 4 期。

刘志群:《嘉绒藏戏》,《四川省嘉绒地区藏戏问题研讨会资料汇编》,四川省民族事务委员会、中国戏曲志·四川卷编辑部编印 1993 年版。

孔飞力:《叫魂·1768 年中国妖术大恐慌》,陈兼、刘昶译,上海三联书店 2002 年版。

罗杰尔·格来特里斯:《明代嘉绒地区苯教的朝贡使团》,陈楠译,王尧、王启龙主编《国外藏学研究译文集》,第 15 辑,西藏人民出版社 2001 年版。

马尔康县政协编著:《马尔康文史资料》第 1 辑《四

土历史》，1986 年版。

马长寿：《嘉戎民族社会史》，周伟洲主编《马长寿民族学论集》，人民出版社 2003 年版。

毛尔盖·桑木旦：《藏族史齐乐明镜》，杨岭多吉主编《四川藏学研究》（三），四川民族出版社 1995 年版。

南喀诺布：《论藏族古代史的几个问题》，才让太译、达瓦次仁校，《中国藏学》1988 年第 2 期。

南希·列维妮：《"骨系"（rus）与亲属、继嗣、身份和地位——尼泊尔尼巴（nyinba）藏族的"骨系"理论》，格勒、赵湘宁、胡鸿保译，《中国藏学》1991 年第 1 期

内贝斯基·沃杰科维茨：《西藏的神灵和鬼怪》，谢继胜译，西藏人民出版社 1993 年版。

潘洪钢：《清代乾隆朝两金川改土归屯考》，《民族研究》1988 年第 6 期。

彭文斌：《近年来西方对中国边疆与西南土司的研究》，《青海民族研究》2014 年第 2 期。

彭陟焱：《乾隆朝大小金川之役研究》，民族出版社 2010 年版。

皮德罗·卡拉斯科：《西藏的土地与政体》，陈永国译，周秋有校，西藏社会科学院西藏学汉文文献编辑室编印，1985 年。

雀丹：《嘉绒藏族史志》，民族出版社 1995 年版。

雀丹：《评乾隆两度平定金川的实质》，《西藏研究》1989 年第 2 期。

任乃强：《四川上古史初探》，四川人民出版社 1986
年版。

任乃强、泽旺夺吉：《"朵甘思"考略》，《中国藏学》
1989 年第 1 期。

任乃强：《四川第十六区民族之分布》，《任乃强民族
研究文集》，四川民族出版社 1990 年版。

任乃强：《泸定考察记》，《任乃强藏学文集（中册）》，
中国藏学出版社 2009 年版。

任新建：《明正土司考略》，《西南民族学院学报》
1985 年第 3 期。

桑木丹·噶尔美：《概述苯教的历史及教义》，向红笳译，
《国外藏学研究译文集》第 11 辑，西藏人民出版社 1994 年版。

佘万治、阿旺：《大善法王曲尔基二世活佛杰瓦僧格》，
《西南民族学院学报》1990 年第 2 期。

佘贻泽：《中国土司制度》，正中书局 1947 年版。

石坚军：《忽必烈征大理路线新考》，《中国历史地理
论丛》2009 年第 1 期。

石硕：《西藏文明东向发展史》，四川人民出版社
1994 年版。

石硕：《清朝前期治藏特点及相关问题》，《西藏研
究》1996 年第 1 期。

石硕：《七赤天王时期王权与苯教神权的关系》，《西
藏研究》2000 年第 1 期。

石硕：《"邛笼"解读》，《民族研究》2010 年第 6 期。

参考文献

石硕、杨嘉铭、邹立波等：《青藏高原碉楼研究》，中国社会科学出版社 2012 年版。

石泰安：《川甘青藏走廊古部落》，耿昇译，王尧校，四川民族出版社 1992 年版。

四川省编辑组：《四川省阿坝州藏族社会历史调查》，四川省社会科学出版社 1985 年版。

索端智：《藏族信仰崇拜中的山神体系及其地域社会象征》，《思想战线》2006 年第 2 期。

松巴·益西班觉：《青海历史（二）》，谢健、谢伟译，《青海民族学院学报》1984 年第 1 期。

通拉泽翁、杨健吾：《八邦寺暨历代司徒活佛》，《西藏民族学院学报》1989 年第 2 期。

同美：《西藏本教研究——岷江上游本教的历史与现状》，民族出版社 2013 年版。

W.W. 福格森：《青康藏区的冒险生涯》，张文武译，张皓校，西藏人民出版社 2003 年版。

王建民：《中国人类学西南田野工作与著述的早期实践》，《西南民族大学学报》2007 年第 12 期。

王明珂：《瓦寺土司的祖源—— 一个对历史、神话与乡野传说的边缘研究》，《历史人类学学刊》2004 年第 2 卷第 1 期。

王森：《西藏佛教发展史略》，中国社会科学出版社 1997 年版。

温春来：《从“异域”到“旧疆”：宋至清贵州西北部

地区的制度、开发与认同》，生活·读书·新知三联书店 2008 年版。

闻宥：《记有关羌族历史的石刻》，《考古与文物》 1980 年第 2 期。

吴吉远：《鱼通土司及其衙门考略》，《西藏研究》 1991 年第 4 期。

吴均：《〈西番馆来文〉看明朝对藏区的管理》，《藏族学术讨论会论文集》，西藏人民出版社 1984 年版。

吴玉章：《中国土司制度渊源于发展史》，四川民族出版社 1988 年版。

小林亮介：《试论 18 世纪后期清朝对康区政策的变化》，《藏学学刊》2014 年第 10 辑。

萧一山：《清代通史》（中卷），中华书局 1925 年版。

谢继胜：《风马考》，台北唐山出版社 1996 年版。

谢继胜：《藏族苯教神话探索》，《民族文学研究》 1988 年第 4 期。

徐法言：《乾隆朝金川战役研究评述》，《清史研究》 2011 年第 4 期。

徐法言：《走出"佛苯之争"的迷思——论第二次金川战役前金川地区苯教与藏传佛教格鲁派的关系》，《社会科学研究》2012 年第 3 期。

徐法言：《第一次金川之役起因初探——乾隆帝绥靖川边的努力》，《四川大学学报》2012 年第 5 期。

徐法言：《乾隆朝金川战役研究》，博士学位论文，四川大学，2013 年。

薛良忠、崔丹主编：《嘉戎藏族史料集》，成都地图出版社 1991 年版。

燕柏松、崔丹：《阿坝地区宗教史要》，成都地图出版社 1993 年版。

晏春元：《本波教起源地象雄为嘉绒藏区（下）》，《西藏研究》1989 年第 4 期。

严耕望：《唐代交通图考》卷 4《山剑滇黔区》，台北"中研院"历史语言研究所 1986 年版。

姚大力：《西方中国研究的"边疆范式"：一篇书目式述评》，《文汇报》2007 年 5 月 7 日。

叶小琴：《近六十年来嘉绒十八土司研究综述》，《西藏民族学院学报》2012 年第 4 期。

赞拉·阿旺措成：《略论嘉绒藏族的姓氏和语言》，《赞拉·阿旺措成论文集》，民族出版社 2004 年版。

扎洛：《卓仓藏人的骨系等级婚制及其渊源初探》，《民族研究》2002 年第 4 期。

张昌富：《嘉绒地区的斯格仁真》，阿坝藏族羌族自治州马尔康县旅游文化体育局、阿坝藏族羌族自治州马尔康县文化馆编《绚丽多彩的嘉绒藏族文化》，四川民族出版社 2003 年版。

张孝忠、毛万良：《金川发现清乾隆年间土司印章》，《四川文物》1987 年第 4 期。

张秋雯：《清代雍乾两朝之用兵川边瞻对》，《"中研院"

近代史研究所集刊》1992 年第 21 期。

张婷：《试析第一次金川战争爆发的直接原因》，《四川大学学报》（增刊）2004 年第 5 期。

张云：《元代吐蕃地方行政体制研究》，中国社会科学出版社 1998 年版。

赵云田：《中国治边机构史》，中国藏学出版社 2002 年版。

庄吉发：《清高宗十全武功研究》，中华书局 1987 年版。

庄吉发：《清高宗两定金川始末》，《大陆杂志》1973 年第 1 期。

曾穷石：《"大鹏鸟卵生"神话：嘉绒藏族的历史记忆》，《学术探索》2004 年第 1 期。

曾穷石：《清代嘉绒地区土司的婚姻初探》，《西藏大学学报》2004 年第 4 期。

曾现江：《数字崇拜与文化象征：对"嘉绒十八土司"历史文化内涵的探讨》，《西藏研究》2011 年第 3 期。

曾现江：《胡系民族与藏彝走廊》，四川人民出版社 2008 年版。

曾现江：《嘉绒研究综述》，《西藏研究》2004 年第 2 期。

邹立波：《略论明代董卜韩胡、杂谷二土司之争》，《阿坝师范高等专科学校学报》2006 年第 4 期。

邹立波：《7—9 世纪康区佛教及其特点研究》，《西藏研究》2007 年第 3 期。

邹立波：《历史记载与祖源记忆——对瓦寺土司两种

参
考
文
献

祖源历史文本的解读》，《四川大学学报》2009 年第 2 期。

邹立波：《清代前期康区塘汛的设置及其作用与影响》，《西藏研究》2009 年第 3 期。

邹立波：《从土司封号看嘉绒藏族土司与宗教的关系》，《西南民族大学学报》2010 年第 2 期。

邹立波：《嘉绒藏族房名初探——以雅安市硗碛藏族乡嘎日村为例》，《藏学学刊》第 5 辑 2010 年。

邹立波：《明代前期川西北"族姓"、边政与宗教关系》，《西南民族大学学报》2012 年第 5 期。

邹立波、李沛容：《西南边疆在明清史研究中的地位——美国现代学术视野中的中国西南边疆史研究》，《思想战线》2013 年第 6 期。

邹立波：《国外嘉绒研究的回顾与反思》，《思想战线》2014 年第 4 期。

四　外文文献

Achard, Jean-Luc, "Kun Grol Grags Pa and the Revelation of the Secret Treasury of the Sky Dancers on Channels and Winds-an Inquiry into the Development of the New Bon Tradition in Eighteenth Century Tibet", *Tibet Journal*, Vol. 30, Issue 3, 2005.

Dan Martin, *Tibetan Histories: A Bibliography of Tibetan-Language Historical Works*, Lodon : Serindia Publications, 1997.

Dan Martin, *Unearthing Bon Treasures: Life and Contested Legacy of a Tibetan Scripture Revealer with a General Bibliography of Bon*, Leiden: Bril,2001.

David G.Atwill,*The Chinese Sultanate: Islam, Ethnicity, and the Panthay Rebellion in Southwest China,1856—1873*, Stanford University Press,2005.

Epstein, L. and W.P. Peng, "Ganja and Murdo:The Social Construction of Space at Two Tibetan Pilgrimage Sites in Eastern Tibet", *Tibet Journal*, Vol.19, No.2,1994.

Goger Greatrex, "Tribute Missions from the Sichuan Borderlands to the Imperial Court(1400-1665)", *Acta Orientalia* Vol.58,1997.

Hoog Teik Toh, *Tibetan Buddhism in Ming China*,Harvard University,Ph.D.,2004.

Jackson,David Paul, *Patron and Painter: Situ Panchen and the Revival of the Encampment Style,* New York: the Rubin Museum of Art, 2009.

Joanna Waley-Cohen, *The Culture of War in China:Empire and the Military under the Qing Dynasty*, London. New York: I.B.Tauris Publishers,2006.

John E.Herman, "Empire in the Southwest: Early Qing Reforms to the Native Chieftain System", *The Journal of Asian Studies*, Vol.56, No.1,1997.

John E. Herman,*National Integration and Regional*

参考文献

Hegemony: *The Political and Cultural Dynamics of Qing State Expansion,1650—1750*, University of Washington, Ph.D.,1993.

Karmay,S.G., "The Cult of Mount Murdo in Gyalrong", *Kailash Journal* ,Vol.18, No.1-2, 1996.

Karmay, S.G., "The Decree the Khro-chen King", *Acta Orientalia*, Vol.51,1990.

Karmay,Samten G, *The Great Perfection, A Philosophical and Meditative Teaching of Tibetan Buddhism*, Lieden:Brill,1988.

Marielle Prins, "The Rgyal Rong New Year: A Case History of Changing Identity", *Zentral-asiatische Studien*,Vol.36,2007.

Nicola Di Cosmo and Don J.Wyatt (eds.), *Political Frontiers, Ethnic Boundaries and Human Geographies in Chinese History*, London and New York: Taylor & Francis Group, 2003.

Patrick Mansier, La Guerre Du Jinchuan (rGyal-rong): Son Contexte Politico-religieux, Tibet Civilisation et Société, ed. by Fondation Signer-Polignac, Paris: Éditions de la Masion des sciences de'homme, 1990.

Per Kvarne and Elliot Sperling, "Preliminary Study of an Inscription from Rgyal-rong", *Acta orientalia*, Vol.54,1993.

Roger Greatrex, "A Brief Introduction to the First Jinchuan War(1747—1749)", *Tibetan Studies, Proceedings of the 6th Seminar of the International Association for Tibetan*

明清时期嘉绒藏族土司关系研究

374

Studies, 1992, Vol.1, Per Kvaerne(eds.), Oslo: The Institute for Comparative Research in Human Culture, 1994.

Roger Greatrex, "Tribute Missions from the Sichuan Borderlands to the Imperial Court", *Acta Orientalia*, Vol.58, 1997.

Samten G.Karmay, *Feast of the Morning Light: the Eighteen Century Wood-engraving of Shenrab's Life-storied and the Bon Canon from Gyalrong*, Osaka: National Musem of Ethnology Osaka, 2005.

Samten G.Karmay, *Yasuhiko Nagano, A Survey of Bonpo Monasteries and Temples in Tibet and the Himalaya*, Osaka: National Museum of Ethnology, 2003.

Toni Huber, "Contributions on the Bon Religion in A-Mdo(1):The Monastic Tradition of Bya-dur aGa'-mal in Shar-khog", *Acta Orientalia*, Vol.59, 1998.

Yingcong Dai, *The Sichuan Frontier and Tibet : Imperial Strategy in the Early Qing*, Seattle and London:University of Washington Press, 2009.

西田龙雄:《关于十六世纪西康省藏语天全方言——汉藏语单词集即所谓丙种本〈西番馆译语〉研究》,《京都大学文学部研究纪要》第 7 卷; 京都大学文学部 1963 年版。

参考文献